ISRAEL

Zeit für das Beste

HIGHLIGHTS | GEHEIMTIPPS | WOHLFÜHLADRESSEN

»Wer nicht an Wunder glaubt,
ist kein Realist.«

David Ben Gurion

BRUCKMANN

ISRAEL

Zeit für das Beste

Katharina Schmidt-Hirschfelder
Thomas Stankiewicz

BRUCKMANN

INHALT

Blick vom Mitzpe Ramon Visitor Center auf den Ramon-Krater

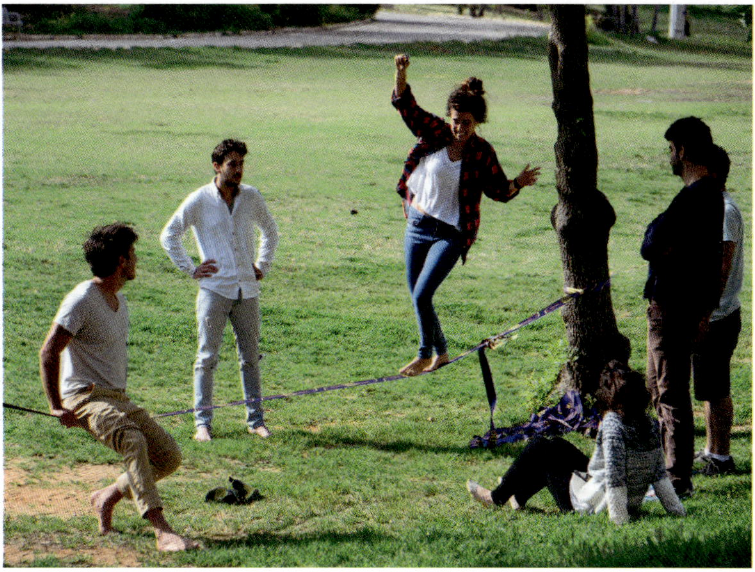

Balanceakt in Jerusalems Sacher-Park: Israels Jugend übt auf der Slackline

MEHR WISSEN

Ziegenjoghurt und Gourmet-Pizza in der Wüste: Restaurant Kornmehl Farm an der Route 40

MEHR ERLEBEN

TOTES MEER UND JUDÄISCHE WÜSTE

S. 1: Jerusalem: Schrein des Buches im Israel Museum
S. 2/3: Eilat am Roten Meer
Links unten: Yad Vashem: Holocaust-Gedenkstätte und nationaler Erinnerungsort
Rechts unten: Nomaden der Wüste: In Beer Sheva gibt ein Museum Einblick in die Kultur der Beduinen

Zeugnisse antiker Kulturen in der Wüste Negev

DAS SOLLTEN SIE SICH NICHT ENTGEHEN LASSEN

Die Bahai-Gärten in Haifa

❶ Auf den Dächern Jerusalems (S. 51)
Nach dem Besuch des Abendmahlsaals
hinter dem Zionstor lohnt der etwas
versteckte Gang über die Treppe hinauf
zur Dachterrasse mit Blick zum Ölberg
und über die Altstadt, in der sich auf
nur einem Quadratkilometer Fläche das
erstreckt, was allen drei Weltreligionen
heilig ist: Tempelberg mit Felsendom,
Klagemauer und Grabeskirche.

**❷ Schrein des Buches im Israel
Museum (S. 70)**
In schlichten Tonkrügen fand ein arabischer Hirtenjunge 1947 in den Höhlen
von Qumran die älteste hebräische Bibel
der Welt. Die weiße Kuppel des Schreins
im Garten des Israel Museums erinnert
an die Deckel der Krüge mit den Schriftrollen. Neben seiner Hauptattraktion
lohnt ein Abstecher ins Museum – eines
weltweit führenden Kunst- und Archäo-
logie-Museen.

**❸ Holocaust-Gedenkstätte Yad
Vashem (S. 78)**
Die größte Holocaust-Gedenkstätte
weltweit ist Dokumentationszentrum
und nationaler Erinnerungsort an die
Opfer der Schoah. Das Museum windet
sich wie ein Prisma durch den »Berg der
Erinnerung«. Besonders berührend: das
Children's Memorial, die Halle der Erin-

nerung und der Garten der »Gerechten unter den Völkern«.

❹ Chillen am Strand (S. 92)
Nach der Landung am Flughafen Ben Gurion gibt es kaum einen schöneren Platz, um in den Urlaub zu starten als am Strand von Tel Aviv – in der Hand ein kühles Goldstar-Bier, im Ohr Wellenplätschern und melancholische hebräische Songs aus den Lautsprechern, vor sich weites Meer und Sonnenuntergang und ringsherum das weiche Licht von Papierlaternen.

❺ Freitagmorgen auf dem Rothschild Boulevard (S. 98)
Mit rund 4000 Häusern im Bauhaus-Stil verfügt Tel Aviv über den weltweit größten Bauhaus-Bestand der Welt. Die schönsten Gebäude stehen rund um den Rothschild Boulevard. Tel Aviver starten gern freitags mit einem entspannten Frühstück in einem Café ins Wochenende.

❻ Traumhafte Aussicht von den Bahai-Gärten (S. 144)
Grandiose Aussicht und vollkommene Ruhe inmitten von Israels drittgrößter Stadt. Die hängenden Gärten der Bahai in Haifa sind nicht nur UNESCO-Weltkulturerbe. Der elfenbeinfarbene Schrein des Bab mit der goldschimmernden Kuppel inmitten terrassenartiger Gärten und Springbrunnen ist eine der heiligsten Stätten der Bahai-Religion.

❼ Fisch essen bei Uri Buri in Akko (S. 150)
Israels orientalischste Stadt und seit 2001 UNESCO-Weltkulturerbe.

Moscheen, Karawanserei und Basar prägen die engen Gassen der Altstadt. Unterirdische Säulengänge entführen in vergangene Kreuzfahrerwelten. Alte ottomanische Paläste verzaubern als Fünf-Sterne-Hotels. Und am Hafen kredenzt Urgestein Uri Buris in seinem Fischlokal, Gerichte, die ein ultimatives Geschmackserlebnis sind.

❽ Lichtshow in der Römerstadt (S. 184)
Wer einen Abstecher nach Bet She´an wagt, wird mit dem belohnt, was Rabbi Simeon Ben Lakisch vor 1700 Jahren als das »Tor zum Garten Eden« bezeichnete: In der größten Ausgrabungsstätte des Landes findet man antike Spuren menschlicher Besiedlung, darunter Theater, Badehäuser und pompöse Marktstraßen. Ein Erdbeben verschüttete im Jahr 749 die 1,3 Quadratkilometer große Römerstadt – daher sind die Funde außergewöhnlich gut erhalten. Am besten sollte man den Ort zweimal besuchen – einmal tagsüber und einmal abends zur Lichtshow.

Badespaß im Toten Meer

Canyonartige Mondlandschaften am größten Erosionskrater der Welt: der Ramon-Krater

⑨ Wilfrid Israel Museum im Kibbuz Hasorea (S. 185)

Viele Kibbuzgründer verdanken ihm ihr Leben: Wilfrid Israel. Der Berliner Kaufhausbesitzer, Philanthrop, Schöngeist, Kunstsammler und Freund Martin Bubers und Albert Einsteins rettete in der Nazi-Zeit Tausenden Juden das Leben. Ihm zu Ehren errichteten die deutsch-jüdischen Emigranten ein Museum inmitten der flachen Steinhäuser mit den roten Ziegeldächern im Jesreeltal – ein wahres Kleinod.

⑩ Schweben im Toten Meer (S. 190)

Im Wasser schweben – der Salzgehalt macht's möglich. Hinzu kommen heilsame Klimafaktoren wie Sonne, saubere Luft und mineralhaltiger Schlamm – eine Wohltat für gestresste Haut. Abseits des Wellness-Kicks im größten Freiluft-Spa der Welt kann man in Oasen wandern und sich an Wasserfällen erfrischen.

⑪ Im Morgengrauen nach Masada (S. 204)

Legendäre Festung hoch oben auf einem Felsplateau am Toten Meer – Palast von König Herodes, Schauplatz römischer Belagerung, Fluchtort jüdischer Rebellen, Weltkulturerbe der UNESCO. Wer früh aufsteht und den Schlangenpfad hinaufwandert, entgeht nicht nur der Mittagshitze, sondern kann auch den Sonnenaufgang über der Wüste und dem Toten Meer bestaunen.

⑫ Outdoor in Mitzpe Ramon (S. 246)

Mit seinen 220 Millionen Jahre alten Felsschichten ist der Machtesch Ramon ein einzigartiges geologisches Naturphänomen. Radfahrer, Naturfreunde und Outdoorfans schätzen ihn ebenso sehr wie Wüstentiere. Am nördlichen Kraterrand liegt die Kleinstadt Mitzpe Ramon samt Krater-Besucherzentrum.

WILLKOMMEN
in Israel

4000 Jahre alte Stadtmauern spiegeln sich in gläsernen Wolkenkratzern. Gourmettempel, farbenfrohe Märkte und Start-ups bilden einen aufregenden Kontrast zu uralten Synagogen, Kirchen und Moscheen. 300 Sonnentage im Jahr, 137 Strände, neun UNESCO-Weltkulturerbe-Stätten und drei verschiedene Klimazonen – all das ist Israel, ein Land, in dem Hightech und Wunder nah beieinanderliegen und man Gott zum Ortstarif anrufen kann.

Geografisch gehört das an der südöstlichen Mittelmeerküste liegende Israel zu Vorderasien. Geologisch verbindet es Asien mit Afrika und der Arabischen Halbinsel; denn die Arava-Senke im Süden des Landes und der Jordangraben im Norden bilden den nördlichen Ausläufer des Großen Afrikanischen Grabenbruchs.

Klimatisch verteilen sich drei Klimazonen quer übers Land: gemäßigt im nördlich gelegenen Galiläa, subtropisch am Mittelmeer rund um Tel Aviv und die Küstenebene, Wüstenklima im Süden in der Judäischen Wüste, der Negev-Wüste sowie am Toten und Roten Meer – so viel zur geografischen Struktur.

Moderne Architektur in Tel Aviv: das Hotel InterContinental

Land der Kontraste zwischen Asien und Afrika

Kulturell betrachtet ist Israel eine Landbrücke zwischen Europa, Asien und Afrika. Dabei trifft sich in dem kleinen Land, das in seiner Nord-Süd-Ausdehnung nicht mehr als 470 Kilometer und an seiner breitesten Stelle zwischen Totem Meer und Mittelmeerküste gerade einmal 135 Kilometer misst, die ganze Welt. Denn die Vorfahren der Israelis von heute wanderten aus fast allen Ländern der Erde ein. Sie brachten ihre Kulturen, Sprachen, Geschichten und Traditionen mit.

In der Mittelmeermetropole leben Einwanderer aus aller Welt

Flossen in den Gründungsjahren die Traditionen jüdischer Gemeinden und deren länderspezifische kulturelle Besonderheiten in den Schmelztiegel der jungen Nation ein, geht der aktuelle Trend wieder in Richtung Rückbesinnung auf eigene Wurzeln – bei aller gemeinsamen Identität als junge Nation. Zwar ist Israels jüdische Bevölkerung geeint durch gemeinsamen Glauben und gemeinsame Geschichte, doch charakterisiert die Gesellschaft auch eine facettenreiche Vielfalt von Lebensweisen, wie sie unterschiedlicher nicht sein könnten – säkular und religiös, westlich und orientalisch, afrikanisch und asiatisch, mediterran und mitteleuropäisch. Dieser Facettenreichtum spiegelt sich nicht nur in Literatur, Film, Theater, Kunst, Gesellschaft, Politik und Alltag wider, sondern auch in der israelischen Länderküche.

In seiner jahrtausendealten Geschichte war das kleine Land zwischen Mittelmeer und Wüste für jeden seiner zahlreichen Eroberer zugleich Fenster zwischen Europa und Afrika, Handelsplatz, Korridor und strategisches Tor zum Nahen Osten. Antike Karten zeichneten Jerusalem gar als Mittelpunkt der Welt. Zwischen den Bergen Galiläas, Mittelmeerküste, Jesreeltal, Jerusalem und Totem Meer, Negev-Wüste und Eilat – überall haben die vielen Eroberer ihre Spuren hinterlassen: Perser, Griechen, Römer, Kreuzritter, Araber und Osmanen.

Immer wieder machen spektakuläre Funde von sich reden. 2017 stießen Archäologen auf 1400 Jahre alte Kupfermünzen bei Abu Gosch, 2016 legten sie bei Aschkelon 3000 Jahre alte Philisterknochen frei. Im Jahr 2015 entdeckten Hobbytaucher an der Mittelmeerküste vor Caesarea Münzen aus der Fatimidenzeit – den bislang größten Goldschatz in der Geschichte des Landes (fast 2000 Münzen). Und 2013 entdeckten Archäologen bei der Verlegung einer Gaspipeline im Südosten Haifas in einer Felshöhle 3500 Jahre alte Gefäße aus der Bronzezeit.

Joggen, Fahrradfahren, Wassersport, Ball- und Brettspiele: Aktivurlaub in Tel Aviv

Politisch ist Israel bis heute die einzige Demokratie im Nahen Osten. Es ist ein moderner, parlamentarischer, hoch entwickelter Industriestaat nach westlichem Vorbild mit dem höchsten Lebensstandard im Nahen Osten.

Wussten Sie zum Beispiel, dass Israel, gemessen an seiner Einwohnergröße, pro Kopf weltweit die höchste Anzahl an Museen, Start-ups, Hochschulabschlüssen und Patentanmeldungen hat, dass bislang neun Nobelpreise an Israel gingen und sowohl der USB-Stick als auch die Cherry-Tomaten israelische Erfindungen sind?

Seit seiner Gründung 1948 ist das kleine Land, das gerade einmal so groß ist wie das Bundesland Hessen und in dem etwa acht Millionen Menschen leben, existenziell bedroht. Der Nahostkonflikt – der Konflikt zwischen Israel und seinen arabischen Nachbarn sowie zwischen Israelis und Palästinensern – ist immer präsent, auch wenn er in den Clubs und Cafés von Tel Aviv meilenweit entfernt zu sein scheint. Dennoch bestimmt er unweigerlich den Alltag – dabei wird er kaum irgendwo so hitzig diskutiert wie in Israel selbst.

Junge Stadt, die niemals schläft

Doch es gibt auch ein anderes Israel als das in den Nachrichten: ein Land voller Wärme, Lebendigkeit und Vielfalt – gerade wegen seiner aufregenden Gegensätze. Wo sonst kann man am gleichen Tag im Roten Meer mit Delfinen schwimmen, in der Negev-Wüste bei Beduinen Tee trinken, in Jerusalem das spirituelle Flair dreier Weltreligionen erleben, in Tel Aviv ins Museum gehen, durch die Bahai-Gärten in Haifa spazieren und auf dem Hermonberg Ski fahren?

Willkommen in Israel

Man kann in Israel innerhalb kürzester Zeit neue Freundschaften knüpfen. Egal, ob Taxifahrer, Zimmervermieter oder Kellner – Israelis sind offen, neugierig und direkt. Schnell kommt man ins Gespräch und erfährt dabei so manche ungewöhnliche Lebensgeschichte. Davon

gibt es hier zahlreiche. So sind es neben Geschichte und Kultur, religiöser Vielfalt und Natur vor allem die Herzlichkeit und Gastfreundschaft seiner Bewohner, die eine Reise durchs Land zu einem besonderen Erlebnis werden lassen. Man kann aber auch erst einmal die vielen Eindrücke auf sich wirken lassen. Denn Israel überrascht vor allem durch Intensität und Lebensfreude. Ja zum Leben zu sagen, ist im Judentum fest verwurzelt. Diese Einstellung spürt man in Israel überall.

Anlässe, das Leben mit all seinen Facetten im Hier und Jetzt zu feiern, gibt es immer – zu jeder Jahreszeit und in jeder Region, ob in den toskanaähnlichen Hügeln von Galiläa, im überschäumenden, weltoffenen Tel Aviv, in den Weiten der Wüste Negev, an den Ufern des Toten Meeres oder in Jerusalem, der heiligen

Die Wüste lebt: Oase Ein Gedi am Toten Meer

Israels südlichster Zipfel: Eilat am Golf von Aqaba

Stadt für Juden, Christen und Muslime. Einige der Highlights liegen jedoch nicht auf israelischem Staatsgebiet, sondern unterstehen der Palästinensischen Autonomiebehörde. Doch was wäre das Heilige Land ohne Ausflüge nach Bethlehem, Jericho oder zu einigen der sehenswertesten Wüstenklöster in der Judäischen Wüste! Touristen können diese Stätten ungehindert besuchen.

Israel fasziniert ab dem Moment der Landung am Flughafen Ben Gurion – die Ankommenden begrüßen moderne, lichtdurchflutete Hallen aus sandfarbenem Jerusalemkalkstein und Wandbilder, die die Geschichte des Staates dokumentieren, während man dem Einreiseschalter entgegenfährt. *Bruchim Haba'im* – willkommen in Israel!

Kunst, Kultur und Lebensart

Israel, das ist die Wiege von Zivilisationen und Kulturen, von Religionen und Völkern. Stimmt. Es gibt jedoch noch viele weitere Gründe, dieses einzigartige Land zu besuchen. Dass mittlerweile kulinarische Streifzüge durch Tel Aviv oder Galiläa, Yoga am Mittelmeerstrand und Mountainbiking in der Wüste ebenso selbstverständlich zu Israels Highlights gehören wie Besuche an Klagemauer, Grabeskirche und Tempelberg, Bootsfahrten auf dem See Genezareth und Schweben im salzhaltigen Toten Meer, zeigt vor allem eines: Israel ist neben seinen heiligen Stätten auch aus anderen Gründen ein attraktives Ganzjahres-Reiseziel.

Ob per Rundreise oder individuell, auf eigene Faust oder mit Kindern – dank einer touristisch flächendeckend ausgebauten Infrastruktur und gut ausgeschilderter Wanderwege lassen sich Israels vielseitige Regionen hervorragend erkunden, egal, ob per Bus, Bahn, Fahrrad, Mietwagen oder zu Fuß. Die Fülle an Angeboten macht die Wahl auf den ersten Blick nicht leicht: hier Architektur, Museen, Kunst, dort Film, Konzerte, Theater und mittendrin Weingüter, Restaurants, Sport und Wellness. Darüber hinaus laden ganzjährig (wegen des auch im Winter milden Klimas) Festivals dazu ein, an der Vielfalt des kleinen Landes teilzuhaben. Die gute Nachricht ist: Man kann all das gut miteinander kombinieren. Denn Israel ist übersichtlich.

Das Land voller Kontraste und praller Vielfalt ist gerade einmal 21 000 Quadratkilometer groß. Wer es bereist, wird in Israel neben Geschichte, Kultur

Erfindet sich immer wieder neu: kulinarischer Schmelztiegel Israel und seine Restaurantszene

und Natur vor allem pulsierende und dynamische Städte erleben, in denen Tradition und Moderne eine Gesellschaft kreiert haben, die sich ständig selbst neu erfindet. Dabei ist Israel ein junger Staat. Doch seine Wurzeln reichen Tausende von Jahren zurück.

Biblische Zeit und babylonisches Exil

Laut biblischer Überlieferung beginnt die Geschichte des jüdischen Volkes mit dem Patriarchen Abraham, seinem Sohn Isaak und seinem Enkel Jakob. Eine Hungersnot im Land zwang Jakob und seine Söhne (die Vorfahren der zwölf Stämme Israels), nach Ägypten auszuwandern, wo ihre Nachkommen versklavt wurden. Unter der Führung von Moses zogen die Israeliten aus Ägypten aus (Exodus), wanderten 40 Jahre durch die Wüste und empfingen schließlich am Sinai die Zehn Gebote und die Thora – alles identitätsstiftende Momente, denn der monotheistische Glaube der Vorväter nahm nun Form und Inhalt an.

Unter der Führung Josuas eroberten und besiedelten die israelitischen Stämme das Land Israel. Erst standen dem Gemeinwesen sogenannte Richter vor, später, um 1020 v. Chr. errichtete Saul eine Monarchie. Sein Nachfolger wurde König David – er vereinte die Stämme und machte Jerusalem um ca. 1000 v. Chr. zur Hauptstadt. Wirtschaftliche und politische Blüte erreichte das Königreich unter Davids Sohn Salomo: Er war es auch, der den Ersten Jerusalemer Tempel erbauen ließ. Zu den bedeutendsten städtischen Handelszentren gehörten die Städte Hazor und Meggido – heute beeindruckende Ausgrabungsstätten und Nationalparks im Norden Israels.

Nach Salomos Tod spaltete sich das Land in zwei Königreiche – Israel mit der Hauptstadt Samaria und Judäa mit der Hauptstadt Jerusalem. Während der folgenden zwei Jahrhunderte existierten beide Reiche nebeneinander – bis die Assyrer 722 v. Chr. das Königreich Israel eroberten und das Volk zerstreuten (»Zehn verlorene Stämme«). 586 v. Chr. eroberten die Babylonier Judäa, zerstörten den Tempel in Jerusalem und trieben die jüdische Elite ins babylonische Exil.

Auch heute noch finden Archäologen und Einwohner Schätze aus der Vergangenheit

Antike: Herrschaft von Persern und Griechen

Nach der Eroberung des babylonischen Reiches durch die Perser 538 v. Chr. kehrten viele Juden nach Judäa zurück. Eine Zeit weitgehender Autonomie folgte unter persischer und hellenistischer Herrschaft, insgesamt etwa 400 Jahre: Der Tempel in Jerusalem wurde neu erbaut, das jüdische Gemeinwesen verwaltete sich selbst.

Im zweiten Jahrhundert kam es unter dem Seleukiden-König Antiochus zur Unterdrückung jüdischer Religion und Bräuche. Als der Tempel entweiht wurde, schlossen sich Aufständische zum Makkabäer-Aufstand zusammen (166 v. Chr.) – heute erinnert das jährliche Lichterfest Chanukka daran. Unter den Hasmonäern folgten 80 Jahre Unabhängigkeit des jüdischen Königreichs – bis zur Eroberung durch die Römer 63 v. Chr.

Spätantike: Unter Römern und Byzantinern

Um 20 v. Chr. ließ der römische Vasallenkönig Herodes den Zweiten Jerusalemer Tempel aufwendig ausbauen und renovieren, daher stammt der Beiname Herodianischer Tempel. Weitere prachtvolle Beispiele der von ihm angeregten Baukunst lassen sich heute in Caesarea am Mittelmeer und auf der Festung Masada (UNESCO-Welterbe) am Toten Meer bewundern – dorthin zogen sich jüdische Aufständische zurück, nachdem die Römer unter ihrem Feldherrn Titus

Römische Baukunst im Nationalpark Caesarea an der Mittelmeerküste

im Jahr 70 das höchste jüdische Heiligtum, den Zweiten Tempel in Jerusalem, bis auf die Grundfesten niederbrannten. Anschauliches Beispiel aus dieser Zeit ist das »Verbrannte Haus« in Jerusalem, einziges Überbleibsel des Tempels ist seine Westmauer, die Klagemauer.

Unter römischer (70–313) und byzantinischer Herrschaft (313–636) erhielt die jüdische Bevölkerung des Landes ihre Institutionen in den Bereichen Recht, Erziehung und Kultur aufrecht und entwickelte sie weiter. 132 versuchten jüdische Aufständische unter Bar Kochba die nationale Souveränität wiederzugewinnen. Drei Jahre später schlugen die Römer den Aufstand nieder. Sie änderten den Namen Jerusalems in »Aelio Copitolino« und den des Landes in »Palaestina«.

Eroberungen durch alle Jahrhunderte

Ab dem 7. Jahrhundert eroberten nacheinander Araber (636–1091), Seldschuken (1091–1099), Kreuzritter (1099–1291), Mamelucken (1291–1516) und Türken (1517–1917) das Land. Unabhängig von den sich verändernden Grenzen oder jeweiligen Landesbezeichnungen lebten Juden während all dieser Jahrhunderte im Land. 1917 garantierte Großbritannien in der Balfour-Deklaration die »Errichtung einer nationalen Heimstätte für das jüdische Volk in Palästina«. Nach dem Zusammenbruch des Osmanischen Reichs und dem Ende des Ersten Weltkriegs übertrug der Völkerbund 1922 Großbritannien das Mandat für Palästina mit dem Auftrag, »die politischen, verwaltungstechnischen und wirtschaftlichen Voraussetzungen« dazu im Land herzustellen.

Zionismus und Jischuw

Zion ist Synonym für Jerusalem und das Land Israel. Jahrhundertelang verknüpften Juden in der Diaspora den Begriff mit der Sehnsucht nach dem Land ihrer Vorväter. Als nationale Bewegung entstand Ende des 19. Jahrhunderts der Zionismus – als Reaktion auf einerseits anhaltende Unterdrückung und Verfolgung in Osteuropa und andererseits Ernüchterung über die Emanzipation in Westeuropa. Auf Initiative von Theodor Herzl trat 1897 in Basel der erste Zionistische Kongress zusammen – die Geburtsstunde der politischen zionistischen

Bewegung. Ende des 19. Jahrhunderts begannen Tausende Juden in die bis dahin vom Osmanischen Reich beherrschte Region einzuwandern.

Die ersten Pioniere bildeten den späteren *Jischuw*, »die jüdische Bevölkerung in Palästina vor der Staatsgründung Israels«. Sie errichteten Städte, Dörfer und Kooperativen (*Kibbuzim*) mit kommunalen Selbstverwaltungsstrukturen, legten Sümpfe trocken, bepflanzten kahle Hänge und bauten Obst und Gemüse an. Dass die Pioniere zudem die hebräische Sprache, die bis dahin auf Liturgie und Literatur beschränkt gewesen war, als alltägliche Verkehrssprache benutzten, ist der bislang einzige gelungene Versuch, eine Sakralsprache zu neuem Leben zu erwecken.

Westmauer des Zweiten Tempels: Die Klagemauer in Jerusalem ist rund um die Uhr geöffnet

Britisches Mandat und Staatsgründung

1922 teilte Großbritannien das ihm anvertraute Gebiet auf: Auf drei Vierteln entstand das arabische Emirat Transjordanien (heute: Königreich Jordanien); für die zugesicherte »Errichtung der nationalen jüdischen Heimstätte« blieb das Gebiet westlich des Jordans übrig.

Versuche der Briten, die zunehmenden arabischen Unruhen durch die Einschränkung jüdischer Einwanderung und Ansiedlung zu beschwichtigen, verfehlten ihr Ziel. Bis zum Ausbruch des Zweiten Weltkriegs kam es immer wieder zu blutigen Übergriffen auf die jüdische Bevölkerung: 1920 in Jerusalem, 1920 und 1921 in Jaffa und 1929 in Hebron. Auch nach Kriegsende behielten die Briten die rigide Einwanderungsbeschränkung bei – trotz aller Dringlichkeit, den Überlebenden der Schoah, in der sechs Millionen Juden verfolgt und ermordet worden waren, Zuflucht zu gewähren.

Der arabische Widerstand gegen die jüdische Einwanderung wuchs ebenso wie die jüdische Forderung nach Aufhebung der Einwanderungsbeschränkung. Nach dem Ende des Zweiten Weltkrieges delegierte Großbritannien das Problem an die Vereinten Nationen. Am 29. November 1947 beschloss die UN-Vollversammlung mehrheitlich die Schaffung eines arabischen und eines jüdischen Staates auf dem Gebiet westlich des Jordans. Die Juden nahmen den Teilungsplan an, die Araber lehnten ihn jedoch ab. Das britische Mandat endete am 14. Mai 1948;

Vordenker und Wegbereiter des Zionismus: der Schriftsteller Theodor Herzl

am selben Tag verlas David Ben Gurion die israelische Unabhängigkeitserklärung. Noch in derselben Nacht überfielen die Armeen Ägyptens, Saudi-Arabiens, Jordaniens, Iraks und Syriens den neuen Staat. Erst ein Jahr später, im Juli 1949, unterzeichnete Israel mit jedem der arabischen Nachbarstaaten separate Waffenstillstandsabkommen.

Bevölkerung und soziale Struktur

Die Bevölkerung Israels besteht heute aus Juden (76 %), Muslimen (16 %), Christen (2,1 %) und Drusen (1,9 %). Die Unabhängigkeitserklärung des Staates garantiert religiöse Freiheit. Religionsausübung und Glaubenszugehörigkeit sind eine Sache der persönlichen Entscheidung. Jede Religionsgemeinschaft verwaltet ihre eigenen heiligen Stätten. Freier Zugang zu ihnen und ihr Schutz sind per Gesetz garantiert.

Trotz Israels guter Wirtschaftslage – Wachstum, niedrige Inflation, wenig Arbeitslosigkeit, viele Exporte – führten hohe Wohn- und Lebenshaltungskosten 2011 zu sozialen Protesten. Traditionell ist der gemeinschaftliche Zusammenhalt groß – so gibt es in Israel etwa viele Wohltätigkeitsorganisationen und Freiwilligendienste. Zudem sind Israelis sehr familienorientiert. Besonders am Wochenende besucht man sich gegenseitig, geht gemeinsam aus und unternimmt Ausflüge. Israels offizieller wöchentlicher Ruhetag ist der Samstag (Sabbat/Schabbat). Die qualitativ hohe Gesundheitsversorgung ist flächendeckend. Die durchschnittliche Lebenserwartung der Israelis beträgt 83,7 Jahre.

Israelische Spezialitäten

Was für das Land gilt, trifft auch auf seine Küche zu – sie ist breit gefächert, verschiedene Einwandererkulturen haben ihre Kreationen und Familienrezepte mitgebracht, ob Couscous oder *Gefilte Fisch* (kaltes Fischgericht), *Burekas* (gefüllte Teigtaschen mit Ursprung vom Balkan) oder *Kubbe* (irakische Hackfleischbällchen). Die israelische Küche ist sowohl international als auch mediterran geprägt. Frischer Fisch, Salate, Obst, Gewürze und Olivenöl gehören ebenso dazu wie Falafel, Hummus und *Schawarma*.

Orientalische Vorspeisen: Israels Vielfalt spiegelt sich in seiner Küche wider

Steckbrief Israel

Lage: Israel liegt am östlichen Mittelmeer in Vorderasien. Es ist 470 km lang und zwischen 20 und 135 km breit. Völkerrechtlich legitimiert durch das Völkerbundmandat für Palästina von 1922 und den UN-Teilungsplan von 1947 wurde Israel am 14. Mai 1948 als repräsentative Demokratie gegründet. Es ist die einzige Demokratie im Nahen Osten.

Fläche: 20 770 km^2

Grenzen: Im Norden grenzt Israel an den Libanon, im Nordosten an Syrien, im Osten an Jordanien, im Südwesten an Ägypten und im Westen ans Mittelmeer. Innerhalb Israels bestehen Grenzen zum Gazastreifen und Westjordanland, die von der Palästinensischen Autonomiebehörde verwaltet werden.

Küstenlänge: Mittelmeer ca. 275 km, Rotes Meer ca. 15 km

Hauptstadt: Jerusalem

Landesflagge:

Amtssprachen: Hebräisch, Arabisch

Einwohner: 8,3 Millionen Menschen

Bevölkerung: Israel ist der einzige Staat, in dem die Mehrheit der Bürger religiös eingetragene Juden sind, insgesamt 75,4 %. 16,9 % sind Muslime, 2,1 % Christen, 1,7 % Drusen. Die restlichen 4 % gehören kleineren religiösen Gemeinschaften an, darunter den Bahai. Zu den Minderheiten in Israel gehören Armenier, Tscherkessen, Samaritaner und Roma.

Währung: Neuer Israelischer Schekel (Abkürzung: NIS)

Zeitzone: MEZ + 1 Std. (ganzjährig)

Geografie: Israel lässt sich geografisch in vier Regionen einteilen: Die Mittelmeerküste, die Hügellandschaft im Zentrum, das Jordantal und die Negev-Wüste. Höchster Berg ist der Hermon im Golan mit 2248 m, tiefster Punkt (der Erde) das Tote Meer mit 418 m unter dem Meeresspiegel. Dazwischen befinden sich die Hügel Galiläas, Küstenebenen und Täler. Der Jordan ist mit 322 km Israels längster Fluss, der See Genezareth einziges Süßwasserreservoir des Landes. Südlich vom Toten Meer führt die Arava-Senke bis zum Golf von Aqaba am Roten Meer. Der Negev bedeckt mit ca. 12 000 km^2 mehr als die Hälfte Israels und gehört geografisch zur Sinai-Wüste.

Wirtschaft und Tourismus: Israel ist ein hochentwickelter Industriestaat und Mitglied der OECD. Seine Volkswirtschaft liegt weltweit an 36. Stelle. Es hat den höchsten Lebensstandard im Nahen Osten und den dritthöchsten in Asien. Mit 3,5 Millionen Besuchern pro Jahr ist Tourismus in Israel ein bedeutender Wirtschaftszweig. Meistbesuchte Städte sind Jerusalem mit 3,5 Millionen und Tel Aviv mit 2,7 Millionen Touristen jährlich.

Auf Wüstenwanderungen entdeckt man
Geschichte, Kultur, Spiritualität und Abenteuer

In Tel Aviv, so sagt man, eröffnet jede
Woche ein neues Restaurant. Die Auswahl spiegelt die Vielfalt wider, vom
Edelrestaurant am Strand bis zur Falafelbude auf dem Markt.

Nahostkonflikt und Sicherheit

Israels nichtjüdische Bevölkerung besteht
vorwiegend aus Arabern, insgesamt fast
1,5 Millionen Menschen. Sie besitzen den
israelischen Pass, sind staatsbürgerlich
integriert und nehmen Anteil an den
demokratischen Prozessen des Landes.
Doch die politische Situation in Israel
ist komplex, das Verhältnis zwischen
Juden und Arabern seit Jahrzehnten
angespannt. Immer wieder kommt es zu

Konflikten. Grund dafür ist der Nahostkonflikt. Seine Wurzeln reichen zurück
in die Zeit nach dem Ersten Weltkrieg
und die Mandatszeit, als Großbritannien
sowohl Juden als auch Arabern Unabhängigkeit zusicherte. Infolge des Unabhängigkeitskriegs 1948/49 wurde das
Westjordanland von Jordanien besetzt,
die arabische Bevölkerung floh aus Israel;
die etwa 600 000 bis 800 000 Palästinenser wurden von den arabischen Aufnahmeländern nicht eingegliedert, sondern
in Lagern aufgefangen.

Dem Waffenstillstand von 1949 folgte
kein Frieden. Terrorakte, die Sperrung
des Suezkanals und des Golfs von Aqaba
führten 1956 zum Sinai-Krieg; 1967
besetzte Israel die ganze Sinaihalbinsel,
den Gaza-Streifen, das Westjordanland
mit Ostjerusalem sowie die syrischen
Golanhöhen. Nach den Friedensverträgen mit Ägypten zog sich Israel aus der
Sinaihalbinsel zurück. 1987 kam es zur
ersten Intifada, dem offenen palästinensischen Aufstand gegen die israelische
Besatzung. Friedensbemühungen seit
den 1990er-Jahren führten zu vollständigen Truppenabzügen aus Gaza und
Jericho und zu palästinensischer Selbstverwaltung, später Autonomie. Immer
wieder kommt es zu Auseinandersetzungen zwischen beiden Seiten. Touristische
Orte bleiben davon wie im Juli 2017 am
Tempelberg in Jerusalem weitestgehend
unbeeinträchtigt. Von Fahrten entlang
der israelisch-ägyptischen Grenze,
Reisen nach Gaza und Aufenthalten im
unmittelbaren Grenzgebiet zu Syrien und
Libanon rät das Auswärtige Amt ab.

Geschichte im Überblick

2000–1700 v. Chr. Abraham, Isaak und Jakob (jüdische Stammesväter) lassen sich im Land Israel nieder; Abraham schließt seinen Bund mit Gott. Eine Hungersnot zwingt die Israeliten zur Auswanderung nach Ägypten.

1300 v. Chr. Moses führt die Israeliten aus Ägypten, Wüstenwanderung und Empfang der Thora mit den Zehn Geboten am Sinai

1200 v. Chr. Besiedlung des Landes Israel durch die Israeliten

1020 v. Chr. Die Zwölf Stämme Israels bilden die erste konstitutionelle Monarchie in Palästina. Erster König wird Saul. Der zweite König, David, machte Jerusalem zur Hauptstadt des Volkes.

960 v. Chr. Bau des Ersten Tempels (auch salomonischer Tempel) unter Davids Nachfolger König Salomon

930 v. Chr. Teilung des Reiches in Juda und Israel

720 v. Chr. Zerstörung Israels durch die Assyrer, Verschleppung von zehn Stämmen

568 v. Chr. Eroberung Judas durch Babylon, Zerstörung Jerusalems und des Ersten Tempels; Beginn des babylonischen Exils

538–332 v. Chr. Persische Zeit, Rückkehr aus dem Exil, Wiederaufbau des Tempels

332 v. Chr. Eroberung durch Alexander den Großen

166–160 v. Chr. Antike, Makkabäer-Aufstand gegen Entweihung des Tempels

142–63 v. Chr. Jüdische Autonomie, später Unabhängigkeit unter Hasmonäer-Dynastie

63 v. Chr. Jerusalem wird von den Römern erobert (Pompeius). Römische Herrschaft bis 313 n. Chr.

63–4 v. Chr. Römischer Vasallenkönig

20–33 Wirken Jesu von Nazareth

66 Jüdischer Aufstand gegen die Römer

70 Zerstörung Jerusalems und des Zweiten Tempels durch die Römer (Titus)

73 Die Römer erobern Masada, wo sich die letzten Aufständischen verschanzt haben.

132–135 Bar-Kochba-Aufstand

ca. 200 Kodifizierung der mündlichen jüdischen Lehre (*Mischna*)

313–636 Byzantinische Herrschaft

Ca. 390 Kodifizierung des Jerusalemer Talmuds

614 Persische Invasion

636–1099 Arabische Herrschaft

Geschichte im Überblick

691 Kalif Abd el-Malik erbaut am Standort des Ersten und des Zweiten Tempels in Jerusalem den Felsendom.

1099–1291 Kreuzfahrerzeit

1291–1516 Mamelucken-Herrschaft

1517–1917 Osmanische Herrschaft

1860 Bau des ersten jüdischen Viertels außerhalb der Jerusalemer Altstadt

1882–1903 Erste Alija (Masseneinwanderung), vorwiegend aus Russland

1896 Theodor Herzl veröffentlicht *Der Judenstaat*, 1904 *Altneuland*, das unter dem hebräischen Titel *Tel Awiw* erscheint

1897 Erster Zionistenkongress in Basel unter Theodor Herzl, Gründung der Zionistischen Weltorganisation

1904–1914 Zweite Alija aus Russland und Polen

1909 Tel Aviv wird als erste moderne jüdische Stadt gegründet; in Galiläa entsteht der erste Kibbuz des Landes, Degania

1917 Durch den Sieg der Briten wird die 400-jährige osmanische Herrschaft beendet; der britischer Außenminister Lord Balfour sichert Unterstützung Großbritanniens bei Errichtung einer Nationalen Heimstätte für das jüdische Volk in Palästina zu (Balfour-Deklaration)

1918–1948 Britische Herrschaft; in diese Zeit fällt auch die dritte Alija aus Russland

1920–1921 Einrichtung des Nationalrats (*Va'ad Leumi*) zur Selbstverwaltung der jüdischen Gemeinschaft (*Jishuw*), Gründung des ersten *Moschaw* (Genossenschaftsdorf) in Nahalal im Jahr 1921

1922 Der Völkerbund überträgt Großbritannien das Mandat für Palästina (Land Israel). Auf drei Vierteln des Mandatsgebiets entsteht Transjordanien, für die Juden bleibt ein Viertel des Gebiets; Gründung der Jewish Agency als Vertretung gegenüber den Mandatsbehörden; Hebräisch wird neben Arabisch und Englisch Amtssprache.

1924–1932 Vierte Alija aus Polen

1933–1939 Fünfte Alija, hauptsächlich aus Deutschland und Mitteleuropa

1939 Britisches Weißbuch schränkt jüdische Einwanderung drastisch ein

1939–1945 Zweiter Weltkrieg; Holocaust in Europa

29. November 1947 UNO-Teilungsplan in arabischen und jüdischen Staat

1948 Ende des britischen Palästina-Mandats, Gründung des Staates Israel, Angriff fünf arabischer Staaten auf Israel, Gründung der Israelischen Verteidigungsstreitkräfte (IDF), Unabhängigkeitskrieg

1949 Unterzeichnung von Waffen-stillstandsabkommen mit Ägypten, Jordanien, Syrien und dem Libanon; Teilung Jerusalems in einen von Jordanien und einen von Israel kontrollierten Sektor; Wahl der ersten Knesset (israelisches Parlament), der Staat Israel wird 59. Mitglied der UNO.

1948–1952 Masseneinwanderung aus europäischen und arabischen Ländern

1952 Sinai-Feldzug

1961–1962 Prozess gegen Adolf Eichmann in Jerusalem und Hinrichtung wegen Holocaust-Verbrechen

1967 Sechs-Tage-Krieg, Wiedervereinigung Jerusalems

1973 Jom-Kippur-Krieg

1978 Unterzeichnung der Camp-David-Vereinbarungen als Grundlage für umfassenden Frieden und Vorschlag für palästinensische Selbstverwaltung

1979 Unterzeichnung des israelisch-ägyptischen Friedensvertrags

1982 Israel zieht sich aus dem Sinai zurück, Beginn des Libanonkriegs

1987 Erste Intifada

1989 Masseneinwanderung sowjetischer Juden

1993 Friedensverträge von Oslo

1994 Einführung der palästinensischen Selbstverwaltung im Gazastreifen und Jericho, ab dem Jahr 1995 auch im Westjordanland

4. Mai 1994 Israel und Jordanien unterzeichnen Friedensvertrag.

1995 Jitzhak Rabin wird bei einer Friedenskundgebung ermordet.

1997 Israel übergibt Hebron zu 80 Prozent Palästinenser-Verwaltung.

2000 Gipfel von Camp David endet ohne Erfolg.

2003 Road Map von USA, UN, EU und Russland, Ziel: Palästinenserstaat bis 2005

2006 Libanonkrieg nach Kämpfen zwischen Hisbollah und IDF

2008 Luftangriffe auf Gaza nach fortdauerndem Raketenbeschuss durch die Hamas

2011 Landesweite Sozialproteste

2014 Raketenbeschuss aus Gaza, Operation »Protective Edge«

2015 50 Jahre deutsch-israelische diplomatische Beziehungen; Friedensprozess stagniert

2017/18 »Jubiläumsjahre«: 120 Jahre Zionistenkongress, 100 Jahre Balfour-Deklaration, 70 Jahre Unabhängigkeit

EINE WOCHE DURCH ISRAEL

1. TAG
CHILLEN IN TEL AVIV – BESTER EINSTIEG FÜR DEN ERSTEN EINDRUCK

Morgens. Bei einem Spaziergang durch die Weiße Stadt rund um den Rothschild Boulevard bekommt man ein Gefühl für die Stadt und ihre Menschen, in der Chelouche Art Gallery für ihren Kunstsinn.

Mittags. Auf dem Weg weiter nach Jaffa (alles zu Fuß gut machbar) empfiehlt sich ein Zwischenstopp am aufpolierten alten Bahnhof HaTachana und im benachbarten Neve Tzedek, einem der ältesten Viertel, mit seinen engen Gassen, einladenden Cafés und weitläufigen Innenhöfen – ideal für einen Kaffee oder frischen Saft zur Stärkung! Den Rundgang durch das orientalische Jaffa sollte man mit einem späten Mittagessen bei Dr. Shakshuka abrunden.

Nachmittags. Im Diaspora Museum erfährt man Details zu jüdischen Gemeinden in aller Welt, das Kunstmuseum zeigt neben Picasso und Kandinsky zeitgenössische israelische Kunst.

Abends. Das Restaurant The Dining Hall nebenan fasst kulinarisch zusammen, was den Tel Aviver Way of Life ausmacht – es geht zugleich lebhaft und entspannt zu, Klassiker der jüdischen Küche werden mit israelischer Finesse serviert.

Nachtleben. Am Hafen Namal kann man den späten Abend mit einem Spaziergang auf der Promenade einläuten, bevor man hinüber ins Allenby-Ausgehviertel mit vielen Bars und Lokalen rund um die Lilienblum Street schlendert.

2. TAG
AUSFLUG VON TEL AVIV NACH HAIFA UND AKKO – DER WEG IST DAS ZIEL

Abhängig von der gewählten Strecke fährt man zwischen 92 und 105 Kilometern.

Morgens. Ein erster Halt auf dem Weg in Richtung Norden bietet sich in der römischen Hafenstadt Caesarea an. Anschließend bietet sich ein Abstecher für ein Bad im Mittelmeer zum Strand unterm Aquädukt an. Etwas später geht es weiter ins europäisch anmutende Zichron Ya'akov, um dort ein leckeres Eis bei Aldo auf dem Fußgänger-Boulevard Ha-Meyasdim zu essen.

Mittags. Auf dem Weg nach Haifa kann man die schnellere Route 4 nehmen, schöner ist der Umweg von rund 20 Minuten über die Route 70 durch das westliche Jesreel-Tal, die Ausläufer des Carmelgebirges und das Drusendorf Daliat Al-Karmel. Angekommen in Haifa empfiehlt sich die kostenlose Panorama-Tour durch die Bahai-Gärten sowie ein kurzer Spaziergang durch das alte Templerviertel, bevor es 20 Kilometer weiter nördlich Richtung Akko geht.

Spätnachmittags. Nach einem Rundgang durch die Kreuzritterfestung und die Altstadt Akkos samt Markt kann man leckeren Fisch bei Uri Buri essen, anschließend nimmt man die Route 85 in das Dorf Amirim und lässt im Boutiquehotel Amirey Hagalil am Fuße des Golan den Abend im Spa ausklingen. Start in den nächsten Tag mit einem ausgiebigen Frühstuck und Blick auf den See Genezareth – das nächste Ziel.

3. TAG
ZWEI MEERE AN EINEM TAG – TOUR ZUM SEE GENEZARETH UND ZUM TOTEN MEER

Morgens. Über die Route 866 und 89 gelangt man – mit kurzer Pause auf dem Dalton Weingut – durch die toskanaähnliche Hügellandschaft nach Safed, Galiläas Hauptstadt, wo man in uralten Gassen auf mystisch-hippes Künstlerflair trifft.

Mittags. Petrusfisch essen in Ein Gev am Ostufer des Sees, die darauffolgende Wanderung durch römische Alleen und Säulengänge der alten Römerstadt in Bet She´an gleicht die Kalorien garantiert wieder aus.

Nachmittags. Wenn man am späten Nachmittag im salzhaltigsten See der Welt – im Toten Meer – schweben will, sollte man sich gut zwei Stunden vorher auf den Weg über die Route 90 Richtung Süden machen.

Abends. Ein abendliches Schwebebad in Bokek am Südufer des Toten Meeres rundet den ereignisreichen Tag ab, an dem man innerhalb weniger Stunden drei Klimazonen und mehrere Zeitepochen durchquert hat. Zum Chillen am besten ins Restaurant Taj Mahal im Leonardo Inn Hotel einkehren.

4. TAG
VOM TOTEN MEER NACH JERUSALEM – STEILER AUFSTIEG VOM TIEFSTEN PUNKT DER ERDE

Morgens. Noch einmal die Ruhe, das Klima und das Salzwasser am Toten Meer genießen, bevor es weitergeht Richtung Jerusalem – der »Aufstieg« von 428 Metern unter dem Meeresspiegel durch die Judäische Wüste gehört zu den schönsten Annäherungen an die für die drei monotheistischen Weltreligionen heilige Stadt. Am besten mit der Altstadt beginnen, dann über die Mamilla Mall Richtung West-Jerusalem spazieren.

Mittags. Nach dem Lunch in einem der vielen Soul-Food-Lokale und kleinen Familienrestaurants auf dem Markt Mahane Yehuda sollte man den Nachmittag frischgestärkt mit einem Rundgang durchs Israel Museum beginnen und anschließend zum Herzl Berg fahren und das Holocaust Museum Yad Vashem besuchen.

Nachmittags. Auf dem Weg ins Künstlerdorf Ein Kerem lohnt der Umweg über die Synagoge des Hadassa Krankenhauses mit ihren wunderschönen Chagall-Fenstern.

Abends. Essen und Schlafen in Atalyas Bed & Breakfast ist ein perfekter Ort, um all die intensiven Eindrücke zu verdauen – umgeben von knorrigen Olivenbäumen, ländlicher Idylle und den Jerusalemer Bergen.

5. TAG
JERUSALEM AUS GOLD – ALTE STADT IN NEUEM LICHT

Morgens. Erkunden Sie das Dorf Ein Kerem und lernen Sie dann das andere Jerusalem kennen – das der parkgesäumten weltlichen Viertel, lauschigen Cafés, versteckten Synagogen wie der im Umberto Nahon Museum of Italian Jewish Art und einladenden Geschäften, zum Beispiel im Viertel Nahalat Shiva mit seinen Gassen aus sandfarbenem Jerusalem-Kalkstein, oder in den Trendvierteln Rechavia und German Colony mit ihrem architektonischen Mix aus Bauhaus-Stil und Orient sowie Restaurants und Boutiquen entlang der Emek Refaim Street.

Mittags. Der frühere türkische Bahnhof First Train Station ist nicht nur abends Ausgehviertel, auch tagsüber kann man hier lecker essen, etwa im Restaurant Adom.

Nachmittags. Der Biblische Zoo in Talpiot ist einen Ausflug in Jerusalems Süden wert. Um das safari-ähnliche Gelände zu erkunden, sollte man hier mindestens zwei Stunden verbringen.

Abends. In der Cinémathèque laufen immer internationale Filme im Original. Auf der Terrasse des hauseigenen Restaurants speist man gegenüber der angestrahlten Altstadtmauer, während in der Ferne Kirchenglocken läuten, der Muezzin zum Gebet ruft und bei klarem Wetter das Tote Meer zu sehen ist.

6. TAG
WÜSTE NEGEV

Morgens. Von Jerusalem braucht man etwa zwei-einhalb Stunden zum Erosionskrater in der Wüsten-stadt Mitzpe Ramon – wenn man zeitig losfährt, kann man sich unterwegs umso mehr Zeit lassen, etwa für das Negev Museum of Art und den Bedui-nenmarkt in Beer Sheva.

Mittags. Vegetarische Leckereien mit Ziegenkäse-Auswahl gibt es im Wüstenrestaurant Kornmehl Farm an der Route 40 – der antiken Gewürzstraße – auf dem Weg nach Sde Boker, die passende Wein-verkostung dazu hinter der nächsten Kreuzung auf dem Weingut Boker Valley.

Nachmittags. Ben Gurions Wohnhaus im Kibbuz Sde Boker ist ein Stück Zeitgeschichte, am Grab von Israels erstem Ministerpräsidenten hat man einen herrlichen Ausblick über das Wadi Zin, die pastell-farbenen Felsformationen und Wüstencanyons. Die zehn Minuten entfernte antike Nabatäerstadt Shivta (UNESCO-Welterbe) liegt etwas abseits der Touristenpfade, ist aber mindestens ebenso sehens-wert wie ihre bekanntere Ruinennachbarin Avdat.

Abends. Nach langem Blick vom Kraterrand in die mondähnliche Landschaft Einkehr im InnSense, einem Bed & Breakfast an der Gewürzroute mit geschmackvollen Zimmern und einem abwechs-lungsreichen Bistro. Von dort aus ist es ein Katzen-sprung zum Sternegucken im Ramon-Krater.

JERUSALEM UND JUDÄISCHE BERGE

1 Jerusalemer Altstadt
Vier Viertel, drei Weltreligionen

Ganz gleich, aus welcher Richtung man sich Jerusalem nähert – ob aus Tel Aviv, vom Flughafen oder übers Tote Meer –, taucht die Stadt plötzlich unvermittelt in der Ferne auf, zieht sie einen sofort in ihren Bann. Wie eine Fata Morgana thront sie inmitten der Judäischen Berge. Sie ist Heilige Stadt, Sehnsuchtsort für Juden, Christen und Muslime, Schmelztiegel der Kulturen, in Liedern besungen, in Psalmen verewigt.

Jerusalems Silhouette wirkt wie in Gold getaucht. Mag sein, dass dieser Effekt am weißen Kalkstein liegt, den schon König David für die Befestigung seiner Hauptstadt verbaute. Denn der helle Stein reflektiert das Licht. An diesem Ort lagern viele Epochen schichtweise übereinander. Die Geschichte der Stadt und ihrer Bewohner scheint in einem undurchdringlichen Geflecht aus Religiosität, Politik und Einzelschicksalen verwoben zu sein.

Zentrum der Welt, Nebeneinander der Kontraste

Mit seinen uralten Bauten und heiligen Stätten gilt Jerusalem seit biblischen Zeiten als Zentrum der Welt. So zeichneten etwa antike Karten die Kontinente Europa, Asien und Afrika als Kreise mit Jerusalem in der Mitte. Der Kontrast zwischen Geschichte und Moderne, eingehüllt in Magie und Mythen, Spiritualität und Religion – nirgends in Israel ist er so deutlich wie in der Altstadt Jerusalems, die seit 1981 zum UNESCO-Weltkulturerbe gehört. Auf nur einem Quadratkilometer Fläche

S. 32/33: Der Tempelberg mit Klagemauer und Felsendom
Mitte: Die Grabeskirche befindet sich laut Überlieferung am Kreuzigungsplatz Jesu
Unten: Bar-Mitzwa-Feier an der Klagemauer: Ein Junge liest zum ersten Mal aus der Thora

befinden sich das Armenische, Jüdische, Muslimische und Christliche Viertel. Jerusalem, das waren bis 1860 diese jahrtausendealten engen Gassen. In ihnen spielten sich Ereignisse ab, die für alle drei monotheistischen Weltreligionen bis heute identitätsstiftende Bedeutung haben.

Armenisches Viertel

Direkt hinter dem Jaffator mit dem Davidturm beginnt das Armenische Viertel. Es ist das kleinste und ruhigste der vier Altstadtviertel. Heute leben in Jerusalem noch etwa 1500 Armenier. Sie haben sowohl in der Grabeskirche als auch in der Geburtskirche in Bethlehem (S. 85, 86) Besitz- und Zeremonialrechte bei der Verwaltung der heiligen Stätten. Sie stammen noch aus der Zeit des Osmanischen Reiches, das die Besitzverhältnisse 1852 mit einem Status quo regelte.

Armenier leben seit etwa dem 4. Jahrhundert in Jerusalem. Es ist die älteste armenische Diaspora der Welt. Nachdem die Armenier als erstes Volk überhaupt im Jahr 301 das Christentum als Staatsreligion annahmen, pilgerten armenische Mönche nach Jerusalem und siedelten sich hier an. Einer von ihnen, Euthymius der Große (377–473), gründete sogar ein Kloster in der Judäischen Wüste (S. 210). Im 7. Jahrhundert wurde das Viertel rund um die St.-James-Kathedrale Sitz des armenischen Patriarchats. Sie ist die größte der vielen armenischen Kirchen und eine Miniaturstadt für sich. Der Konvent beherbergt auch die Gulbenkian-Bibliothek mit 100 000 wertvollen Büchern und armenischen Zeitschriften. Rund um die Armenian Patriarchate Road kommt man in den Genuss armenischer Handwerkskunst. Die farbenfrohen Kacheln sind ein typisches Jerusalem-Mitbringsel.

Geheimtipp

JERUSALEM AUS GOLD

Südlich der Altstadt gibt es zwei besonders eindrucksvolle Aussichtspunkte auf Jerusalem, den Zionsberg und die Haas-Promenade – aus der Nähe und aus der Ferne. Vom Mount Zion südlich vom Jaffator sieht man Juden in Richtung Klagemauer und orthodoxe Priester zur Grabeskirche eilen, während die Rufe arabischer Händler wie ein lautes Summen vom Markt herüberrauschen. Dreht man sich um, hat man einen guten Blick auf Yemin Moshe, das Windmühlen-Viertel (S. 55). Den schönsten Panoramablick erlebt man auf der Haas-Promenade weiter südlich im Viertel Talpiot (S. 60) – besonders als Auftakt eines Jerusalembesuchs zu empfehlen!

Zionsberg. Direkt hinter dem Zionstor, Zugang aus der Altstadt über Armenian Patriarchate Rd., aus Westjerusalem kommend über Hativat Etsyoni St.
Haas-Promenade. (Auch Armon-Hanatziv-Promenade oder *Hatayelet*, hebr. »die Promenade«), Daniel Yanofsky St., Talpiot, Westjerusalem

Jüdisches Viertel

BESTER HUMMUS IN DER ALTSTADT

Hummusplätze gibt es jede Menge in der Altstadt. Überall sieht man kleine Cafés mit geflochtenen Stühlen, runden Tischen und einer großen Auswahl an Salaten und orientalischen Speisen. Einer der besten Hummusläden in der Altstadt ist Abu Shukri. Seit Generationen hat die Familie die Hummuszubereitung perfektioniert. Gleichnamige Hummuscafés gibt es überall im Land, zum Beispiel in Abu Ghosh (S. 83). Hummusspezialisten munkeln jedoch, das Original sei hier, im muslimischen Viertel. Es ist ein Muss bei einem Altstadtrundgang! Eine Speisekarte gibt es in dem kleinen engen Lokal nicht, aber das ist auch nicht nötig. Hummus ist das Hauptgericht. Und das schmeckt pur am besten: in Olivenöl, mit einer Schicht *Tahina* und Pinienkernen in der Mitte.

Abu Shukri. 63 Al Wad Road, Altstadt, Muslimisches Viertel.

Nach seiner Eroberung durch König David 1000 v. Chr. wurde Jerusalem Hauptstadt Israels. Wenige Jahrzehnte später baute sein Sohn König Salomon den Ersten Tempel. In seinem Innern stand das Allerheiligste, die Bundeslade mit den zehn Gesetzestafeln vom Berg Sinai. Er wurde 586 v. Chr. von den Babyloniern zerstört, 516 v. Chr. wieder aufgebaut und 70 erneut zerstört, diesmal von den Römern. Erhalten blieb nur die Westmauer der einstigen prunkvollen Tempelanlage, auch Klagemauer genannt, und seit 2000 Jahren heiligster Ort für Juden aus aller Welt.

Der zentrale Platz davor ist rund um die Uhr geöffnet, der Zugang für Männer und Frauen separat. In den Ritzen der Klagemauer stecken Zettel mit Wünschen und Gebeten. Hier spricht so mancher mit Gott zum Ortstarif. Besonders eindrucksvoll ist es, jüdische Feste an der Klagemauer zu erleben, wie etwa das Laubhüttenfest Sukkot oder Bar-Mitzwa-Zeremonien, bei denen jüdische Jugendliche zum ersten Mal aus der Thora lesen. Einblick in die Ausmaße der einstigen Tempelanlage gibt ein Tunnel unter der Klagemauer. Ausgrabungen brachten dort herodianische Säulen, eine Kirche, Zisternen und einen Gebetsraum zum Vorschein.

Weitere Zeugnisse aus dieser Zeit fanden Archäologen unter den jahrtausendealten Altstadtschichten im Jüdischen Viertel, darunter das »Verbrannte Haus«. Mehr Fundstücke sind im Wohl Archäologie Museum ausgestellt. Dahinter erstreckt sich der Cardo, eine ehemalige römische Passage mit historischen Säulen und Wandgemälden, und eine der Hauptattraktionen: die im Jahr 2010 wiedereröffnete Hurva-Synagoge, die einstige Hauptsynagoge Jerusalems.

Altstadt-Rundgang zu den heiligen Stätten

🅐 Jaffator – Ausgangspunkt für den Rundgang.

🅑 St.-James-Kathedrale – Dreischiffiger Kuppelbau mit Fresken und Kronleuchtern im Armenischen Viertel. So–Fr 6.30–7.30 und 15–15.40, Sa 6.30–9.30 und 15–15.40 Uhr. Armenisches Viertel, Armenian Patriarchate Rd., Tel. 02/628 23 31.

🅒 Klagemauer – Der Zweite Tempel war von 516 v. Chr. bis zu seiner Zerstörung durch die Römer 70 n. Chr. religiöser Mittelpunkt jüdischen Lebens. Einziges Überbleibsel: die Klagemauer.

🅓 Tempelberg – Hochplateau im Muslimischen Viertel mit Felsendom und Al-Aqsa-Moschee. Reglementierter Zugang. Sommer Mo–Do 8.30–11.30, 13.30–14.30, Winter 7.30–10.30, 12.30–13.30 Uhr, Tel. 02/622 62 50.

🅔 St.-Anna-Kirche und Bethesda Pool – Schlichte Kirche neben dem Löwentor von 1138. Via Dolorosa am Löwentor, Muslimisches Viertel, Tel. 02/628 32 85.

🅕 Via Dolorosa – Weg der Kreuzigung mit insgesamt 14 Stationen.

🅖 Grabeskirche – Kreuzigungs- und Wiederauferstehungsort Jesu. April–Sept. 5–21, Okt. 5–20, Nov.–März 5–19 Uhr, Eintritt frei.

🅗 Erlöserkirche – Deutsch-evangelische Kirche von 1893 südlich der Grabeskirche. 24 Muristan Rd., Tel. 02/628 77 04.

🅘 Ecce-Homo-Basilika – Pilgerhaus mit Kirche an der zweiten Station der Via Dolorosa. Mo–Sa 8.30–12.30 und 14–17 Uhr. 41 Via Dolorosa, Tel. 02/627 72 92.

Geheimtipp

In den kühlen Mauern des armenischen Klosters gelegen, zeigt das Armenian Museum Sammlungen zu armenischer Kultur, Kunst und Geschichte. Eine ganze Abteilung widmet sich allein der 1600-jährigen Geschichte der Armenier in Jerusalem und im Heiligen Land, eine andere dem Völkermord von 1915. Einige der Überlebenden fanden damals auch in Jerusalem Unterschlupf. Die ältesten Funde im Museum sind Freskenfragmente aus dem ersten Jahrhundert. Weitere Ausstellungsstücke sind Überreste armenischer Kirchen aus der byzantinischen Zeit vom Damaskustor. Herzstück der Sammlung sind Beispiele armenischer Töpferkunst, alte armenische Handschriften und Bücher.

Armenian Museum. Armenisches Viertel, Mo–Sa 9.30–16.30 Uhr, Eintritt: 5 NIS, Armenian Patriarchate Rd., Tel. 02/628 23 31.

Souvenirs, Stoffe, Schmuck und Süßigkeiten: Auf dem arabischen Markt geht es bunt und quirlig zu

Sie wurde 1948 im Arabisch-Israelischen Krieg zerstört. 1977 fand man bei Ausgrabungen einen Bogen, der bis 2006 auf ihrem Fundament an den früheren Prachtbau erinnerte. Seit der Eroberung des Jüdischen Viertels im Sechstagekrieg gab es Pläne für einen Neubau der Ruine. 2006 wurde mit ihrem Neubau begonnen, 2010 vollendet.

Muslimisches Viertel

Mit 31 Hektar ist das Muslimische Viertel das größte der vier Altstadtviertel. Im Nordwesten kann man es sowohl durch das Löwentor als auch das Herodes- und Damaskustor betreten. An seinem südlichen Ende mündet es in den Tempelberg mit der Al-Aqsa-Moschee und dem Felsendom. Viele der Gebäude im Muslimischen Viertel stammen aus der Mameluckenzeit. Unbedingt sehenswert sind etwa die Ruinen des Bethesda-Pools, einer Quelle, der heilende Kräfte innewohnen sollen. Herz des Viertels ist der Basar mit seinen farbenfrohen Läden voller Souvenirs, Stoffe, Gewürze, Teppiche und Süßigkeiten. Viele der christlichen Sehenswürdigkeiten liegen in dem Geflecht aus jahrtausendealten Gassen und Straßen, darunter die ersten sieben Stationen des Kreuzweges und zahlreiche Kirchen wie etwa die St.-Anna-Kirche, eine von den Kreuzrittern erbaute Kirche aus dem 12. Jahrhundert.

Das frühe 7. Jahrhundert ist eng mit bedeutsamen Ereignissen im Leben des Propheten Mohammed verknüpft. Vom Tempelberg aus trat er laut Koran seine Himmelsreise an und empfing die Offenbarung des Gebots der fünf täglichen Gebete. 620 erklärte Mohammed die Al-Aqsa-Moschee zu einer der drei heiligen Moscheen des Islam. Jerusalem ist somit nach Mekka und Medina die drittheiligste Stätte des Islam.

Dabei markiert der Felsendom mit seiner goldenen Kuppel laut Überlieferung gleich drei Meilensteine der Geschichte: Erschaffung des Menschen, Nicht-Opferung Isaaks durch Abraham und Himmelfahrt des Propheten Mohammed. Er gilt zudem als ältester Sakralbau des Islam. Nichtmuslimen ist das Betreten des Tempelbergs gestattet, jedoch nicht der beiden Moscheen.

Christliches Viertel

Nur wenige Schritte von diesem historischen Schauplatz entfernt liegen weitere heilige Stätten: die Grabeskirche und die Via Dolorosa mit ihren insgesamt 14 Stationen. Hier sollen die Kreuzigung und die Auferstehung von Jesus stattgefunden haben. Nebenan verkaufen Souvenirläden Holzkreuze, Öllampen und römische Amphoren.

Spiritualität und Kommerz liegen in Jerusalem dicht beieinander. Will man sich dem Trubel entziehen, findet man gegenüber der 9. Station der Via Dolorosa ein echtes Juwel: Eine kleine knarrende Tür führt mitten aufs Dach der Grabeskirche zu den runden Steinhütten des äthiopischen Klosters Deir es-Sultan.

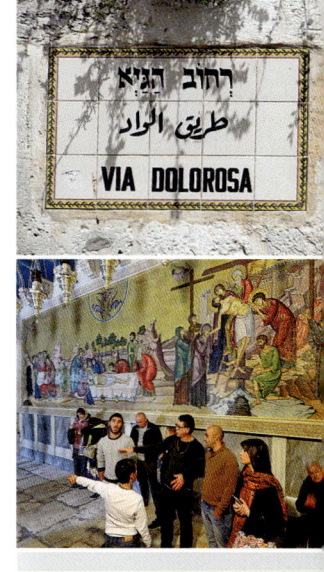

Oben: Seit dem 12. Jh. verwalten zwei muslimische Familien die Schlüssel zur Grabeskirche
Mitte: Die 14 Stationen der Via Dolorosa liegen im Christlichen und Muslimischen Viertel
Unten: In der Grabeskirche sind die Gebetszeiten streng geregelt

Infos und Adressen

SEHENSWÜRDIGKEITEN

Burnt House Museum. Fundstücke und Film, die das Leben einer Familie zur Zeit der Tempelzerstörung rekonstruieren. Mo–Do 9–17, Fr 9–13, So 10–17 Uhr, Eintritt: 14 NIS, 2 Hakarim St./Tiferet Yisrael St., Jüdisches Viertel, Tel. 02/628 72 11.

Cardo. Alte römische Straße im Jüdischen Viertel, heute wie damals eine Einkaufspassage mit kleinen Läden zwischen römischen Säulen und Bögen. Cardo St., Jüdisches Viertel.

Exotisch: Das Wiener Kaffeehaus im Austrian Hospice serviert Apfelstrudel und Melange

Davidturm. Interaktives Museum zur wechselvollen Geschichte Jerusalems, im Sommer Lichtershows. So–Do 9–16 (Juli, Aug. bis 17 Uhr), Fr, Sa 9–14 (Juli, Aug. Sa bis 17 Uhr), Eintritt: 30 NIS, erm. 15 NIS, Jaffator, Tel. 02/626 53 33, www.tod.org.il/en

Deir es-Sultan. Äthiopisches Kloster von 1187 auf dem Dach der Grabeskirche. Zugang über Treppen an der Suq es-Zait-St. Zur 9. Station der Via Dolorosa. Eingang gegenüber.

Gulbenkian-Bibliothek. Die Bibliothek wurde 1929 vom armenischen Kunstmäzen Calouste Gulbenkian zum Andenken an seine Eltern gesponsert. Mehr als 100 000 armenische Bücher.

Mo–Fr 14–18 Uhr, St.-James-Kathedrale, Armenisches Viertel, Armenian Patriarchate Road.

Hurva-Synagoge. Frühere Hauptsynagoge Jerusalems, die nach vierjähriger Bauzeit 2010 wieder eröffnet wurde. Besuch nur nach telefonischer Anmeldung. HaYehudim St., Jüdisches Viertel, Tel. 02/626 59 22 und 02/626 59 00.

Western Wall Heritage Foundation Centre. Besucherinformation zur Klagemauer am zentralen Platz. Eintritt: 20 NIS, erm. 10 NIS, Tel. 02/627 13 33.

Archäologie Museum Wohl/Herodianisches Viertel. Faszinierendes Museum mit Mosaikböden, Glas, Keramik und Wandfresken aus der Zeit des Zweiten Tempels. So–Do 9–17, Fr 9–13 Uhr, Eintritt: 15 NIS, erm. 7 NIS, 1 HaKaraim St., Tel. 02/628 34 48.

ESSEN UND TRINKEN

Armenian Tavern. Armenische Gerichte in uraltem Gemäuer. 79 Armenian Patriarchate Rd., Tel. 02/627 38 54.

Wiener Kaffeehaus. Ruhige mitteleuropäische Oase mit Sachertorte und Wiener Melange. Sogar Wiener Schnitzel werden hier serviert. Tgl. 10–22 Uhr, Österreichisches Hospiz, 37 Via Dolorosa, Tel. 02/626 58 00.

ÜBERNACHTEN

Austrian Hospice. Traditionelle Pilgerherberge, gediegene Einzelzimmer. 37 Via Dolorosa, Tel. 02/626 58 00, www.austrianhospice.com

Waldorf Astoria. Nobles Prunkstück aus griechisch-römischer, gotischer und osmanischer Architektur, zwischen King David, Agron und Mamilla. 26–28 Agron St., Tel. 02/542 33 33, www.hiltonhotels.de

St-Thomas Home. Einfache Pension der syrisch-katholischen Kirche nahe Damaskustor. Nablus Rd., Caldean St. 6, Tel. 02/628 26 57.

EINKAUFEN

Chaya. Souvenirs, Judaika, Silberschmuck.
13 Cardo St., Jüdisches Viertel,
Tel. 02/628 07 51, www.chaya.co.il

Jerusalem Pottery. Typische armenische Keramik. 15 Via Dolorosa, Tel. 02/626 15 87,
www.jerusalempottery.biz

VERANSTALTUNGEN

Festival of Lights. Im Juni erstrahlt die Altstadt
von Jerusalem in zauberhaften Lichtinstallationen. www.lights-in-jerusalem.com

Israel Festival. Seit 1980 feste Größe in Jerusalems Kulturlandschaft. Interdisziplinäres
Festival mit Tanz, Musik, Kunst, Theater,
Workshops und Konferenzen. Jedes Jahr im
Frühling. http://israel-festival.org/en

AKTIVITÄTEN

Klagemauer-Tunnel. Eine der spannendsten
Sehenswürdigkeiten Jerusalems unterhalb der
Klagemauer mit unterirdischen herodianischen
Säulen. So–Do 7–nachts, Fr 7–12 Uhr. Eintritt:
25 NIS, erm. 15 NIS, Anmeldung unter
Tel. 02/627 13 33.

Ramparts Walk. Ungewöhnliche Einblicke
bietet ein Spaziergang auf den Altstadtmauern – Jerusalem von innen, außen und oben
zugleich. Etwas anstrengend wegen der vielen
Treppen, aber sehr lohnend! Tickets kosten
15 NIS, Eingang am Jaffator, Tel. 02/627 75 50.

INFORMATION

Jerusalemtag. Israelischer Feiertag, der die
Wiedervereinigung Jerusalems von 1967 mit
Paraden und Aktivitäten überall in der Stadt
begeht. Traditionell am 28. Ijar, der wegen des
jüdischen Kalenders auf April oder Mai fällt.

Touristeninformation am Jaffator. Sa–Do
8.30–17, Fr 8.30–13 Uhr, Omar Ibn Al-Khattab
Square, Tel. 02/628 04 03 oder 02/627 14 22.

Hagop Karakashians handbemalte armenische Keramik ist ein beliebtes Souvenir

Hinter dem Damaskustor beginnt
das Muslimische Viertel

2 Ölberg und Davidstadt
Wo Jerusalem begann

Erstmals wird Jerusalem in der Genesis erwähnt. Dort begegnet Abraham Melchisedek, dem König von Salem. Bewohnt war die Hügelkette jedoch bereits seit dem fünften Jahrtausend v. Chr., der Kupfersteinzeit. Zur Hauptstadt Israels machte die Stadt schließlich König David. Die Davidstadt ist heute ein archäologischer Park mit Höhlen, Tunneln und Blick zum benachbarten Ölberg.

Vor etwa 3000 Jahren eroberte König David eine kleine Jebusitersiedlung südlich des Tempelbergs außerhalb der heutigen Altstadtmauern. Mit der Überführung der Bundeslade, in der die Zehn Gebotstafeln aufbewahrt wurden, baute er die Siedlung zur Hauptstadt seines Königreichs aus. Der Ort 200 Meter südlich der Altstadt ist so etwas wie der Geburtsort Jerusalems – hier regierten die Könige David und Salomo, von hier aus nahmen die künftigen Pläne zum Tempelbau Gestalt an. Im Süden liegt der Teich von Siloah, im Osten das Kidrontal, in Sichtweite der Ölberg.

Archäologischer Nationalpark

Heute ist die Davidstadt ein Nationalpark. Am Eingangstor begrüßt die Besucher eine mannshohe Bronzeharfe – jenes Instrument, das König David am liebsten gespielt haben soll. Aus im Gras verborgenen Lautsprechern ertönen dazu – nicht ganz ohne Kitsch – leise Harfentöne.

Der Hügel ist Schauplatz zahlreicher Bibelgeschichten, nicht nur der über König David. Ausgrabungen förderten Mauern, Türme und

Mitte: Blick von der Altstadt zum Ölberg mit Kirche Maria Magdalena und Mormonen-Universität
Unten: Die Olivenbäume auf dem Ölberg sind bis zu 1000 Jahre alt

Ölberg und Davidstadt

Wassersysteme zutage, ebenso wie Ruinen von Wohnhäusern, Festungen und unterirdischen Tunneln aus biblischer Zeit. Ob die Funde allerdings König Davids Palast zugeschrieben werden können, ist unter Archäologen umstritten. Der archäologische Park der Davidstadt bietet spannende Möglichkeiten, die Geschichte Jerusalems buchstäblich im Tiefgang zu erleben – insbesondere dank seiner freigelegten Tunnelsysteme.

Attraktion: Hiskija-Tunnel

Besonderes Highlight sind die archäologischen Workshops und ein etwa 2700 Jahre alter Wassertunnel, der die Davidstadt mit der Klagemauer verbindet. König Hiskija ließ ihn im 8. Jahrhundert erbauen, um Jerusalem vor den vorrückenden assyrischen Truppen zu schützen und die Wasserversorgung der Stadt aus der Gihon-Quelle sicherzustellen. Der schmale Tunnel gilt als Meisterleistung der antiken Baukunst. 450 von 533 Metern Tunnel kann man mit Taschenlampen durchlaufen – allerdings sollte man sich vorher darüber im Klaren sein, dass es sehr eng und nass werden kann – man watet mitunter durch kniehohes kaltes Quellwasser.

Siloah-Inschrift und Kidrontal

1880 wurde unweit des südlichen Tunneleingangs die sogenannte Siloah-Inschrift gefunden – ein überaus wertvoller archäologischer Fund, der den Tunnelbau bezeugt und heute im Istanbuler Antikenmuseum zu sehen ist. Die Inschrift, die auf Hebräisch verfasst ist, berichtet von den Arbeiten kurz vor dem Tunneldurchbruch.

Sowohl nach jüdischer als auch muslimischer Tradition ist das Kidrontal, das sich östlich der David-

Nicht verpassen

ZU BESUCH BEI ISRAELS LITERATURNOBELPREISTRÄGER

Tausende Bücher, die sich in hohen Regalen bis unter die Decke stapeln, und in der Mitte ein massiver Schreibtisch, an dem er Weltliteratur schrieb – in diesem Haus lebte der Schriftsteller Samuel Joseph Agnon bis zu seinem Tod 1970. Vier Jahre zuvor teilte er sich mit der Schriftstellerin Nelly Sachs den Literaturnobelpreis für seine »tiefgründige charakteristische Erzählkunst mit Motiven aus dem jüdischen Volk«. Agnon, der 1888 im damaligen Galizien als Sohn eines chassidischen Rabbiners zur Welt kam, wanderte bereits in jungen Jahren nach Palästina aus. Er gilt als einer der bedeutendsten hebräischen Schriftsteller des 20. Jahrhunderts. Sein Konterfei ist auf dem 50-Schekel-Schein abgebildet.

Agnon House. Okt.–März So–Do 9–15, April–Sept. So–Do 9–16, Fr 9–13 Uhr, 16 Klausner St., Tel. 02/671 64 98, http://eng.shimur.org/agnon

stadt ausdehnt, der Ort des Jüngsten Gerichts. Die Trennungslinie zwischen Gut und Böse soll genau mittendrin verlaufen. Nach muslimischer Vorstellung wird am Ende aller Zeiten ein Seil vom Tempelberg zum Ölberg gespannt: Darüber sollen die Gerechten gehen.

Ölberg mit Friedhof

Über dem Kidrontal erhebt sich der 800 Meter hohe Ölberg. Seinen Namen erhielt er aufgrund der vielen Olivenbäume, die bereits zu biblischen Zeiten zahlreich an seinen Hängen wuchsen. Laut jüdischer Überlieferung führt der Weg des Messias am Ölberg entlang, wo er die Toten erwecken wird. Umso begehrter sind die Plätze auf dem größten jüdischen Friedhof der Welt an seinen Hängen mit rund 70 000 Gräbern. Der Ort war bereits seit der Zeit des Ersten Tempels ein Begräbnisplatz. Zu einem offiziellen Friedhof wurde er im 16. Jahrhundert ausgebaut.

Unter den Toten, die hier begraben liegen, sind auch berühmte Persönlichkeiten wie Eliezer Ben-

Oben: Jüdischer Friedhof: Wer hier begraben liegt, wird zuerst vom kommenden Messias erweckt
Unten: Die Wände der Paternosterkirche schmücken Gebete in 140 Sprachen

Rundgang: Vom Ölberg in die Altstadt

Der Weg vom Ölberg über den Garten Gethsemane in die Jerusalemer Altstadt ist malerisch – auch wenn er an manchen Stellen steil bergauf führt.

Ⓐ Augusta Victoria Hospital – Himmelfahrtkirche auf dem Ölberg im wilhelminisch-byzantinischen Stil von 1910. Heute ein Krankenhaus, Kirche und Café für Besucher geöffnet, Di–Sa 10–16 Uhr.

Ⓑ Paternosterkirche – Die ursprüngliche byzantinische Kirche wurde im 4. Jh. über der Höhle erbaut, in der Jesus seine Jünger das Vaterunser-Gebet gelehrt haben soll. Sie wurde im 7. Jh. von den Persern zerstört. Das heutige Kloster mit seinem breiten Kreuzgang stammt aus dem 19. Jh. Ölberg, Mo–Sa 8.30–11.45 und 15–17 Uhr, Tel. 02/626 49 04.

Ⓒ Jüdischer Friedhof – Größter und ältester jüdischer Friedhof der Welt. Zugang über das Mount of Olives Information Center.

Ⓓ Dominus Flevit (»Der Herr weinte«) – Die von dem italienischen Architekten Antonio Barluzzi 1955 auf dem Fundament einer byzantinischen Kirche aus dem 6. Jh. errichtete Kapelle hat die Form einer Träne. Hier soll Jesus laut Bibel im Wissen um die bevorstehende Zerstörung Jerusalems geweint haben. Garten Gethsemane, Ölberg.

Ⓔ Kirche der Nationen – Die Kirche wurde aus Spendengeldern vieler Nationen errichtet, daher der Name. Der Beiname »Todesangstbasilika« bezieht sich auf den Todesfelsen im Altarraum – hier soll Jesus gebetet haben. Die Kirche wurde auf Ruinen einer Kirche aus dem 4. Jh. und einer Kreuzfahrerkirche aus dem 14. Jh. errichtet. Garten Gethsemane, Ölberg.

Ⓕ Mariengrab – Nahe der Kirche der Nationen liegt das Grab Marias. Die Krypta einer Kirche aus dem 4. Jh. ist bis heute erhalten geblieben. Garten Gethsemane, Ölberg.

Ⓖ Maria-Magdalena-Kirche – Die sieben vergoldeten Zwiebeltürme im höher gelegenen Teil des Gartens fallen sofort ins Auge. Zar Alexander III. ließ die Basilika 1895 errichten, in einer Zeit, als europäische Herrscherhäuser in ganz Jerusalem im Baustil ihrer jeweiligen Länder huldigten. Garten Gethsemane, Ölberg.

Ⓗ Löwentor – Eines der acht Altstadttore und Zugang vom Ölberg aus.

Nicht weit zu Fuß: vom Ölberg zur Altstadt

Geheimtipp

Jehuda (1858–1922), der »Vater des modernen Hebräisch«, die deutsch-jüdische Dichterin Else Lasker-Schüler (1869–1945), der israelische Literatur-nobelpreisträger Samuel Joseph Agnon (1888–1970) sowie Israels ehemaliger Premierminister Menachem Begin (1913–1992). Die weißen Grab-platten liegen flach auf den letzten Ruhestätten, um den Blick auf Jerusalem freizuhalten.

Der Blick von der Aussichtsplattform oberhalb des Jüdischen Friedhofs ist spektakulär. Besonders bei Sonnenaufgang oder -untergang kann man vom Ölberg aus einen der schönsten Ausblicke über die gesamte Jerusalemer Altstadt genießen. An klaren Tagen kann man sogar das Tote Meer sehen.

Garten Gethsemane

Am Fuße des Ölbergs erstreckt sich der Garten Gethsemane. Die knorrigen Olivenbäume wirken, wie nahezu alles in Jerusalem, hochbetagt. Tat-sächlich sind einige der Bäume etwa 1000 Jahre alt. Der aramäische Name Gethsemane bedeutet so viel wie Ölpresse – ein möglicher Hinweis auf die einstige Nutzung des Ortes als Olivenplan-tage. Bei Ausgrabungen fanden Franziskaner hier im Jahr 1956 eine antike Olivenpresse, die aus biblischer Zeit stammt. Der Garten, in dem neben Olivenbäumen auch Blumen wachsen, wird heute von Franziskanermönchen gepflegt.

Zahlreiche Kirchen sind im Garten Gethsemane verstreut. Sie erinnern an Begebenheiten, die sich laut christlicher Überlieferung in dem Olivengar-ten ereignet haben sollen. So soll Jesus hier seine letzten Stunden in Freiheit verbracht und vor dem letzten Abendmahl gebetet haben, bevor er, eben-falls im Garten Gethsemane, verraten und später verhaftet wurde.

Infos und Adressen

Auf den Spuren von König David, der Jerusalems Grundstein legte: Archäologischer Park Davidstadt

SEHENSWÜRDIGKEITEN

Archäologischer Park Davidstadt. Historische Keimzelle Jerusalems südlich des Tempelbergs mit 5000 Jahre alten begehbaren Besiedlungsspuren und Hiskija-Tunnel. Dorf Siloah (arab. Silwan), Ostjerusalem, April–Sept. So–Do 8–19, Fr bis 16, Okt.–März So–Do 8–17, Fr bis 14 Uhr, Eintritt: 28–45 NIS, Anreise per Bus 1, 99. Anmeldung für Führungen: Tel. 02/626 87 00, www.cityofdavid.org.il

Garten Gethsemane. Ort des letzten Gebets von Jesus in Freiheit. April–Sept. tgl. 8–18, Okt.–März bis 17 Uhr, www.gethsemane-en.custodia.org

ESSEN UND TRINKEN

Neemans. Traditionsbäckerei und Konditorei mit unwiderstehlichen Kuchen, Gebäcksorten und Torten. 7 Faran St., Tel. 02/581 22 11.

Sam's Bagels. Bagels wie in New York, von Mohn und Sesam bis Zwiebel und orientalischem *Za'atar*. 15 Faran St., Tel. 02/581 33 88.

ÜBERNACHTEN

Ambassador. Gehobene Mittelklasse mit Spa, Restaurant Al Diwan, hauseigener Patisserie und sehr gutem Preis-Leistungs-Verhältnis. 5 Derech Schehem, Tel. 02/541 22 22, www.jerusalemambassador.com

Eden. Preisgünstiges kleines Familienhotel. 4 Giladi St., Tel. 02/672 49 99, Reservierung unter myedenhotel@gmail.com

Mount Zion. Modernes Hotel in orientalischem Stil mit grandiosem Blick über das Hinnom-Tal, an klaren Tagen bis zum Toten Meer. Schöner Frühstückssaal mit reichhaltigem Büfett. Pool. 17 Hebron Rd., Tel. 02/568 95 55, www.mountzion.co.il

INFORMATION

Mount of Olives Information Center. Informationen zum Ölberg und Zugang zum Jüdischen Friedhof. Derech Jericho, östlich vom Löwentor, Tel. 02/627 50 50, http://mountofolives.co.il/en

Gemütlich und altstadtnah: Hotel Eden

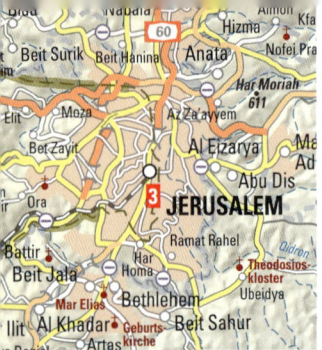

3 Berg Zion und Skopusberg
Gelobtes Land und letztes Abendmahl

Ursprünglich ist Zion der Name der Jebusiter-Turmburg, die König David zum Hauptsitz seines Reiches machte. Der heutige Berg Zion ist nicht mit dem biblischen Ort Zion oder dem Tempelberg identisch. Auf ihm liegen die Dormitio-Abtei, das Davidsgrab und ein Friedhof mit dem Grab Oskar Schindlers. Der Berg ist auch Ort des letzten Abendmahls. Auf der gegenüberliegenden Seite erhebt sich der Skopusberg mit der Hebräischen Universität, daneben steht das Rockefeller Museum.

Das Zionstor verbindet die Altstadt mit dem Zionsberg: Innen grenzt es an das Armenische Viertel, außerhalb der Altstadtmauern liegen Stätten, die sowohl Juden als auch Christen und Muslimen heilig sind. Auf diesem Berg soll König David beerdigt sein, Jesus das letzte Abendmahl ausgerichtet und Maria ihre letzten Jahre verbracht haben.

Davidsgrab, Abendmahlsaal und Dormitio-Abtei

Die Grabstätte des biblischen Königs David befindet sich am unteren Zionsberg direkt hinter dem Zionstor. Ein 1000 Jahre alter Grabstein markiert die Stelle, an der er bestattet sein soll. Oft drängen sich Betende rund um die Uhr am Grab, besonders an Schawuot, dem jüdischen Wochenfest, an dem David geboren und gestorben sein soll. Über eine Treppe gelangt man hinauf zum zweiten Stock des Grabgebäudes mit dem Abendmahlsaal. Seit der

Mitte: Besonders sehenswert: der Mosaikboden in der Dormitio-Abtei auf dem Zionsberg
Unten: König David und seine Harfe: Der biblische König eroberte Jerusalem um 1000 v. Chr.

byzantinischen Zeit wurde der Raum als Ort verehrt, in dem Jesus mit seinen Jüngern das Pessachmahl einnahm. Die Kapelle wurde von Franziskanern gestaltet, die den Saal 1335 errichteten, die Fenster weisen jedoch islamische Kunstelemente auf. 1523 ließ Süleyman I. in dem Gewölberaum eine muslimische Gebetsnische einrichten und das Gebäude in eine Moschee umwandeln. Über eine unscheinbare Treppe gelangt man aufs Dach – und Jerusalem liegt einem zu Füßen.

Direkt nebenan betritt man die Dormitio-Abtei, einen Rundbau von 1910 zu Ehren der Jungfrau Maria, gestiftet vom deutschen Kaiser Wilhelm I. An diesem Ort soll Maria in ewigen Schlaf versunken und zum Himmel aufgestiegen sein. Sehenswert sind der Mosaikboden und eine eher seltene Darstellung Marias als mediterrane Schönheit.

Friedhöfe am Zionsberg und Kirche St. Peter in Gallicantu

Auf einem der zahlreichen Friedhöfe am Zionsberg befindet sich auch das Grab von Oskar Schindler (1908–1974). Er rettete während des Zweiten Weltkriegs 1200 Juden das Leben und wird deshalb von der Holocaust-Gedenkstätte Yad Vashem als »Gerechter unter den Völkern« verehrt. Auf seinen Wunsch hin wurde der Unternehmer in Jerusalem beigesetzt. Die Rundkirche St. Peter in Gallicantu am Osthang wurde 1931 eingeweiht, auf den Resten einer byzantinischen Kirche aus dem 6. Jahrhundert.

Skopusberg mit Hebräischer Universität

Als 1918 der Grundstein für die Hebräische Universität Jerusalem gelegt wurde, zählten Wis-

Einfach gut !

KLASSIK UND JAZZ BEI MORMONEN

Mormonen im Heiligen Land? Die Mormonen-Universität auf dem Skopusberg ist ein Ableger der Brigham Young Mormonen Universität (BYU), der weltweit größten religiösen Universität in den USA. Hier kann man Altes und Neues Testament sowie Hebräisch und Arabisch studieren. Die Mormonen-Universität ist ein eher abgeschiedener Ort. Besuchern steht er jedoch tagsüber für Führungen offen. Dabei sollte man sich den Blick auf Altstadt, Ölberg und Kidrontal nicht entgehen lassen! Außerdem bietet das Auditorium jeden Sonntag kostenlose Klassikkonzerte. Darüber hinaus veranstaltet die Universität einmal im Monat donnerstags Jazzkonzerte, ebenfalls bei freiem Eintritt und hervorragender Akustik.

Brigham Young Mormonen Universität. Besichtigungen Mi–Fr 10–11.30 und 14–15.30 Uhr, Hadassa Lampel St., Tel. 02/ 626 56 66. Konzerttickets Tel. 02/ 626 56 21, http://ce.byu.edu/jc

Oskar Schindlers Grab auf dem Mount Zion

senschaftler und Denker wie Chaim Weizmann (1874–1952), Martin Buber (1878–1965) und Albert Einstein (1879–1955) zu den visionären Befürwortern des Projekts. Eröffnet wurde sie 1925. Im Unabhängigkeitskrieg 1948 wurde die Universität vom israelischen Teil Jerusalems abgeschnitten und erst nach 1967 wiedereröffnet. Heute verfügt sie über sieben Fakultäten, 14 Fachbereiche und 90 Forschungsinstitute.

Rockefeller Museum und American Colony Hotel

Nahe der Universität, direkt außerhalb der Stadtmauer am Herodestor, liegt das Rockefeller Museum – eines der renommiertesten und schönsten Museen des Landes. Allein das Gebäude ist einen Besuch wert – gefördert von John David Rockefeller jr., gestaltete es der britische Architekt Austin Harrison 1927 im neogotischen Stil. Der armenische Künstler David Ohannessian fertigte seine Wanddekoration, der Bildhauer Eric Gill steuerte Reliefs bei. Die Sammlungen umfassen Funde aus prähistorischer Zeit bis zur osmanischen Zeit, darunter eine 9000 Jahre alte Statue aus Jericho.

Weiter nordwestlich trifft man auf ein traditionsreiches Stück Jerusalem – das American Colony Hotel, das Lieblingshotel vieler westlicher Journalisten und Berühmtheiten in Ostjerusalem. Pascha Effendi al-Husseini ließ es als Palast erbauen. 1881 übernahmen es strenggläubige Christen aus Chicago, die es mit ihrer Familie bewohnten. 1902 wurde die Familienresidenz in ein Hotel umgewandelt, behielt jedoch seine seit Generationen gepflegte neutrale Haltung bei – so auch bei geheimen Gesprächen und Verhandlungen zwischen Israelis und Palästinensern, darunter den Friedensgesprächen, die im Jahr 1993 zum Vertrag von Oslo führten.

Oben: In der Dormitio-Abtei verblüfft vor allem die Marienstatue
Mitte: Das Rockefeller Museum für Archäologie
Unten: Im Garten des American Colony Hotel trafen sich Israelis und Palästinenser zu ersten Gesprächen vor dem Oslo-Friedensvertrag

Infos und Adressen

SEHENSWÜRDIGKEITEN

Abendmahlsaal. Ort, an dem Jesus das letzte Abendmahl einnahm. Sa–Do 8–17, Fr 8–13 Uhr, Eintritt frei, Zionsberg, Jerusalem.

Dormitio-Abtei. Kirche mit byzantinischer und Kreuzfahrervergangenheit. Zionsberg, Tel. 02/565 53 30, www.dormitio.net

Rockefeller Museum. Archäologisches Museum. Mo, Mi, Do, So 10–15, Sa 10–14 Uhr, Eintritt frei. Busse 1, 3, 51 oder Shuttlebus vom Israel Museum Mo und Mi 11 Uhr. 27 Sultan Suleiman St., Skopusberg, Tel. 02/670 80 74.

Skopusberg. Direkt gegenüber der Hebräischen Universität gibt es zwei Aussichtsplattformen. Wegen der größeren Entfernung kann man die Umrisse der Altstadt genau erkennen.

St. Peter in Gallicantu. Moderne Kirche auf byzantinischem Fundament, Zionsberg. Mo–Sa 9–17 Uhr, Tel. 02/673 17 39.

ESSEN UND TRINKEN

Aroma. Die Terrasse bietet eine der schönsten Aussichten auf die Altstadt, dazu preiswerter Lunch bei Salat, Sandwiches und Espresso. So–Do 7–23, Fr 7–16, Sa 7–23 Uhr, Goldschmidt-Flügel, The Hebrew University Mount Scopus, Tel. 02/532 47 85, http://en.aroma.co.il

Burgers Bar. Hausgemachte Hamburger. Beliebter Studententreff. 21 Hahagana, Tel. 02/582 95 55, www.burgersbar.co.il

ÜBERNACHTEN

American Colony Hotel. Das Frühstücksbüfett ist phänomenal, der Baustil mit palmengesäumtem Innenhof ein Erlebnis, die Geschichte des traditionsreichen Hauses spannend. 1 Louis Vincent, Ecke 23 Nablus Rd., Ostjerusalem, Tel. 02/627 97 77, www.americancolony.com

Jerusalem Hotel. Familiengeführtes arabisches Hotel seit 1960 mit 14 individuell eingerichteten Zimmern und sehr gutem Gartenrestaurant. Tel. 02/628 32 82, www.jrshotel.com

St. Georges. Geschmackvolle Zimmer nahe der Altstadt und Pool auf der Dachterrasse. 6 Amr Ibn Al A'as St., Tel. 02/627 72 32, www.stgeorgehoteljerusalem.com

Vom Universitäts-Café Aroma auf den Skopusberg hat man einen herrlichen Blick

4 Westjerusalem
Erste Viertel, modernes Zentrum

**Die ersten Viertel außerhalb der Alt-
stadtmauern entstanden gegenüber vom
Zionsberg. Von hier aus breitete sich
ab dem 19. Jahrhundert Westjerusalem
aus – modern und weitläufig, europäisch
und orientalisch zugleich. Sinnbild für
den verbindenden Übergang zwischen Alt
und Neu, aber auch den verschiedenen
Einwohnern, ist heute das Mamillaviertel
– ein gelungenes Stadtplanungsprojekt
zwischen Jaffator und Jaffa Street.**

Am westlichen Ende der Jaffa Street thront die
weiße Brücke des spanischen Architekten Santiago
Calatrava. Mit ihrer Harfen-Form, dem Symbol
Davids, ist sie längst zum Wahrzeichen der Stadt
geworden. Am östlichen Ende der Jaffa Street, am
gleichnamigen Altstadttor, liegen die ersten drei
Viertel außerhalb der Altstadt.

Mishkenot Sha'ananim

Als der amerikanische Geschäftsmann Judah Touro
1860 den britischen Unternehmer Sir Moses Montefiore mit der Verwaltung seines Erbes beauf-
tragte, legte er damit den Grundstein für das erste
jüdische Viertel außerhalb der Altstadt, Mishkenot
Sha'ananim (»Friedliche Wohnstätte«). 1891 finan-
zierte Montefiore zusätzlich zu den zwei Häuser-
reihen mit insgesamt 28 winzigen Wohnungen,
einer Wasserzisterne und einem rituellen Tauchbad
weitere Straßen und Häuser – samt einer Windmühle, einer Druckerpresse, einer Textilfabrik und
landwirtschaftlichen Siedlungen. Ziel war es, sich
selbst versorgen zu können.

Die Calatrava-Brücke ist eine
Fußgängerbrücke. Darunter fährt
die Jerusalemer Straßenbahn

Ein Spaziergang auf der Altstadtmauer

Yemin Moshe

Nur wenige Familien wagten sich seinerzeit aus dem Schutz der Altstadtmauern heraus, aus Angst vor nächtlichen Überfällen. Die Bewohner des neuen Viertels umgaben daher ihr neues Viertel, das sie zu Ehren seines Gründers Moses Montefiore Yemin Moshe nannten (»Zum Gedenken an Moses«), mit einer Mauer. Abends wurde das Tor zum Schutz verriegelt.

Vor 150 Jahren als Armenviertel gegründet, gehören die Straßen rund um das Windmühlenviertel heute zu den exklusivsten Wohngebieten Jerusalems. In den pittoresken Häusern leben viele Künstler, in den idyllischen Gärten und Parks wie dem HaPa'amon-Park, kann man wunderbar spazieren gehen. Im Jerusalem Music Center finden Konzerte und Lesungen statt, viele hier ansässige Restaurants haben eigenwillige Konzepte. Im Eucalyptus etwa verwendet Küchenchef Moshe Basson für seine Gerichte biblische Kräuter, die er auf der Dachterrasse im hauseigenen Kräutergarten pflückt. Außerdem engagiert er sich gemeinsam mit palästinensischen Kollegen im Verbund »Köche für den Frieden«. Von der Dachterrasse aus sind sowohl die Altstadtmauer als auch die Windmühle zum Greifen nahe.

Geheimtipp

KINO MIT AUSSICHT

Jerusalems Filmtheater ist eine Klasse für sich. Nicht nur, dass in dem lang gezogenen Flachbau aus hellem Jerusalem-Sandstein anspruchsvolle Filme, Retrospektiven und Themenreihen gezeigt werden, die jeden Kinoliebhaber ins Schwärmen geraten lassen. Auch Vorträge, Workshops und Festivals ergänzen das laufende Programm. 1981 eröffnet, ist die Cinémathèque aus der Jerusalemer und internationalen Kulturlandschaft nicht wegzudenken. Das jährliche Jerusalem Film Festival im Juli ist ein Publikumsmagnet. Israelische Filme, die hier Preise gewinnen, kommen auch international ganz groß raus. Ihre Lage im Hinnomtal macht sie zudem zu einem idealen Ausflugsziel. Man kann auf der Terrasse des Cafés frühstücken oder nach dem Kinobesuch einen Aperitif genießen – mit Blick auf die angestrahlte Altstadtmauer.

Cinémathèque. 11 Derech Hevron, Tel. 02/565 43 33, www.jer-cin.org.il

55

JÜDISCH-ITALIENISCHE RENAISSANCE

Ziel des Museums bei seiner Eröffnung 1983 war es, jüdisch-italienische Kunst und Kultgegenstände von der Renaissance bis zur Gegenwart zu bewahren. Es ist das einzige Museum seiner Art weltweit. Das Besondere daran: Der Sammlung gelingt es, die Fülle und Vielfalt jüdischen Lebens in Italien zu zeigen. Besonderes Highlight ist eine Synagoge aus dem 17. Jahrhundert. Sie stammt aus dem venezianischen Dorf Conegliano zwischen Padua und Venedig und wurde nach dem Zweiten Weltkrieg nach Jerusalem transportiert und dort liebevoll rekonstruiert, inklusive ihres reich verzierten Thoraschranks. Seit ihrer Restaurierung ist die Synagoge nicht nur Museumsartefakt, sondern aktives Gotteshaus für Jerusalemer mit italienischen Wurzeln.

Umberto Nahon Museum of Italian Jewish Art. Di, Mi, So 10–17, Do 12–21, Fr 10–13 Uhr, Tel. 02/624 16 10, http://ijamuseum.org

Nahalat Shiva

Als 1866 eine Cholerawelle die Jerusalemer Altstadt erfasste, fielen ihr viele Bewohner zum Opfer. Sechs Jahre zuvor hatten sich sieben Familien nordwestlich von Mishkenot Sha'ananim niedergelassen. Das Viertel, dessen Fußgängerzonen Salomon und Rivlin Street heute für Cafébesuche, Nachtleben und Shoppingtouren stehen, liegt nur 300 Meter westlich der Altstadt. Zu Ehren der sieben Familien heißt es Nahalat Shiva (»Erbe der Sieben«).

Das Viertel entwickelte sich entsprechend den Bedürfnissen seiner Bewohner – mit verwinkelten Gassen und eng stehenden, flachen Häusern. In den 1960er-Jahren verfiel es zunehmend, doch Pläne, es abzureißen, scheiterten am Widerstand der Bewohner. Heute ist es eines der beliebtesten Ausgehviertel Jerusalems. In den 1980er-Jahren wurde das Viertel komplett saniert und ist heute bestes Beispiel für historisch erhaltene Bausubstanz, die sowohl den Charme einer Altstadt versprüht als auch das Flair quirligen Nachtlebens.

First Train Station: Jerusalems türkischer Bahnhof

Weiter südlich ist der erste Jerusalemer Bahnhof unbedingt einen Besuch wert. Mit zunehmender Ausdehnung der Stadt nach Westen stieg um 1880 auch der Bedarf nach schnelleren Transportwegen. Den Bau des Bahnhofs und der Strecke Jerusalem–Jaffa unterstützten Moses Montefiore (1784–1885), der Architekt Conrad Schick (1822–1901) und der Jerusalemer Geschäftsmann Joseph Navon (1858–1934).

Immerhin dauerte die Reise von Jerusalem nach Jaffa per Kamel oder Eselskarren damals gut zehn Stunden. Umso bahnbrechender feierten die

Westjerusalem

Jerusalemer die Eröffnung ihres ersten Bahnhofs, als 1892 der erste Zug aus Jaffa dampfend in Jerusalem einrollte – nach drei Stunden Fahrt. Die Architektur war europäisch inspiriert – ganz ähnlich der Bahnstation in Jaffa (S. 106). Einziger Unterschied bestand in der Wahl des Baumaterials – in Jerusalem wurde Jerusalem-Kalkstein verwendet.

Nachdem er 1998 stillgelegt worden war, wurde das Gelände 2013 nach umfassender Rekonstruktion wiedereröffnet – allerdings nicht als Verkehrsknotenpunkt, sondern als neuer Hotspot für Restaurants, Bars, Galerien, Festivals und Kulturevents und dem Khan-Theater um die Ecke.

Alrov Mamilla Mall

Seit ihrer Eröffnung 2008 ist die Alrov Mamilla Mall ein Phänomen. Lärm, Hektik, dröhnende Musik und schrille Geschäfte sucht man in der modernen Einkaufspassage zwischen Altstadt und Jaffa Street vergeblich. Stattdessen findet man in den Cafés und Läden die weltoffene Atmosphäre einer urbanen Oase. Alle scheinen in der Alrov Mamilla Mall entspannt zu sein: israelische Kellner, arabische Studentinnen und Touristen aus aller Welt gleichermaßen.

Damit scheint das Konzept von Jerusalems langjährigem Bürgermeister Teddy Kollek (1911–2007) aufzugehen, der während seiner fast 30-jährigen Amtszeit insbesondere Projekte zur friedlichen Koexistenz förderte – eine Brücke zu schaffen zwischen alten und neuen Fassaden, Altstadt und Neustadt, Ost- und Westjerusalem, Säkularen und Religiösen, Juden, Christen und Muslimen. So leicht entflammbar die religiösen Funken rund um den Tempelberg mitunter auch sein mögen – in der Mamilla Mall scheint das friedliche Miteinander ohne viele Worte zu funktionieren.

Oben: Jerusalems erster Bahnhof wurde unter osmanischer Regentschaft erbaut
Mitte: Das Café Landwer ist berühmt für seinen Kaffee
Unten: Im Literaten-Café Tmol Shilshom in Nahalat Shiva finden Lesungen und Konzerte statt

57

Ben Yehuda und King Georges

Die Ben Yehuda Street gilt als Herz Westjerusalems. Die Fußgängerzone beginnt am Ende von Nahalat Shiva am Zionsplatz und führt hinauf zur King Georges Street. Straßencafés, Musiker, Buchläden, Schmuckgeschäfte, Souvenirshops und Eisdielen reihen sich aneinander. Besonders am Sabbatende füllt sich die Ben Yehuda mit Leben.

King David Hotel

Kaum ein anderes Hotel in Jerusalem hat so viele Monarchen und Präsidenten beherbergt wie das legendäre King David Hotel – abgesehen vielleicht von seinem Pendent in Ostjerusalem, dem American Colony Hotel (S. 52). 1931 eröffnet, wurde das »King David« vor allem durch den Bombenanschlag vom 22. Juli 1946 bekannt, den die radikale Untergrundorganisation Irgun während der britischen Mandatszeit verübte. Betritt man die imperial anmutende Lobby mit ihren ornamentalen Säulen und Art-déco-Möbeln, gibt es keinen schöneren Ort, um nach dem Shopping zu verschnaufen. Durch die großen Fenster hat man einen herrlichen Blick auf die Altstadt.

Oben: In der Lobby des King David Hotels kann man als Besucher Tee und Gebäck bestellen
Unten: Das King David Hotel ist legendär: Hier residieren Staatschefs und Filmstars

Infos und Adressen

SEHENSWÜRDIGKEITEN

Alrov Mamilla Mall. Urbane Einkaufspassage, die Fassaden des 19. Jahrhunderts mit moderner Architektur verbindet. 6 Yitshak Kariv St., Mamilla, www.alrovmamilla.com

Calatrava-Brücke. Brücke des Architekten Calatrava in Form einer Harfe, unter der die Jerusalemer Straßenbahn hindurchrattert. Central Bus Station, Givat Scha'ul, 227 Jaffa St.

Jerusalem Music Center. Gegründet 1973 vom Violinisten Isaac Stern und Jerusalems langjährigem Bürgermeister Teddy Kollek, gehört das Haus zu den renommiertesten Klassikbühnen Jerusalems. Tel. 02/624 10 41, Mishkenot Sha'ananim, www.jmc.org.il

First Train Station. Erster Bahnhof Jerusalems aus osmanischer Zeit. Heute beliebte Ausgeh-Location mit Restaurants, Galerien, Festivals und Kulturevents. Tgl. 8–24 Uhr, 4 David Remez, Mishkenot Sha'ananim, Tel. 02/653 52 39, www.firststation.co.il/en

ESSEN UND TRINKEN

Adom. Vorzügliches Restaurant in der First Train Station, italienisch, französisch und Fisch. 4 David Remez St., Mishkenot Sha'ananim, Tel. 02/624 62 42, www.adom.rest/en

Anjelica. Fisch-*Schawarma*, Trüffelpüree und Thymian-Tortellini im Grill-Lokal, auch als Businesslunch. So–Do 12.30–23 Uhr, 4 George Washington St., www.angelicarest.com

Eucalyptus. Kochen mit biblischen Zutaten. So–Do 18–23, Sa 20.30–23 Uhr, Felt Alley, zwischen 14 Hativat Yerushalayim und Dror Eliel St., Yemin Moshe, Tel. 02/624 43 31, www.the-eucalyptus.com

Chakra. Essen zelebriert als soziales Erlebnis – zum Beispiel mit Probiermenüs zum Teilen für alle. So–Fr ab 18, Sa ab 12.30 Uhr, 41 King George St., Nahalat Shiva, Tel. 02/625 27 33, www.chakra-rest.com

Cielo. Offene Räume, köstliches italienisches Essen. So–Sa 13–16 und 18.30–23.30, Fr 18.30–23.30 Uhr, 18 Ben Sira St., Mamilla, Tel. 02/625 11 32, www.cielo.rest-e.co.il

Hamarakia. Vegetarische und vegane Suppen. Schlichte Einrichtung, gutes, preiswertes Essen. 4 Koresh St., Mamilla, Tel. 02/625 77 97.

Kadosh. Leckere Mittagsangebote zu moderaten Preisen. 6 Shlomzion St., Nahalat Shiva, Tel. 02/625 42 10.

Landwer. Israels erste Kaffeerösterei von 1919 mit Filiale im Ersten Bahnhof. 4 David Remez St., Mishkenot Sha'ananim, tgl. ab 8 Uhr, Tel. 02/587 79 88, www.landwercafe.co.il

Taami. Winziges Lokal in Nahalat Shiva namens »Koste!« *Motis Hummus* und Falafel zählen zu den besten der Stadt. So–Do 8.30–16.30, Fr bis 14 Uhr, 3 Shammai St., Nahalat Shiva.

ÜBERNACHTEN

Inbal. Preisgekröntes Fünf-Sterne-Hotel in ausgezeichneter Lage – zwischen Altstadtblick und Ausgehvierteln. 3 Jabotinsky St., Liberty Bell Park, Mishkenot Sha'ananim, Tel. 02/675 66 66, www.inbalhotel.com

King David Hotel. Legendäres Luxushotel seit 1931. 23 King David St., Yemin Moshe, Tel. 02/620 88 88, http://de.danhotels.com/jerusalemhotels

Three Arches. Vom Architekten des Empire State Building entworfenes Hotel, das heute ganz im Zeichen der Völkerverständigung steht – die Lobby schmücken Bilder israelischer und palästinensischer Künstler. 26 King David St., Yemin Moshe, Tel. 02/623 51 92, http://ymca3arches.com

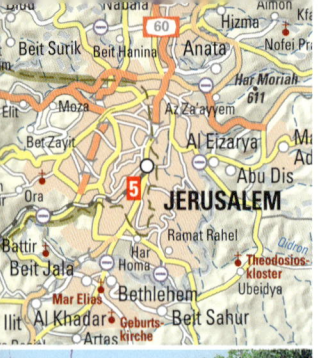

5 German Colony, Rechavia und Talpiot
Jerusalems Trendviertel

Weltlich, bunt und entspannt – so zeigt sich Jerusalem in Talpiot, Rechavia und der German Colony. Rechavia gründeten deutsche Juden 1921. In dem grünen Bezirk dominieren Theater und Museen; hier residiert auch der israelische Präsident. In der German Colony überwiegen der ottomanische Baustil und Templer-Architektur. Talpiot ist ein Wohnviertel, das mehr von Einheimischen als Touristen geprägt ist.

Als der deutsch-jüdische Architekt und Stadtplaner Richard Kauffmann (1887–1958) Anfang des 20. Jahrhunderts den Auftrag erhielt, eine Gartenstadt zu entwerfen, schuf er ein Viertel, das mancherorts mit seiner stillen Atmosphäre an europäische Parks und Wohngebiete erinnert. Die Architektur orientierte Kauffmann am Bauhaus-Stil.

Rechavia

Dementsprechend beliebt wurde Rechavia unter europäischen Juden, darunter viele Intellektuelle, Politiker und Akademiker. So haben in dem Bezirk sowohl der israelische Präsident als auch der Premierminister ihren Wohnsitz. Um den intellektuellen Charakter des Viertels zu erhalten, wurden viele Straßen und Boulevards nach jüdischen Gelehrten und Dichtern des sogenannten Goldenen Zeitalters im mittelalterlichen Spanien benannt, darunter Maimonides, Abarbanel und Bartenura.

Auch rund um die Aza Street ist die Atmosphäre lauschig. Hier und in ihren Nachbarstraßen findet man überall kleine Geschäfte, Delis, Patisserien

In der German Colony dominieren Templer-Architektur und ottomanischer Baustil, in Rechavia Bauhaus

Einfach gut!

und Boutiquen. Eines der interessantesten Museen der Gegend ist das L. A. Mayer Institute for Islamic Art. Auf dem Weg zur German Colony kommt man am Jerusalem Theatre vorbei – gut besuchtes Konzerthaus, Kino und Bühne für Lesungen, Tanz, Ausstellungen und Vorträge.

German Colony

Mitte des 19. Jahrhunderts entstand die »Deutsche Kolonie«. Gründer war die deutsche Templergesellschaft, eine pietistische Bewegung aus Württemberg, die zeitgleich in Tel Aviv, Haifa und Galiläa landwirtschaftliche Siedlungen mit typischer Bauweise errichtete – meist zweistöckige Steinvillen mit roten Ziegeldächern, Vorgärten und Bibelversen als Inschriften. Wegen ihrer offenen Sympathie für die Nazis betrachtete das britische Mandatsgovernment die deutschen Templer während des Zweiten Weltkriegs als Staatsfeinde und wies sie aus Palästina aus. Einige von ihnen ließen sich sogar in Australien nieder.

Heute steht die »Deutsche Kolonie« unter Denkmalschutz. Entlang ihrer Lebensader, der Emek Refaim Street, pulsiert das Leben zu jeder Tages- und Nachtzeit. Cafés, Restaurants, Läden, familiäre Hotels und sogar ein Programmkino sowie Jerusalems einziges öffentliches Schwimmbad machen den Stadtteil zu einem attraktiven Aufenthaltsziel. Ihren Namen verdankt die Straße den biblischen Büchern *Josua* und *Samuel*, in denen das »Tal der Geister« (hebr. *Emek Refaim*) beschrieben wird. Die Bezeichnung leitet sich von einem Wettkampf zwischen zwei Riesen ab, die zu Bibelzeiten in dem Tal gelebt haben sollen. Auch außerhalb der Altstadt stößt man immer wieder auf biblische Spuren – ist das Stadtviertel auch noch so weltlich und urban.

JERUSALEMS KLEINSTES HOTEL

Das Bed-and-Breakfast-Konzept der »kleinen Häuser« hat Inhaber Oded Niv in Rechavia, der German Colony und deren Nachbarviertel Baka umgesetzt. Alle drei Häuser strahlen Wärme, Herzlichkeit und familiäre Atmosphäre aus. Die Pension in der German Colony ist ein altes Templerhaus. Es steht unter Denkmalschutz und ist zudem Jerusalems kleinstes Hotel. Erbaut hat es der Templerarchitekt Gottlieb Bauerle (1840–1923). Auch das B&B in Baka steht unter Denkmalschutz. In dem ottomanischen Steinhaus mit seinen romantischen Rundbogenfenstern von 1930 sind heute 33 Gästezimmer untergebracht. Das kleine Haus in Rechavia hingegen erinnert in seinem Baustil eher an Bauhaus-Architektur.

Little House Hotels.
In Rehavia: 20 Ibn Ezra St., Tel. 02/563 33 44.
In Baka: 1 Yehuda St., Tel. 02/673 79 44.
In German Colony: 4 Lloyd George St., Tel. 02/566 24 24, http://jerusalem-hotel.co.il

Talpiot

Das gilt auch für Talpiot – eine Mischung aus Wohngegend, Industriegebiet und Ausgehviertel mit Tanzbars und Clubs, darunter dem Yellow Submarine, einer Talentschmiede mit Bühne, Shows und Studios. Drumherum ist viel Natur und mittendrin eine von Jerusalems beliebtesten Attraktionen – der biblische Zoo. Sein Gründer war Aharon Shulov (1907–1997), einer der führenden Zoologen an der Hebräischen Universität Jerusalem. Ein Besuch lohnt sich unbedingt – das Gelände ist naturbelassen, und man kommt manchen Tieren wie Giraffen, Zebras, Affen und Känguruhs nahezu safarimäßig nah.

Das Zoogelände mit seinen Wiesen, Hügeln, Wasserfällen und Seen erstreckt sich auf einer Fläche von 25 Hektar. Anliegen ist es, alle Tierarten vorzustellen, die ursprünglich in der Region beheimatet waren, sowie auf ihre Gefährdung hinzuweisen – das sind so gut wie alle. Zu den Tierarten im biblischen Zoo gehören neben Löwen, Eseln und Eulen auch Steinböcke, Schildkröten und Schlangen. Natürlich darf in einem biblischen Zoo eine nachgebaute Arche Noah nicht fehlen – als das Symbol für Artenschutz schlechthin.

Oben: Das Jerusalem Theater ist Konzertsaal, Bühne und Kino
Mitte: Das Besucherzentrum des biblischen Zoos ist der Arche Noah nachempfunden
Unten: Neben Brüllaffen beherbergt der biblische Zoo mehr als 270 Tierarten

Infos und Adressen

SEHENSWÜRDIGKEITEN

Biblischer Zoo. Jerusalems Zoo und biblische Artenvielfalt. Busse 26, 99 oder Zug bis »Zoo« oder »Malcha«. So–Do 9–18, Fr 9–16.30, Sa 10–17 Uhr, Eintritt: 42–55 NIS, 1 Derech Aharon Shulov, Talpiot, Tel. 02/6750111, http://jerusalemzoo.org.il

Jerusalem Theatre. Israels größtes Zentrum für Kultur und Kunst. 20 David Marcus St., Rechavia, Tel. 02/5605757, www.jerusalem-theatre.co.il

L. A. Mayer Institute for Islamic Art. Museum zu islamischer Geschichte und Kunst. Mo–Mi 10–15, Do 12–18, Fr, Sa 10–14 Uhr, Eintritt: 20–40 NIS, 2 Hapalmach St., Rechavia, Tel. 02/5661291, www.islamicart.co.il

ESSEN UND TRINKEN

B'Gina (Gartencafé). Eines der schönsten versteckten Cafés in Jerusalem in altem Kolonialstil-Haus mit großzügigem schattigem Garten. 74 Derech Beit Lehem, German Colony, Tel. 02/6720825.

Pompidou. Vegetarisches Restaurant. Beliebt wegen seiner frischen Pasta und Desserts.

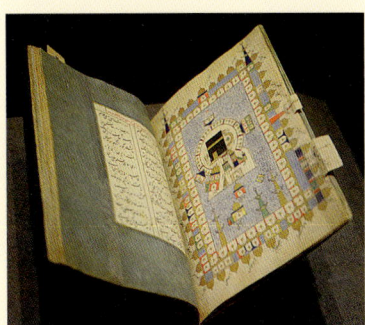

Das Museum für islamische Kunst gibt es seit 1974. Es liegt um die Ecke vom Jerusalem Theater

Große Portionen, netter Service. 27 Emek Refa'im St., Tel. 02/6251111.

Tachanat Hacafe. Kaffeevielfalt aus aller Welt, verfeinert mit exotischen Kombinationen wie Minzschokolade. 23 Emek Refaim, German Colony, Tel. 02/5661665.

Talbiye. Edle Weinbar, ein paar Stufen unterm Jerusalem Theatre. Rechavia, Exotisch! 5 Chopin St., Tel. 02/5811927.

Waffle Bar. Paradies für Waffelfans. So–Do 9–23.30, Fr 8.30–13.30 Uhr, Sa nur abends. 41 Derech Beit Lechem, German Colony, Tel. 02/6730760.

ÜBERNACHTEN

Arcadia Ba'Moshava. Ruhiges, kleines Hotel in der German Colony. 13 Yehoshu'a Bin Nun St., German Colony, Tel. 02/5423000, www.arcadiahotels.co.il/arcadia-bamoshava

AUSGEHEN

Yellow Submarine. Der Ort für Musik in Jerusalem! 13 Herkevim St., Talpiot, Tel. 02/6794040, http://yellowsubmarine.org.il

EINKAUFEN

Malcha Mall. Beliebtes Einkaufszentrum in Talpiot in der Nähe vom Zoo.

Yad Lakashish. Geschenkartikel aus sozialem Projekt. 14 Shivtei Israel St., Russian Compound, www.lifeline.org.il

AKTIVITÄTEN

Schwimmbad. Jerusalems öffentlicher Pool mit Dach, Wiesen und drei Schwimmbecken. Mo, Mi, Fr 5.30–17.45, Di, Do 5.30–21.45, Sa 8–18.45, So 12–21.45 Uhr, 43 Emek Refaim St., German Colony, Tel. 02/5632092.

Smadar. Kleines Programmkino mit Independent-Filmen. 4 Lloyd George St., German Colony, Tel. 02/5617819, www.lev.co.il

6 Künstlerviertel Nachlaot
SoHo von Jerusalem

Nachlaot ist wie ein Spiegel der ehemals vielfältigen jüdischen Gemeinden in aller Welt – noch heute leben viele religiöse und traditionelle Juden in den engen Gassen. Ihre Vorfahren kamen aus Europa, Syrien und dem Irak. Ihre Nachbarn heute sind Studenten und Künstler, viele von ihnen studieren an der benachbarten Kunstakademie Bezalel. Ateliers grenzen an Religionsschulen, Pubs an Synagogen und alle zusammen an den Markt Mahane Yehuda.

Nachlaot ist nicht nur ein Viertel. Nachlaot ist eine Geisteshaltung. Das behauptet jedenfalls der gleichnamige Jerusalemer Radiosender, der regelmäßig aus dem Künstlerviertel berichtet. Ein ganzer Radiosender für nur ein Viertel? Aus gutem Grund. Denn die Gegend zwischen Agripas und Bezalel Street entwickelte sich in den letzten Jahren immer mehr zum SoHo Jerusalems. Das liegt vor allem daran, dass hier orthodoxe und säkulare Juden einträchtig nebeneinander leben.

Architektur

Typisch für die Bauweise in Nachlaot sind die eingeschossigen, dicht aneinanderklebenden Häuser mit ihren weiträumigen Innenhöfen, so wie das Market Courtyard Hotel. Das Originalhaus wurde 1886 zu Ehren von Baron Montefiore erbaut. Eine Inschrift am Torbogen zum Hoteleingang erinnert daran. Die stillen Steingassen führen durch ein Mosaik aus 32 Minivierteln, jedes von ihnen zeugt von einer anderen jüdischen Kultur in verschiedenen Ländern, darunter Persien, Jemen, Griechen-

Mitte: Der Mahane-Yehuda-Markt heißt seit seiner Gründung 1887 unter Einheimischen einfach nur Shuk (»Markt«)
Unten: An über 250 Ständen verkaufen Händler frische Backwaren, Früchte und Gewürze

Marktrundgang

Auf dem Markt gibt es alles – von Kleidung und Haushaltswaren bis hin zu Blumen, Katzen-futter, frischem Obst, Gemüse, Fisch, Fleisch, Broten und Gewürzen. Und das zu erschwing-lichen Preisen. Sowohl in trendigen wie un-scheinbaren Markt-Restaurants kann man sich zwischen Bummeln, Einkaufen und Schauen mit hausgemachten lokalen Gerichten stärken.

A Juice Bar – Frisch gepresste Säfte und Fruchtshakes aus Granatäpfeln, Orangen, Karotten und Grapefruits. 1 HaTapuach St.

B Ochlim BaShuk (»Man isst auf dem Markt«) – In der Tat, wo, wenn nicht in dem winzigen Lokal von Naomi und Aharon, die auf dem traditionellen Kerosinherd köstliche persische, marokkanische, kurdische Gerichte und Bedui-nenspeisen zubereiten. 8 HaTapuach St.

C Rachmo – Hausgemachte irakische Gerichte seit 1930. 5 HaEshkol St., Tel. 02/623 45 95.

D Ethiopia Spice Shop – Spezialgeschäft für äthiopische Gewürze. HaAfarsek St.

Tali Friedmann kocht im Haatelie nach alten Jerusalemer Rezepten

E Café Mizrachi – Familiengeführtes Marktres-taurant mit lokalen Gerichten, gegrilltem Fisch auf Kapern. 6 Hashazif St., Tel. 02/624 21 05.

F Mizrachi Pitzuchim – Trockenfrüchte, Granola, Honig, Olivenöl und Nüsse seit 1961. 9 HaShaked St.

G Haatelie – Küchenchefin Tali Friedmann kocht nach alten Jerusalemer Rezepten und führt auch kulinarisch über den Markt. 14 Ha-harov, Tel. 053/809 48 72, www.haatelie.com

H Morris – Griechische Taverne mit Livemusik jeden Abend. Ecke HaCharuv und HaTut Street.

I Kippa Man – Samt, Seide, Baumwolle, gehäkelt, gemustert, einfarbig, bunt, bestickt mit Fußbällen und Davidsternen – das Sorti-ment des Kippa-Mannes ist unerschöpflich. 26 Machane Yehuda St.

J Chai Boneh Delicatessen – Alles von ein-gelegten Oliven bis zu hausgemachten Salaten, gehackter Leber und Mixed Pickles – seit 1923 ist der Familienshop berühmt für seine kosche-ren Delikatessen. 15 Machane Yehuda St.

SOUL FOOD VOM MARKT

Flippig, unkonventionell, eigenwillig, teuer und dauernd ausgebucht – dieses kleine Restaurant mitten auf dem Markt Mahane Yehuda ist ein rätselhaftes Phänomen. Doch das Rätsel löst sich in purem Wohlgefallen auf, sobald Salat *Fattoush* (arabischer Salat mit geröstetem Brot), Entrecote »Django Unchained Style«, Pilzrisotto und Tahina-Eis auf dem Tisch stehen. Der Kochstil ist eine Reminiszenz an Jerusalem – mit frischen Zutaten direkt vom Markt, einem Gefühl für die Stadt und ihre Seele. Dabei ändert sich die Speisekarte ständig. Die Küchenchefs probieren immer wieder neue Rezepte aus. Manchmal lassen sie sich in der kleinen offenen Küche hinter der Bar zu einer spontanen, ausgelassenen Jamsession mit Topfdeckeln und Kochlöffeln hinreißen. Der Restaurantbesuch im Mahaneyuda: ein Gesamtkunstwerk!

Mahane Yehuda. 10 Beit Yaakov St., Tel. 02/533 34 42.

land, Syrien. In Nachlaot leben Aschkenasen und Sefarden, Kurden, Iraker und Urfalim (eine kleine Gemeinde aus dem anatolischen Urfa).

Kunst und Religion

Dass das Zusammenleben zwischen Tradition und Moderne in Nachlaot so gut funktioniert, macht den besonderen Charme des Viertels aus. Dabei wirkt sich vor allem die Nähe zur renommierten Jerusalemer Kunstakademie Bezalel auf das Flair aus. Bestes Beispiel für die kreative Symbiose aus Religion und Kunst ist die Ades-Synagoge, ein Geschenk der Ades-Familie aus dem syrischen Aleppo 1901 an ihre jüdischen Glaubensbrüder in Jerusalem. Die kalligrafischen Art-nouveau-Wandmalereien gestaltete 1912 der säkular-zionistische Künstler Yaacov Stark (1881–1915). Mehr Kunst und Kultur kann man im Gerard Behar Centre erleben, einem Kulturzentrum für Off-Theater, Konzerte und Tanzproduktionen. Unter ihrem Dach finden zudem viele Veranstaltungen des Israel Festivals sowie des Jerusalemer Kunst-Festivals statt.

Markt Mahane Yehuda

Vorbei sind die Zeiten, als Jerusalemer zum Essen nach Tel Aviv fuhren. Heute ist die Auswahl an Restaurants in jeder Preisklasse enorm. Viele der besten, kreativsten und mitunter sogar preiswertesten Jerusalemer Restaurants und Snackbars findet man rund um den Markt Mahane Yehuda. Mahane Yehuda ist eines der vielen Herzen von Jerusalem, auf jeden Fall eines der authentischsten, und das nun schon seit 150 Jahren, als Bauern auf dem Platz ihre Produkte verkauften. Teilweise überdacht, teilweise im Freien, kaufen zwischen Agripas und Jaffa Street mehr Einheimische als Touristen ein, darunter viele Küchenchefs.

Infos und Adressen

SEHENSWÜRDIGKEITEN

Ades-Synagoge. Prachtvolle syrische Synagoge mit Damaszener Teppichen, Holzschnitzereien und Fresken. 3 Beersheba St., Tel. 050/532 67 35.

Bezalel Akademie. Weltweit renommierte Kunstakademie. Die meisten ihrer Fakultäten befinden sich heute auf dem Skopusberg. Auf dem Campus in Nachlaot wird heute Architektur gelehrt. 1 Bezalel St., Tel. 02/625 31 21, www.bezalel.ac.il/en

Gerard Behar Centre. Kulturzentrum für Off-Theater, Konzerte und Tanzproduktionen. Spielort beim Israel-Festival und Jerusalemer Kunst-Festival. 11 Bezalel St., Tel. 02/625 13 06.

ESSEN UND TRINKEN

Hashipudia. Kebab von Lamm bis Truthahn. So–Do 12–22 Uhr, 5 Haarmonim St., Tel. 050/285 55 78.

Maoz Falafel. Schon vor 40 Jahren eine Institution. Ausgezeichnete hausgemachte Falafel. 19 King George St., Tel. 02/625 77 06.

Mona. Gehobene französische Küche. Liegt etwas versteckt. 12 Shmuel Hanagid St., Tel. 02/622 22 83, http://monarest.co.il

ÜBERNACHTEN

Agripas Boutique Hotel. Zentral für alle Richtungen – Altstadt, Westjerusalem, Markt. 15 Agripas St., Tel. 02/594 10 00, www.agripas.com

Montefiore. B&B mit gutem Preis-Leistungs-Verhältnis. 7 Shatz St., Tel. 02/622 11 11, http://en.smarthotels.co.il/our-hotels/montefiore

The Market Courtyard. Wunderschönes Haus mit gemütlichen Apartments und freundlichem Service. 30 Hacarmel, Tel. 050/295 32 34, www.marketcourtyard.com

EINKAUFEN

Bezalel Kunstmarkt. Jeden Freitag bieten lokale Künstler Bilder, Schmuck, Design und Kosmetik an, sehr beliebt bei Israelis. Sommer 10–14, Winter 9–13 Uhr, Bezalel Hakatan.

Sacher-Park: Jerusalems größter öffentlicher Park zwischen Nachlaot und Regierungsviertel

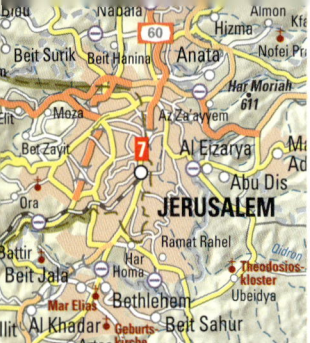

7 Mea Shearim
Alte Welt der hundert Tore

Ein Viertel, in dem die Zeit wie angehalten wirkt – die engen Straßen von Mea Shearim, dem »Viertel der 100 Tore«, könnten auch in einer polnischen, rumänischen oder ungarischen Kleinstadt des 19. Jahrhunderts gelegen haben. Überall sieht man Männer in schwarzen Kaftanen, Jungen mit Schläfenlocken, Frauen mit Kopftüchern, Perücken und langen Röcken. Es ist das Viertel der ultraorthodoxen, strenggläubigen Juden.

Mea Shearim gleicht einem osteuropäischen *Schtetl*, jener Welt, die in den Vernichtungslagern der Nazis für immer verschwand. Der israelische Schriftsteller Samuel Joseph Agnon (1888–1970) schrieb, das Viertel sei »eine Stadt innerhalb der Stadt«. Diese Feststellung gilt heute ebenso wie Ende des 19. Jahrhunderts, als die ersten Wohnanlagen dieses eigentümlichen Ortes entstanden.

Religion als Alltag

Entworfen hatte es 1874 der deutsche Architekt und Archäologe Conrad Schick (1822–1901), der sich seinerzeit vor allem mit nachgebauten Modellen des Jüdischen Tempels einen Namen machte. Das von Schick entworfene Viertel war 1880 bezugsfertig. Es umfasste einen Innenhof mit etwa hundert Wohnungen für eine Gruppe strenggläubiger Juden, die bereits 1875 unter Führung von Rabbi Meir Auerbach (1815–1878), dem »Kalischer Rebbe«, die Altstadt verlassen hatte.

Etwa zehn Jahre später entstanden am Nachbarhof weitere Wohnungen, in die vornehmlich Juden

Mitte: In den Gassen von Mea Shearim scheint die Zeit im 19. Jh. stehen geblieben zu sein
Unten: *Challot*, die Brote zum Sabbat, bekommt man hier schon ab Donnerstagnacht

aus Ungarn einzogen. Beide Wohnanlagen liegen in der Mea Shearim, Ecke Strauss Street. Schon allein zwischen ihnen liegen Welten, denn jede Gruppe verehrte ihre eigenen Rabbis.

Aus vielen Häusern zwischen Mea Shearim und Strauss Street dringen Gebetsgesänge, denn in den engen Gassen reiht sich ein orthodoxes Lehrhaus (hebr. *Jeschiwa*) ans andere. Männliche Schüler widmen sich darin rund um die Uhr dem Studium von Talmud und Thora. Die traditionelle Auslegung der jüdischen Vorschriften wird in den streng religiösen Gemeinschaften von Generation zu Generation weitergegeben. Jiddisch ist hier die vorherrschende Sprache, das weltliche Israel wird größtenteils abgelehnt. Immer wieder kommt es deshalb zu Zusammenstößen zwischen ultraorthodoxen und säkularen Israelis in der überwiegend laizistisch geprägten Gesellschaft. Manche reden sogar von einem Kulturkampf.

In Mea Shearim bleiben die Ultraorthodoxen lieber unter sich. Verständlich, wer will schon wie in einem Museum bestaunt werden. So fordern mehrsprachige Hinweisschilder Besucher am Eingang zum Stadtteil auf, Kleider- und Verhaltensvorschriften zu beachten: Schultern und Beine sollten bedeckt und Kameras ausgeschaltet bleiben. Unbedingt zu respektieren ist die Sabbatruhe.

Duftende Sabbatbrote

Wer sich daran hält, wird ebenfalls in Ruhe gelassen, wenn er neugierig das mysteriöse Labyrinth aus Gassen durchstreift. Restaurants gibt es kaum, dafür die besten Bäckereien der Stadt. Schon ab Donnerstagnacht erfüllt der Duft frisch gebackener *Challot*, der traditionellen Sabatbrote, die Straßen. Denn in Mea Shearims Bäckereien wird die ganze Nacht durchgebacken.

Infos und Adressen

Conrad Schick Wohnanlage und Ungarisches Viertel. Mea Shearims erste Wohnanalage, entworfen von Conrad Schick. Gegenüber eine Wohnanlage ultraorthodoxer Juden aus Ungarn von 1890. Mea Shearim/Ecke Strauss Street. Besuche sind erlaubt, Fotografieren nicht.

ESSEN UND TRINKEN

Avihayil Bakery. Die Backstube verströmt schon ab Donnerstagnacht den Duft frisch gebackener Sabbatbrote. 8 Pri Hadash St.

Brooklyn Bakery. Ob traditionelle *Sufganiot* (gefüllte Donuts) zum jüdischen Lichterfest Chanukka oder Cookies New York Style – hier schmeckt alles. 15 Mea Shearim St., Tel. 02/538 06 30.

Hadar Geula Delicatessen. Spezialitäten der osteuropäisch-jüdischen Küche wie *Gefilte Fish* (ein kaltes Fischgericht) und *Blintzes* (eine Art Eierkuchen) sowie Salate im Lokal und zum Mitnehmen. 13 Malkhei Yisrael St., Tel. 02/538 28 32.

Nehama Bakery. Unbedingt Donnerstagnacht oder Freitagmorgen frische *Challot* kaufen. 3 Sonnenfeld St., Tel. 02/532 30 42.

Streng religiöse Juden lassen sich nur ungern fotografieren

69

8 Regierungsviertel und Israel Museum
Zwischen Menora und Schrein des Buches

Westlich von Rechavia liegt der Museums-komplex mit dem bedeutendsten Museum des Landes, dem Israel Museum mit dem Schrein des Buches. Nebenan bringt das Bible Lands Museum die Geschichte der Zivilisationen aus der Bibelzeit bis zum Frühchristentum unter einem Dach zusammen. In unmittelbarer Sichtweite erhebt sich auf einem Hügel die Knesset, der Sitz des israelischen Parlaments.

Die Knesset, hebräisch für »Haus der Versammlung«, thront weithin sichtbar auf einem Hügel an der Rothschild Street im Stadtteil Givat Ram. Das quadratische Gebäude, dessen flaches Dach von Säulen gestützt wird, besteht aus Jerusalem-Sandstein. Es wurde von Joseph Klarwein (1893–1970) entworfen und ist seit 1966 Sitz des Parlaments.

Knesset

Gegenüber vom Eingang schuf der Bildhauer Benno Elkan (1877–1960) eine fünf Meter hohe Bronze-Menora (siebenarmiger Leuchter) als Symbol des Staates Israel. Mit ihren klassischen Bauelementen erinnert das Gebäude an den griechischen Parthenon-Tempel in Athen, innen ist es schlicht und funktional gehalten. Umso strahlender kommen die Wand- und Bodenmosaike sowie die drei Wandteppiche zur Geltung, die der russisch-jüdische Maler Marc Chagall (1887–1985) eigens für das Parlament gestaltete – mit biblischen und modernen Themen aus der Geschichte

In Tonkrügen wie diesen fand 1947 ein Beduinenjunge die älteste Bibel der Welt

Das israelische Parlament besteht aus
120 Abgeordneten

Einfach gut !

des jüdischen Volkes. Hier kann man
zudem auch eine Kopie der Unabhängigkeitserklärung besichtigen.

Gegenüber der Knesset befindet sich der Gebäu-
dekomplex des Obersten Gerichtshofs. Zwischen
beiden gibt es eine direkte Verbindung. Er wurde
1992 eingeweiht und gilt als modernes architektonisches Meisterwerk der Architekten Ada und
Ram Karmi. Lichtdurchflutet, offen und geomet-
risch verspielt greift das Gebäude byzantinische
Stilelemente auf. Seine Wände symbolisieren irdi-
sche und himmlische Gesetze, deren kontrastreiche Diskussion sich im ganzen Komplex etwa in
Form von Licht und Schatten oder geraden Linien
und Kurven wiederfindet.

Israel Museum

Seit 50 Jahren gehört das Israel Museum zu den
führenden Museen der Welt. Knapp eine Million
Besucher zieht es jedes Jahr hierher. Größter Publikumsmagnet ist der Schrein des Buches – seine
Form erinnert an die Gefäße, in denen zwischen
1947 und 1956 in elf Felshöhlen bei Qumran die
Schriftrollen vom Toten Meer gefunden wurden.

CAFÉ AM SEE
Seit 25 Jahren ist das
Caffit eine Institution in
Jerusalem. Das Original
steht in der Deutschen
Kolonie an der Emek Refaim
Street, das wohl schönste Lokal
der Café-Kette ist im Botanischen
Garten – und im Umkreis von
mehreren Hundert Metern auch
das einzige. Gut, dass es ohnehin
außer Konkurrenz laufen würde,
selbst in Vierteln mit hoher
Cafédichte. Denn was das Caffit
so besonders macht, ist neben
der ausgesprochen vielseitigen
Speisekarte und den leckeren
Gerichten von Kartoffelsalat bis
Lachsspießen die urgemütliche
Wiener-Kaffeehaus-Atmosphäre.
Und dann noch das Ambiente im
Grünen mit Blick auf den See –
mitten im hektischen Jerusalem
eine kleine Ausruhinsel. Die Gerichte gibt's auch zum Mitnehmen.

Caffit. 1 Yehuda Burla St.,
Botanischer Garten, Jerusalem,
Tel. 053/943 86 18.

Hier kann man die älteste Bibel der Welt besichtigen, darunter eine Schriftrolle des Buches Jesaja. Zu den weiteren Schätzen des Israel Museums gehören das Bodenmosaik einer byzantinischen Kirche aus dem 6. Jahrhundert, das mit 4000 Jahren älteste erhaltene Segelschiffmodell der Welt und ein Skulpturengarten. Daneben sind es insbesondere die wertvolle Sammlung moderner, impressionistischer und zeitgenössischer israelischer Kunst und die hochkarätigen Wechselausstellungen, die einen Besuch im Israel Museum zu einem absoluten Muss für Kunstliebhaber machen.

Bibel und Botanik

Unweit vom Israel Museum wurde 1992 das Bible Lands Museum (BLMJ) eröffnet. Die Idee dazu hatte Elie Borowski (1913–2003), ein israelischer Altertumsforscher und Antikenhändler, der seine Privatsammlung als Grundstock stiftete. Es ist weltweit das einzige Museum seiner Art, denn es entfaltet die Kulturen sämtlicher in der Bibel erwähnten Völker: Philister, Aramäer, Hethiter, Elamer, Phönizier und Perser. Besonderen Akzent legt das BLMJ dabei auf historische und archäologische Aspekte. Religion spielt in den Ausstellungen eine eher untergeordnete Rolle. Vielmehr präsentiert das Museum die Regionen, in denen Bibelgeschichte geschrieben wurde, in einem größeren historischen Zusammenhang. Wie weit Ägypten und der Kaukasus, Nubien und Afghanistan auch geografisch auseinanderliegen mögen, im BLMJ werden sie durch den roten Faden der Bibel miteinander verbunden.

Oben: Im Schrein des Buches werden die Schriftrollen vom Toten Meer aufbewahrt
Mitte: Innen kann man weitere wertvolle Handschriften bewundern
Unten: Daneben zeigt das Israel Museum Skulpturen, Gemälde und archäologische Funde

Im Botanischen Garten kann man zwischen Europa und Nordamerika, Afrika, Australien, Asien und dem Mittelmeerraum umherschlendern. Highlights sind das Tropenhaus, der Bibelpflanzenpfad und der afrikanische Savannen-Irrgarten.

Infos und Adressen

SEHENSWÜRDIGKEITEN

Bible Lands Museum. Grandioses Museum zu Zivilisationen der Antike im Nahen Osten. So–Di, Do 9.30–17.30, Mi 9.30–21.30, Fr, Sa 10–14 Uhr, Eintritt: 20–40 NIS, 21 Stefan Wise St., Tel. 02/561 10 66, www.blmj.org

Botanischer Garten. Grüne Insel inmitten der Stadt. 1 Zalman Shneor St., Givat Ram, Tel. 02/679 40 12, http://en.botanic.co.il

Israel Museum. Schrein des Buches, Kunst und Skulpturen – ein absolutes Muss! www.imj.org.il

Knesset. Israelisches Parlament mit Großer Menora und Wandteppichen von Chagall. http://main.knesset.gov.il

Oberster Gerichtshof. Spektakuläre architektonische Verbindung aus Form und Inhalt. http://elyon1.court.gov.il/eng/home/index.html

ESSEN UND TRINKEN

Berman Bakery. Süßer Start in den Tag vor einem ausgedehnten Museumsbesuch – oder ideal für eine Pause danach: Gebäck, Kuchen, Sandwiches, alles hausgemacht. So–Do 7–21, Fr 6–15.30 Uhr, 42 Agripas St., Tel. 02/563 67 86, www.berman.co.il

Die Gemäldesammlung umfasst u. a. Werke von Renoir, van Gogh, Gauguin, Rubens und Rembrandt

Zwischen Kunst und Kultur: kulinarischer Zwischenstopp im gemütlichen Restaurant Ima

Greg's. Frühstück, Lunch, Suppen, Salate, *Shakshuka* (pochierte Eier in Tomatensauce), Kaffee, Crêpes – Speisekarte für jeden Geschmack. Lecker und große Portionen! 10 Sderot Yitzhak Rabin, Tel. 02/534 22 92.

Ima (»Mutter«). Der Name ist Programm: preiswerte mediterrane Hausmannskost wie bei Muttern. 55 Harav Shmuel Barukh St., Tel. 02/624 68 60.

ÜBERNACHTEN

The Happy Apartment. Wohnen wie ein Einheimischer – Ferienwohnung mit viel Flair. Zentrale Lage, etwa 15 Minuten Fußweg zum Israel Museum. Die Vermieterin spricht Deutsch. Harav Haim Berlin, Tel. 050/857 76 56.

EINKAUFEN

Flatter. Individuelle Boutique mit farbenfrohen Kollektionen israelischer Designer. So–Do 10–19, Fr 9–13 Uhr, 9A Diskin, Tel. 02/940 05 20, http://flatter.me

9 Ein Kerem und Chagall-Fenster
Kunst für die Ewigkeit

Das malerische Dorf Ein Kerem im Südwesten Jerusalems besticht durch seine Lage an den Ausläufern der Judäischen Berge mit historischen Stätten, beschaulichen Galerien und gemütlichen Lokalen. Nur wenige Schritte entfernt kann man in der Hadassa-Klinik von Marc Chagall gestaltete Synagogenfenster bestaunen.

Ein Kerem (»Quelle des Weinbergs«) ist ein reizvolles Ausflugsziel, vor allem am Sabbat, denn in dem Dorf westlich von Jerusalem haben auch am jüdischen Ruhetag fast alle Sehenswürdigkeiten, Läden, Galerien und Restaurants geöffnet. Alternativ dazu kann man die idyllischen Dorfstraßen zwischen Zypressen und Zitronenbäumen ganz in Ruhe für sich entdecken, wenn der Wochenend- und Pilgeransturm abgeflaut ist. Seit 2015 kandidieren das Dorf und seine Kulturlandschaft um Aufnahme in das UNESCO-Welterbe.

Christliche Spuren

Wegen zahlreicher Ereignisse, die sich laut Neuem Testament hier zugetragen haben sollen, verehren besonders christliche Pilger den Ort. So wurde laut Überlieferung Johannes der Täufer in Ein Kerem geboren, Elisabeth erfuhr das Wunder der Empfängnis, und Maria und Elisabeth begegneten sich an der Quelle, der Ein Kerem seinen Namen verdankt. Das Wasser des Marienbrunnens gilt als heilig. Die Quelle ist auch der Grund für die frühe Besiedelung Ein Kerems. Neben Keramikkacheln in der Bronzezeit fand man hier auch eine Aphrodite-Statue, die heute im Rockefeller

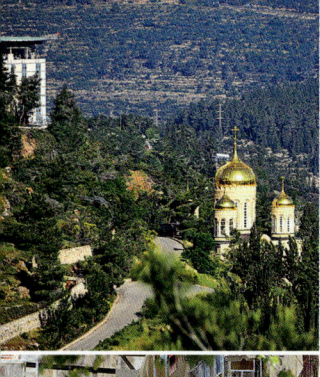

Mitte: Ein Kerem liegt etwas außerhalb Jerusalems in idyllisch-hügeliger Berglandschaft
Unten: Das pittoreske Künstlerdorf im Südwesten Jerusalems ist bei Ausflüglern und Pilgern beliebt

Der Stamm von Gad ist auf einem Chagall-Fenster verewigt

Museum (S. 52) steht. Im Panorama des Dorfes fällt sofort die Johanneskirche ins Auge – eine Franziskanerkirche aus dem Jahr 1675. An dieser Stelle stand bereits zu byzantinischer Zeit eine Kirche, die nach dem arabischen Sieg über die Kreuzfahrer in eine Karawanserei umgewandelt wurde. Innen beherbergt sie einen Mosaikfußboden und eine Grotte, in der Johannes geboren worden sein soll.

Besuchskirche und Gorny-Kloster

Auch die Heimsuchungskirche ist mit Johannes dem Täufer verbunden. Erbaut 1939 bis 1955 von Antonio Barluzzi (1884–1960), ist sie relativ jung. Doch wie so oft in Jerusalem, erzählen darunterliegende Überreste eine ältere Geschichte, in diesem Fall die einer Kreuzfahrerkirche – und das genau an der Stelle, wo laut Überlieferung das Sommerhaus von Johannes' Eltern Elisabeth und Zacharias stand und Maria während ihres Familienbesuchs gewohnt haben soll. Das nahe gelegene Gorny-Kloster wurde im Jahr 1871 erbaut, als auch Russland sich im Heiligen Land mit Bauwerken verewigen wollte.

Geheimtipp

FUSION AUS ALT UND NEU

Das Hotel im Herzen von Ein Kerem spiegelt all das wider, was den Stadtteil ausmacht: Idylle und Weltläufigkeit, Künstlerflair und Stil, Wärme und Eleganz. Es ist eine Fünf-Sterne-Fusion der Kontraste: Jerusalem-Sandstein verschmilzt mit elegantem Interieur. Die Wände zieren Kunstwerke einheimischer Künstler. Ein Springbrunnen im Garten greift das Quellenmotiv auf, das Ein Kerem schon seit Jahrtausenden zum begehrten Wohnort macht. Eine Oase abseits von Jerusalems geballter Heiligkeit und dennoch mittendrin in Geschichte und Kultur, umgeben von der traumhaften Natur der Jerusalemer Berge. Außer elf eleganten Designersuiten verfügt das Hotel über ein Gourmetrestaurant und ein Wellness-Spa.

Boutique Hotel Alegra. 13 Derech Haachaiot, Ein Kerem, Tel. 02/650 05 06, www.hotelalegra.co.il

Chagall-Fenster

Zwölf individuelle Glasfenster in der hauseigenen Synagoge der Hadassa-Klinik waren 1962 Chagalls ganz persönliches Geschenk an das jüdische Volk. Man muss ein bisschen suchen, wenn man am Haupteingang des Krankenhauses ankommt – am besten durchfragen, das Personal ist hilfsbereit und auskunftsfreudig. Mit ein bisschen Glück hat man die Synagoge ganz für sich allein und kann die Fenster auf sich wirken lassen. Töne in Rot, Gelb, Grün, Purpur und Gold: Jedes Fenster gestaltete der russisch-jüdische Künstler in einer anderen Farbe. Inspiriert vom Ersten und Fünften Buch Mose, wählte der »Maler-Poet« als Motiv Jakobs Segen für seine zwölf Söhne sowie Moses' Segen für die zwölf Stämme Israels. Jedes Fenster trägt den Namen eines Stammes, in jedem ist ein biblischer Segensspruch eingraviert. »Die ganze Zeit, während ich arbeitete, spürte ich meinen Vater und meine Mutter neben mir«, beschrieb Chagall seine Inspiration. »Und mit ihnen Juden, Millionen anderer verschwundener Juden von gestern und vor 1000 Jahren.« Egal, zu welcher Tageszeit man die Synagoge betritt, die Fenster tauchen den Raum in ein fließendes Licht, das vom Jerusalemstein der Wände zurückgeworfen wird.

Kunst, Kulinarik und Konzerte

Ein Kerem ist genau der richtige Ort, um nach diesem besonderen Erlebnis von Chagalls fantasievollem Mikrokosmos wieder in die reale Welt zurückzukehren – und zu den Galerien, Cafés und Pflastersteinstraßen der Dorfidylle. Neben Keramikläden und Restaurants hat Ein Kerem auch einen Konzertsaal zu bieten, das Eden Tamir Music Centre. Das ganze Jahr über finden hier Kammerkonzerte und wöchentliche Liederabende statt. Israelische Talente treten ebenso auf wie internationale Künstler.

Oben: Fenster zum Stamm Naftali, Jakobs zweitgeborenem Sohn
Mitte: Wie in Gold getauchte Zwiebeln leuchten die Türme des russisch-orthodoxen Gorny-Klosters
Unten: Chagalls schwebende Figuren verwandeln die Glasfenster in eine lebendig scheinende Welt

Infos und Adressen

SEHENSWÜRDIGKEITEN

Besuchskirche. Eine der drei wichtigsten Kirchen in Ein Kerem: Stätte der Verkündigung und der Geburt Johannes des Täufers. Nahe Ein Kerem St., Tel. 02/641 72 91.

Chagall-Fenster. Zwölf individuelle Fenster für die zwölf Stämme Israel. Kiriat Hadassah, So–Do 8–15.30 Uhr, Tel. 02/677 62 71, www.hadassah-med.com

Gorny-Kloster. Drei Kirchen der russisch-orthodoxen Kirche und Pilger-Hostel. Mo–Sa 6–9 und 15–19 Uhr, Eingang durch das Hadassah-Krankenhaus, Ein Kerem St., Tel. 02/641 28 87.

Johanneskirche. Erst byzantinische, dann Franziskanerkirche. Ein Kerem Zentrum, Mo–Fr 8–12 und 14.30–17, So 9–12 und 14.30–17 Uhr.

ESSEN UND TRINKEN

Agua. Französische Küche mit Jerusalemer Lokalkolorit. 1 Hamaayan St., Tel. 02/644 94 94.

En Kerem Inn. Von üppigem Frühstück über Business-Lunch bis Dinner, darunter Pasta, Pizza und Salate. So–Do ab 9.30, Fr, Sa ab 10 Uhr, 9 Hamaayan St., Tel. 053/809 46 04, www.2eat.co.il/eng/pundak-ein-karem

Karma. Vorzügliche Küche, romantisches Ambiente an lauen Sommerabenden. 74 Ein Kerem St., Tel. 02/643 66 43.

Neeman. Café und Bäckerei im Einkaufszentrum Yishpro des Hadassah Medical Center. Frühstück, Lunch, Toast, Salate, Suppen, Eis, Kuchen. Tgl. 9–21 Uhr, Kiriat Hadassah, Tel. 02/642 86 21.

ÜBERNACHTEN

Natural House. B&B mit Garten mitten im pittoresken Dorfkern unweit der Johanneskirche. Homat Hazalfim St., Tel. 02/641 12 88, www.naturalway.co.il

AKTIVITÄTEN

Sweet'N'Karem. Chocolaterie mit Laden und Workshops. Köstlich und fantasievoll! Tgl. 8–20 Uhr, 10 Haachaiot St., Tel. 077/446 01 60.

Die Chocolaterie Sweet'N'Karem bietet auch Schokoladen-Workshops an

10 Herzlberg und Yad Vashem
Erinnere dich!

Die Holocaust-Gedenkstätte Yad Vashem ist Israels nationales Mahnmal für die sechs Millionen Juden, die in der Schoah ermordet wurden, zur Erinnerung an die zerstörten jüdischen Gemeinden Europas und an den Mut der Gerechten unter den Völkern, die für die Rettung von Juden ihr Leben riskiert haben. Sie ist außerdem das weltweit führende Zentrum für Holocaustforschung und –dokumentation.

Yad Vashem, auf Deutsch »Denkmal und Name« – das Prophetenbuch Jesaja gab Israels zentraler Gedenkstätte für Holocaust und Heldentum ihren Namen: »Und ihnen will ich in meinem Hause und in meinen Mauern ein Denkmal und einen Namen (hebr. »Yad Vashem«) geben, der nicht getilgt werden soll.«

Vier Säulen der Erinnerung

Die Aufforderung, sich zu erinnern, *Zachor*, ist eines der zentralen jüdischen Gebote. 169-mal taucht es in der Thora auf. Bewusst wurde Yad Vashem daher 1953 an den Hängen des Har Hazikaron, des »Berges der Erinnerung«, eröffnet. Es ist heute eine lebendige Begegnungsstätte. Vier Säulen der Erinnerung fühlt sich Yad Vashem seit mehr als einem halben Jahrhundert verpflichtet: Gedenken, Dokumentation, Forschung und Erziehung. Im Archiv der Gedenkstätte lagern rund 60 Millionen Seiten Originaldokumente, darunter Zeugenaussagen von Überlebenden. In der Bibliothek stehen über 100 000 Bände. Es ist die weltweit umfangreichste Sammlung von Holocaustliteratur.

Die Halle der Namen erinnert an jeden einzelnen Juden, der in der Schoah ermordet wurde

Rundgang mit Karte

Vorbei an Archiv- und Bibliotheksgebäuden sowie der Internationalen Schule für Holocauststudien gelangt man auf den zentralen Platz mit der Kindergedenkstätte.

Ⓐ Kindergendenkstätte – Über eine Steinpassage steigt man in eine unterirdische Höhle hinab. Kerzen erzeugen die Illusion von Sternengalaxien, während eine Tonbandstimme Namen, Alter und Herkunftsländer der 1,5 Millionen ermordeten Kinder verliest.

Ⓑ Museum zur Geschichte des Holocaust – Originalgegenstände, Zeugenaussagen, Fotos, Dokumente, Kunst, Multimedia und Videos erzählen in neun unterirdischen keilförmigen Galerien die Geschichte der Schoah aus jüdischer Perspektive.

Ⓒ Halle der Namen – Mehr als zwei Millionen Gedenkblätter mit biografischen Notizen werden in den Regalen aufbewahrt, die Raum für sechs Millionen solcher Gedenkblätter bieten. Die Porträts der Opfer spiegeln sich im Wasser am Boden eines gegenüberliegenden Felskegels wider.

Ⓓ Halle der Erinnerung – Ewige Flamme in schwarzem Basalt, in den die 22 berüchtigtsten Ortsnamen der Vernichtung eingraviert sind. Unter der Steinplatte ist die Asche von Opfern der Vernichtungslager begraben.

Ⓔ Deportationswaggon – Stellvertretend für die Millionen von Juden errichtet, die in Viehwaggons gepfercht und aus ganz Europa in die Vernichtungslager deportiert wurden. Der originale deutsche Viehwaggon wurde Yad Vashem von der polnischen Regierung übergeben.

Ⓕ Tal der Gemeinden – Auf 107 Wänden stehen Namen von mehr als 5000 jüdischen Gemeinden, die im Holocaust zerstört wurden oder nur knapp überlebten.

Ⓖ Allee der Gerechten – Bäume zur Ehrung von Nichtjuden, die ihr Leben aufs Spiel setzten, um während des Holocaust Juden zu retten. Neben jedem Baum befindet sich eine Gedenktafel mit Namen und Herkunftsland der Geehrten.

Ⓗ Garten der Gerechten – Die Namen derer, die während der Schoah Juden retteten, sind in alphabetischer Reihenfolge auf nach Ländern angeordneten Wänden eingraviert.

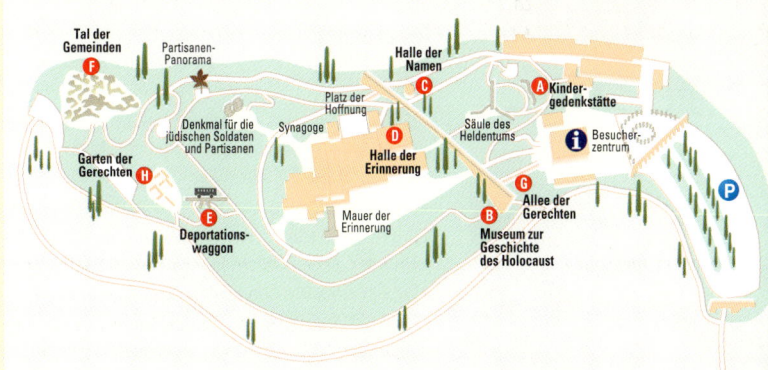

Nicht verpassen

AUTHENTISCHES FLAIR

Inhaberin Atalya Ein Mor ist eine echte »Ein Keremerin«: Sie wurde in Ein Kerem geboren und ist hier aufgewachsen. Ihr Heimatstadtteil hat sie nie losgelassen. So beschloss sie nach Jahren kulinarischer Erfahrung in Israels renommiertesten Restaurantküchen, ihr eigenes Restaurant zu eröffnen – natürlich in Ein Kerem. In ihrem Restaurant Atalya, Ein Kerem Secrets, das zugleich auch Hotel und Bed & Breakfast ist, kombiniert sie Feinschmeckerküche mit Wohnzimmerflair. Das renovierte uralte Haus aus dem 18. Jahrhundert steht inmitten von knorrigen Oliven- und Obstbäumen und verströmt den natürlichen Charme ländlicher Idylle, umgeben von den lieblichen Hügeln der Jerusalemer Berge.

Atalya. 9 Ein Kerem St., Tel. 052/475 51 67, www.atalya.co.il

Zum Museumskomplex gehören das Museum zur Geschichte des Holocaust, darunter die Halle der Namen, das Kunstmuseum, der Ausstellungspavillon, das Lernzentrum, das Filmzentrum und die Synagoge. Das Kunstmuseum beherbergt die weltweit größte Sammlung von Kunst, die Menschen angesichts des Todes in Konzentrations- und Vernichtungslagern angefertigt haben. Die Synagoge zeigt Judaika, die aus den zerstörten Synagogen Europas zusammengetragen wurden.

Holocaust-Museum

Das Museum zur Geschichte des Holocaust erstreckt sich über eine überwiegend unterirdisch gelegene Fläche von etwa vier Quadratkilometern. Es zeigt die Geschichte des Holocaust aus einer einzigartigen jüdischen Perspektive anhand von Originalgegenständen, persönlichen Habseligkeiten und Augenzeugenberichten von Überlebenden. Wie ein Keil bohrt sich das Museumsgebäude durch den Berg hindurch. Die Ausstellungsräume sind unterschiedlich hoch. Am Ende des historischen Überblicks steht die Halle der Namen mit Gedenkblättern für Millionen von Holocaustopfern.

Herzlberg

Auf dem an Yad Vashem angrenzenden Herzlberg liegt der Jerusalemer Nationalfriedhof, benannt nach Theodor Herzl (1860–1904), dem Begründer des modernen politischen Zionismus. Auf der Spitze des Hügels liegt Herzls Grab, am Eingang das Herzl Museum. Seit der Staatsgründung Israels wurden auf dem Friedhof zahlreiche weitere politische Persönlichkeiten beigesetzt, darunter Levi Eschkol (1895–1969), Golda Meir (1898–1978) und Jitzchak Rabin (1922–1995), außerdem der Schriftsteller Wladimir Zeev Jabotinsky (1880–1940).

Infos und Adressen

SEHENSWÜRDIGKEITEN

Herzl Museum. Multivisuelle Einblicke in Herzls Visionen und die Anfänge der zionistischen Bewegung. So–Mi 8.30–18, Do bis 19, Fr bis 13 Uhr, Herzl Blvd., Jerusalem, Tel. 02/632 15 15, www.herzl.org

Yad Vashem. Israels zentrale Holocaust-Gedenkstätte und weltweit führendes Schoah-Dokumentationszentrum. So–Mi 9–17, Do 9–20, Fr und am Vorabend von jüdischen Feiertagen 9–14 Uhr, Sa und jüdische Feiertage geschl. Eintritt zum Museum zur Geschichte des Holocaust und zu allen anderen Einrichtungen frei. Eintritt ins Museum zur Geschichte des Holocaust erst für Kinder ab 10 Jahren. Har Hazikaron, Herzl Blvd., Jerusalem, www.yadvashem.org

ESSEN UND TRINKEN

Brasserie. Mittelmeerküche. Businesslunch wochentags und Brunch am Wochenende.

So–Mi ab 12, Do ab 10, Fr–So ab 9.30 Uhr, 15 Hamaayan, Ein Kerem, Tel. 053/809 48 36, www.2eat.co.il/eng/brasseriejer

Esti & Perla. Mediterrane Küche mit marokkanischen Familientraditionen. 18 Hamaayan, Ein Kerem, Tel. 02/643 73 26.

ÜBERNACHTEN

Notre Dame de Sion. Ehemaliges Kloster aus dem 19. Jahrhundert, das heute Gästehaus, Café und einen Garten anbietet, in dem man die Stille fast greifen kann. 23 Rehov Ha Oren, Tel. 02/641 57 38.

AKTIVITÄTEN

Eden Tamir Music Center. Gegründet 1966 vom Pianistenduo Bracha Eden and Alexander Tamir, heute eine erstklassige und intime Bühne für Kammermusik und Konzerte. 29 Hamaayan St., Ein Kerem, Tel. 02/641 42 50, http://edentamirmusiccenter.org

Viele Besucher legen am Grab von Jitzchak Rabin Steine nieder

11 Ausflüge rund um Jerusalem
Bethlehem und Jerusalem Hills

Rund um Jerusalems Nordwesten liegen sie verteilt – die versteckten Perlen, die man nicht gleich auf Anhieb findet. Ob Weingut, Käsefarm, Spa, Höhlen oder Ausflugsrestaurant – Weg und Ziel in den Jerusalemer Bergen lohnen gleichermaßen. Ein Muss im Süden Jerusalems ist Bethlehem – die berühmte Geburtsstadt von Jesus liegt nur eine halbe Stunde von der Heiligen Stadt entfernt.

Westlich von Jerusalem erstrecken sich die Jerusalemer Berge. Auf jedem einzelnen ihrer bewaldeten Hügel liegen Ausflugsziele versteckt, die man mitunter erst nach einigem Suchen findet. Doch allein der Weg ist das Ziel schon wert. Und ist man erst einmal angekommen, belohnt das Ziel mit Originalität, Geschmack und Geschichten. Südlich der Stadt kann man Bethlehem in den Palästinensischen Autonomiegebieten besuchen – für viele Jerusalemreisende ein Muss.

GUT ZU WISSEN

GEPÄCKAUFBEWAHRUNG AM FLUGHAFEN

Mehr Service am Flughafen Ben Gurion ist nicht immer praktikabel. Neue Schließfächer S, M und L sollen Urlaubern das Reisen erleichtern. Koffer, Kinderwagen, Reisetaschen, Mäntel oder Regenschirme soll man gegen Gebühr sicher verwahren können. Zudem hat jedes Fach Steckdosen für das Aufladen von Handys oder Laptops. Einziger Haken: Aus Sicherheitsgründen liegen die Fächer am Parkplatz, weitab von der Abflughalle. Der Grund: Gepäck ohne eindeutigen Besitzer gerät schnell in Verdacht.

Die Wanderwege rund um Jerusalem, wie hier in Ein Rafa, sind gut ausgebaut

Abu Ghosh und Kiryat Anavim

Abu Ghosh ist ein arabisches Dorf zwischen Jerusalem und Tel Aviv. Der Ort ist besonders beliebt wegen seiner vielen kleinen Ausflugslokale in den Bergen in herrlicher Lage. Musikliebhaber wissen vor allem sein jährliches Chormusikfestival im Frühjahr und im Herbst zu schätzen, Wanderer die Spazierwege und Geschichtsentdecker das 1000 Jahre alte Benediktinerkloster, ein prunkvolles Zeugnis der Kreuzfahrer-Architektur. Das Dorf selbst wurde in osmanischer Zeit von der Abu-Ghosh-Familie gegründet, deren Zweige noch heute die Mehrheit der Dorfbewohner stellen.

Zwölf Kilometer von Jerusalem und 50 von Tel Aviv entfernt war Kiryat Anavim (»Stadt der Trauben«) der erste Kibbuz in den Judäischen Bergen. Die Zionistische Bewegung hatte das Stück Land 1912 vom Effendi der Abu-Ghosh-Familie erworben. Erwies sich die landwirtschaftliche Bewirtschaftung anfangs wegen des Wassermangels als schwierig, produzierte der Kibbuz ab 1968 Tomaten, Pfirsiche und Trauben. 2013 eröffnete im Kibbuz das Cramim Resort & Spa – mit Restaurant, Hamam und Weintherapie im Spa.

Wein im Ella-Tal und Käse in Har Eitan

Eine der Weinsorten, die extra für das Resort hergestellt werden, kommt vom Ella-Valley-Weingut. Schon in der Antike wurde in dieser Gegend rund um Jerusalem Wein angebaut, unter anderem für den Tempel in Jerusalem. Heute produziert die Winzerei 200 000 Flaschen pro Jahr, die meisten davon für den Export. Auf der anderen Seite des Ella-Tals in Givat Yeshayahu liegen die Weinberge des Sternbach-Weinguts. Unter Feigenbäumen

Nicht verpassen

UNTERIRDISCHE ENTDECKUNGEN
Das unterirdische Höhlennetz ist seit 2014 Israels jüngster UNESCO-Weltkulturerbe-Schatz. Es ist eine faszinierende Stadt unter der Stadt mit richtiger Infrastruktur. Ihre Kammern und Gänge zeugen von einer frühen Besiedelung bereits ab der Eisenzeit. Später wurden rund 500 Höhlen in den weichen Kalkstein gehauen und als Grabanlagen, Amphitheater, Zisternen, Badeanlagen, Öl- und Traubenpressen genutzt. Die Höhlen liegen auf einer Fläche von etwa fünf Quadratkilometern. Zum Nationalpark gehört ebenfalls die antike Stadt Maresha – ein weitläufiges, spannendes Ausflugsziel, für das man sich unbedingt Zeit nehmen sollte. Besonders für Kinder ein echtes Abenteuer!

Beit-Guvrin-Maresha-Höhlen. Anfahrt über Straße Nr. 35 zwischen Beit Shemesh und Kiryat Gat, gegenüber Kibbuz Bet Guvrin. April–Okt. 8–17, Nov.–März 8–16 Uhr, Tel. 08/681 10 20.

Geheimtipp

LIEBE GEHT DURCH DEN MAGEN

Das bezaubernde Lokal in den Jerusalemer Bergen ist noch fast unentdeckt von Touristenströmen, denn es liegt etwas abgelegen in einem malerischen arabischen Dorf und ist einigermaßen schwer zu finden. Doch das Durchfragen lohnt sich allemal. Bei Einheimischen hat sich die grandiose Küche des jüdisch-muslimischen Paares Michal und Yakub längst herumgesprochen – als fantastischer Platz zum Frühstücken auf dem Weg nach oder von Jerusalem und, besser noch, zum Mittagessen oder Abendessen im Majda. Küchenchefin Michal variiert klassische arabische Gerichte mit raffinierten Speisen. Alles zusammen bekommt eine persönliche Handschrift.

Majda. Inhaber Michal und Yakub. Anfahrt Highway 1 zwischen Tel Aviv und Jerusalem, Ausfahrt Ein Rafa, Schilder Richtung Dorf, rote Schrift auf Hebräisch zum Restaurant. Mi–Sa, Ein Rafa, Tel. 02/579 71 08.

und Weinranken stellt Inhaber Gad Sternbach jedes Wochenende Tische und Stühle auf und lädt zu Weinverkostungen seiner Rebsorten ein, während seine Frau köstliche Hausmannskost auftischt. Eine der exklusivsten Winzereien des Landes ist Domain du Castel in Ramat Raziel. Der Inhaber Eli Ben Zaken des koscheren Familienweinguts begann 1988 seinen Betrieb – anfangs als Hobby. Vier Jahre später gewann der erste Tropfen Grand Castel Vin bereits internationale Preise. Seitdem belieferte Castel sogar den Papst und Angela Merkel.

Ähnlich preisgekrönt und schwer zu finden ist die Ziegenkäsefarm von Shai Seltzer. Zu der Käsemanufaktur bei den Sataf-Quellen in den Bergen von Eitan führt eine holprige Straße. Seit 1974 pflanzt Seltzer auf seinem Hof Biokräuter auf Hügelbeeten und Terrassen. In einer Felshöhle neben dem Biogarten lagert er seine Schätze: Ziegenkäse in verschiedenen Reifestadien. An einem rustikalen Holztisch neben der Höhle breitet er seine Schätze aus, serviert dazu selbst gemachten Ziegenjoghurt und Brot. Dazu erzählt er Geschichten aus seinem ereignisreichen Leben. Ein Ausflug, der alles bietet, von Abenteuer bis Natur, fein abgeschmeckt mit Käse und Wein.

Bethlehem – Lage und Reisezeit

Die Stadt liegt im Westjordanland und wird von der Palästinensischen Autonomiebehörde verwaltet. Dennoch ist die Anreise von Jerusalem aus unkompliziert. Die Stadt selbst mit rund 25 000 Einwohnern ist überwiegend christlich geprägt, der Tourismus mit mehr als einer Million Touristen jährlich eine wichtige Einnahmequelle.

Bethlehem ist jederzeit einen Besuch wert, denn die Einwohner sind gastfreundlich, die Restaurants

Rundgang durch Bethlehem

Etwa eine halbe Stunde per Mietwagen oder Bus von Jerusalem entfernt liegt Bethlehem. Hauptattraktion ist die Geburtskirche am Manger Platz.

Ⓐ Geburtskirche – Hauptattraktion in Bethlehem am Manger Platz. Die Basilika ist eine einfache Kirche, die auf der Höhle errichtet wurde, in der Jesus geboren worden sein soll. Die Geburtsgrotte schmückt ein Stern. Anfahrt von Jerusalem am besten mit einem arabischen Bus ab Busbahnhof beim Damaskustor, alternativ mit arabischem Taxi. Sommer tgl. 6.30–12 und 14–19.30, Winter tgl. 5.30–12 und 14–17 Uhr, So-vormittag ist die Geburtsgrotte für Besucher geschl., Eintritt frei, Tel. 02/274 24 25.

Ⓑ Milchgrotte – An diesem Ort soll Maria der Überlieferung nach Jesus auf ihrer Flucht aus Bethlehem gestillt haben.

Ⓒ Hirtenfeld (Shepherd's Field) – Rundbau zu Ehren der Hirten, die ihre Herden zurückließen, um Jesus zu folgen. Manger St.

Ⓓ Rachels Grab – An dieser Stelle soll Urmutter Rachel begraben sein. Heiliger Platz für Juden. Hebron Rd./ Ecke Manger St.

Ⓔ Herodion – Antike Palastanlage von König Herodes (74–4 v. Chr.) zwischen Bethlehem und Jerusalem auf dem Gipfel eines kegelartigen Berges. Das Herodion östlich von Bethlehem wurde in nur drei Jahren erbaut, von 23–20 v. Chr. Es enthält eine Befestigungsanlage, Höfe, Bäder, Zisternen, Hallen und Überreste einer Synagoge. Sie stammt aus der Zeit des jüdischen Aufstands gegen die Römer. April–Sept. tgl. 8–17, Okt.–März tgl. 8–16 Uhr, Eintritt: 14–27 NIS, Anfahrt über Har Homa-Teko'a-Nokdim Road Nr. 356, Tel. 02/563 62 49 und 050/623 58 21.

Bethlehem liegt etwa eine halbe Autostunde von Jerusalem entfernt

und Geschäfte vielfältig und ansprechend. Will man jedoch das besondere Flair der Weihnachtstage erleben, ohne sich durch Pilgerströme hindurchdrängen zu müssen, empfiehlt sich ein Besuch zwischen Dezember und Januar, in der Zeit nach Weihnachten und vor dem orthodoxen Weihnachten Anfang Januar: Die Atmosphäre ist noch da, aber die Stadt ist wieder leerer.

Bethlehem – Bedeutung für Christen und Juden

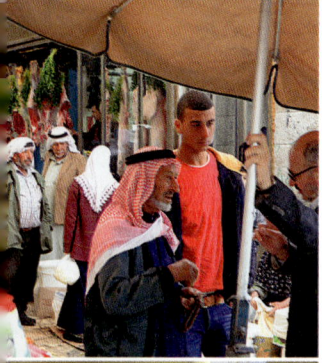

Hauptmagnet ist die Geburtsgrotte als Geburtsort von Jesus, für Christen aus aller Welt seit Jahrtausenden begehrte Pilgerstätte. Die Stätte wird schon seit dem 2. Jahrhundert verehrt. Seit dem Jahr 333 erhebt sich über der Grotte die Geburtskirche, die 2012 in die Liste des Weltkulturerbes der UNESCO aufgenommen wurde. Auch für Juden hat Bethlehem große Bedeutung. Denn auch König David soll hier geboren sein. Zudem liegt an Bethlehems Nordeingang das Grab von Rachel, einer der drei biblischen Urmütter und Ehefrau von Jakob. Seit Generationen beten Juden an diesem Ort, den ein kleiner Kuppelbau mit Olivenbaumsymbol umgibt. Denn nach jüdischer Tradition haben Rachels Tränen Wunderkräfte. Wer ihr Grab besucht, erhofft sich oftmals Trost, Heilung, Erfüllung von Wünschen und Zugang zu Gott.

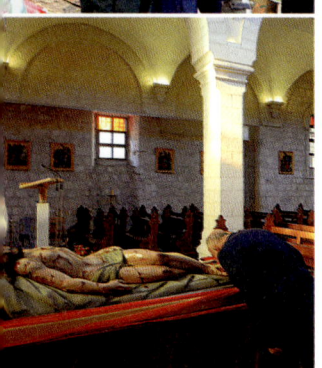

Oben: Bethlehem im Palästinensischen Autonomiegebiet
Mitte: Auf dem arabischen Suq in der Altstadt
Unten: Die Geburtskirche ist Bethlehems Hauptattraktion

Infos und Adressen

ESSEN UND TRINKEN

Abu Eli. Lamm, Reis und Salate, sehr lecker. Manger St., Bethlehem, Tel. 02/274 18 97

Afteem. Frühstück, Snacks, Falafel. Manger Square, Bethlehem, Tel. 02/274 79 40.

Hans Sternbach. Weingut und Ausflugslokal auf der anderen Seite des Ella-Tals in einer Pergola unter Feigenranken mit Blick aufs Ella-Tal Wein und feine israelische Hausmannskost genießen. 83 Givat Yeshayahu, Tel. 02/999 01 62, www.hsw.co.il

Mimi's Patisserie. Köstliche Kuchen und Desserts, alles hausgemacht. Meshek 70, Givat Yeshayahu, Tel. 054/783 37 50.

Naura In The Wadi. Restaurant mit der ganzen Vielfalt der arabischen Küche. 9 Ha'vadi St., Abu Ghosh, Tel. 02/534 11 75, www.naura.rest-e.co.il

Sultan Sweets. Die besten *Knafeh* (arabische Süßspeise aus Käse) außerhalb der Jerusalemer Altstadt. Rehov Hashalom, Abu Ghosh.

ÜBERNACHTEN

Dar Sitti Aziza. Gastfreundliches, charmantes Boutiquehotel in Familienbesitz seit osmanischer Zeit. Manger Square, Tel. 02/274 48 48, http://darsittiaziza.com

Kibbutz Ramat Rachel. Schönes Kibbuzhotel mit Pool etwas außerhalb Jerusalems Richtung Bethlehem. D.N Tzfon Yehuda, Anfahrt über Hebron Road, Tel. 02/670 25 55, www.ramatrachel.co.il

EINKAUFEN

Shai Seltzer Cheese & Goats Sataf. Har-Eitan-Farm, Judäische Berge, Tel. 054/440 37 62, www.goat-cheese.co.il

VERANSTALTUNGEN

Abu Ghosh Festival. Festival des Chorgesangs zweimal im Jahr, im Mai und Okt. Tel. 054/640 71 44, www.agfestival.co.il

AKTIVITÄTEN

Cramim Resort & Spa. 15 Min. von Jerusalem entfernt liegt dieser Spa-Komplex inmitten hügeliger Olivenhaine. Kiryat Anavim, Tel. 08/638 77 97, www.isrotel.com/kiryat_anavim

Domaine du Castel Winery. Koscheres Edelweingut, das sogar Bundeskanzlerin Angela Merkel für Staatsbesuche beliefert. Meshek 39, Ramat Raziel, Tel. 02/534 22 49, www.castel.co.il

Das gastfreundliche Hotel Dar Sitti Aziza ist seit Generationen im Familienbesitz

TEL AVIV UND JAFFA

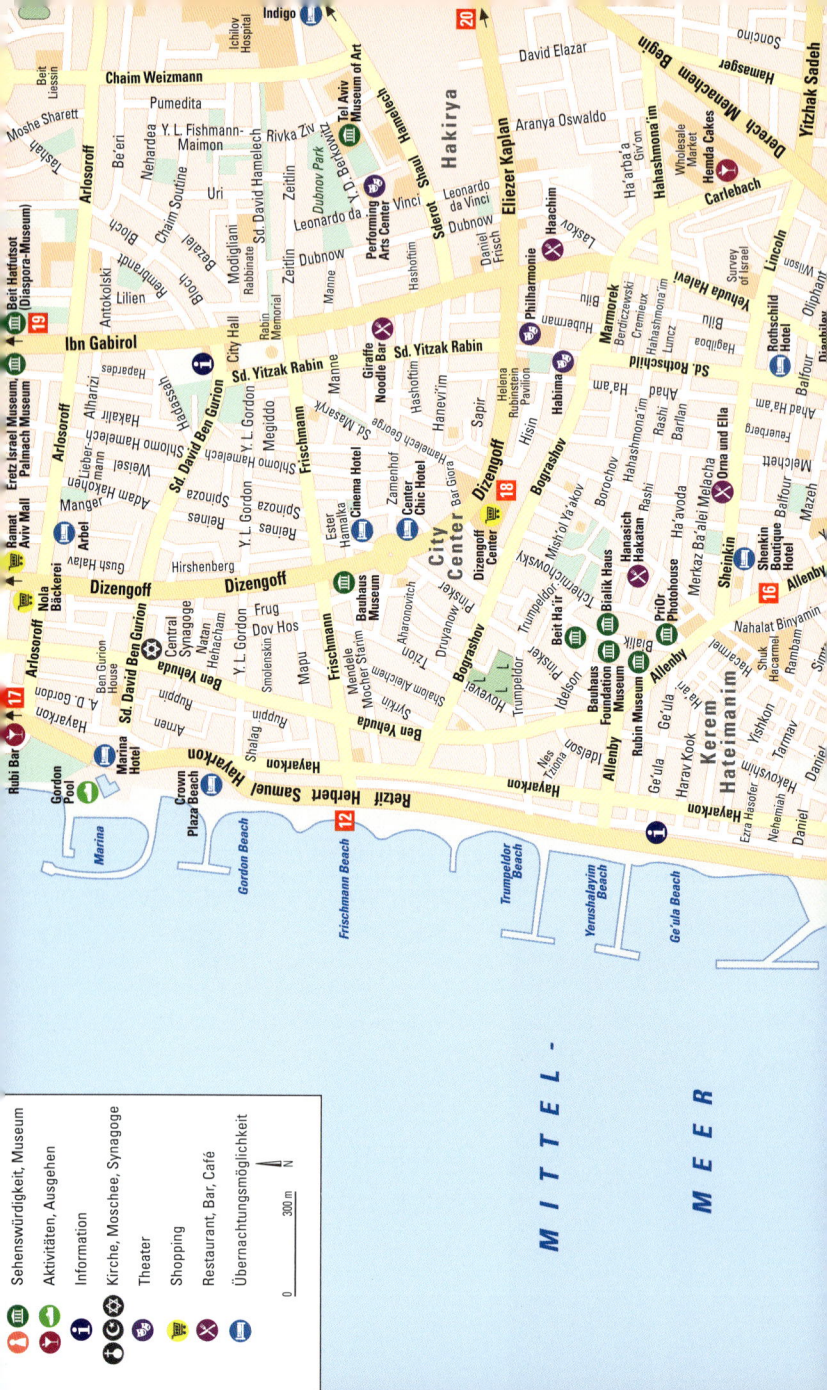

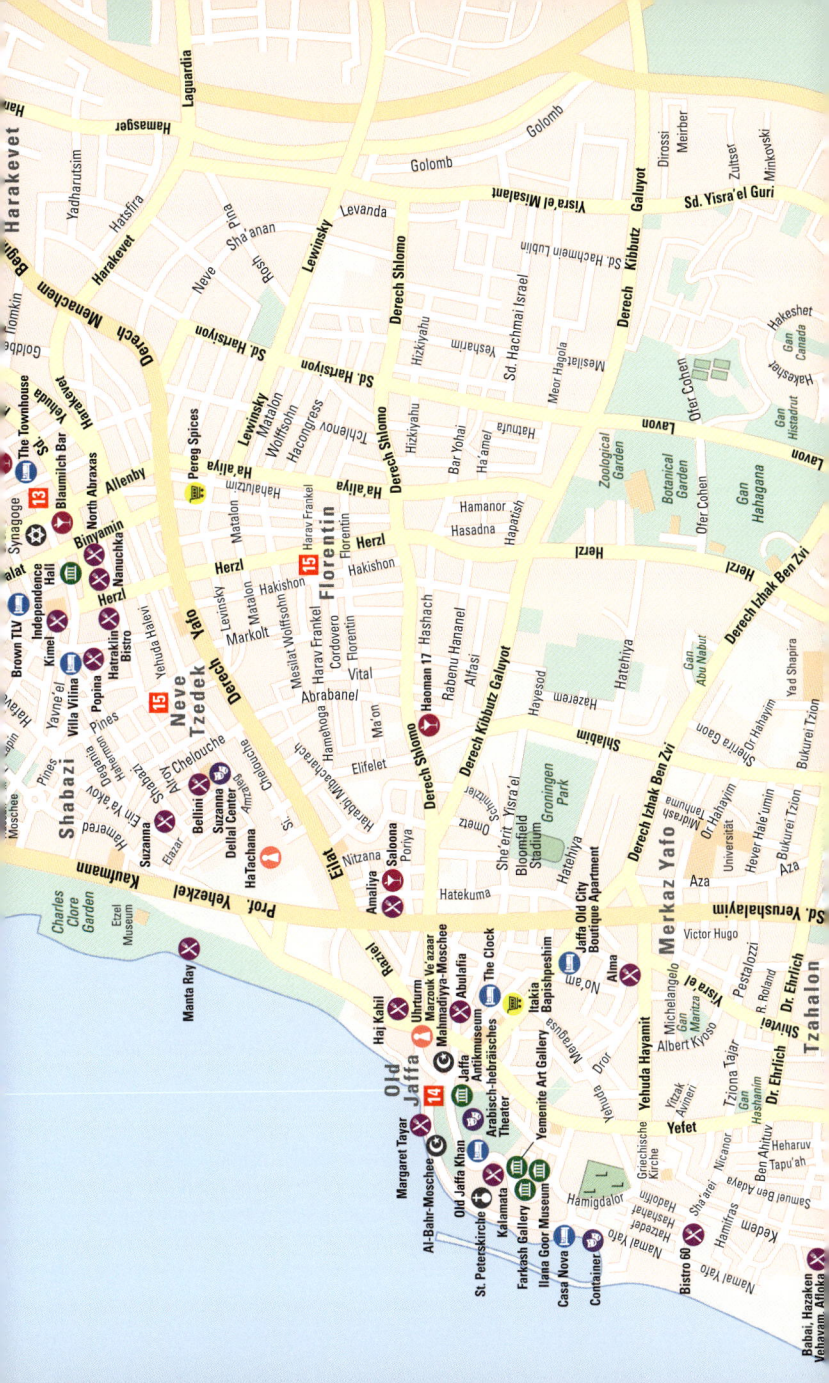

12 Strandpromenade Tayelet
Schönste Flaniermeile des Mittelmeers

Schon der Landeanflug ist spektakulär: Funkelnde Wolkenkratzer ragen zwischen flachen, weißen Häusern auf. Segelboote schaukeln im Meer. Strand – so weit das Auge reicht. Tel Aviv zeigt sich jung, dynamisch und urban. Ob weltoffene Großstadt, Kulturmetropole, Architekturlegende oder Gourmethauptstadt – die Liste der Superlative ist lang. Das Erstaunliche daran: Alle treffen zu.

»Stadt, die niemals schläft«, »Israels Miami Beach« oder »San Francisco des Nahen Ostens« – Beinamen wie diese schmeicheln den Tel Avivern zwar, doch sehen die meisten von ihnen solche Vergleiche eher gelassen. Wissen sie doch ohnehin, dass sie in der aufregendsten Stadt der Welt leben. Denn das typische Tel Aviver Lebensgefühl, das findet man nur hier. Neben der Warmherzigkeit und Lebensfreude ist es vor allem diese ganz besondere Mischung aus Europa und Orient, aus

GUT ZU WISSEN

AUTO STEHEN LASSEN
Parkplätze sind in Tel Aviv rar, heiß umkämpft und teuer. Den Mietwagen also am besten stehen lassen und eher für einen Ausflug nutzen. Tel Aviv lässt sich wunderbar zu Fuß erkunden, das Busnetz ist leicht zu erschließen. Am besten Fahrrad oder Segway mieten. Damit kommt man überall gut durch und lernt die Stadt zudem wie ein Einheimischer kennen.

Seite 88/89: Abendstimmung an der Strandpromenade von Tel Aviv **Mitte:** Ein Häusermeer in Weiß: Tel Aviv ist Israels dynamischste Stadt **Unten:** Surfen, segeln, sonnenbaden: An den 14 Strandabschnitten ist die Sportauswahl groß

Strandpromenade Tayelet

Dynamik und Entspannung, aus Weltoffenheit und Toleranz, aus Laissez-faire und Savoir-vivre, aus Kreativität und Unternehmergeist, die das Ambiente dieser Stadt so einzigartig macht.

Global City: Schmelztiegel, Start-ups und UNESCO

Tel Aviv ist eine junge Stadt. 35 Prozent der Einwohner sind zwischen 18 und 35 Jahren alt. Nirgends sonst in Israel gibt es so viele Start-ups. Gemessen an der Einwohnerzahl Tel Avivs von gut 500 000 sind 700 junge Unternehmen schon rekordverdächtig. Das befand auch die UNESCO und nahm Tel Aviv 2014 in die Liste der kreativen Städte in der Kategorie »Media Arts« auf – gut elf Jahre nach der Würdigung seiner weißen Bauhaus-Architektur als Weltkulturerbe (S. 117). Zudem leben in der Stadt mehr als 180 Nationen einträchtig zusammen – ein kultureller Schmelztiegel ohnegleichen, der seine Entsprechung unter anderem in der abwechslungsreichen israelischen Länderküche findet (S. 230).

Hügel des Frühlings

Der Gründergeist wurde den Tel Avivern quasi in die Wiege gelegt: Waren doch die Stadtväter 60 jüdische Familien, die 1909 aus dem arabischen Jaffa auszogen, um Theodor Herzls (1860–1904) Traum von einer modernen jüdischen Stadt zu verwirklichen. Auf einem Stück Land in den Sanddünen, das sie 1907 gemeinschaftlich kauften, bauten sie etwa 50 Häuser. Ihre geplante Gartenstadt nannten sie Tel Aviv, hebräisch für »Hügel des Frühlings« – als Reminiszenz an den gleichnamigen hebräischen Titel von Herzls visionärem Essay *Altneuland*. Die Gründerhäuser sind heute im inzwischen restaurierten Stadtteil Neve Tzedek zu bestaunen (S. 112).

Oben: Schwimmen, essen, radfahren: Die Strandpromenade Tayelet bietet viel Abwechslung
Mitte: Mobile Saftbars gibt es an jeder Straßenecke
Unten: Sehen und gesehen werden – in der jungen Stadt am Mittelmeer ist immer etwas los

EINHEIMISCHE TOURGUIDES

Einfach gut!

Ja, Tel Aviv ist eine Weltmetropole. Doch die authentischsten Plätze kennen immer noch die Einheimischen. Sich von einem solchen die Stadt zeigen zu lassen, hat seinen Reiz. Vor allem, weil man auf diese Weise sehenswerte Hotspots aus einer ganz anderen Perspektive kennenlernt. Spannender Nebeneffekt: Man trifft Leute, die bereitwillig von ihrem Alltag erzählen. Auf showmearound.com bieten Locals ihre Touren an, manche für einen Freundschaftspreis, einige kostenfrei. Wer welche Interessen hat, welche Sprachen spricht und welche Sehenswürdigkeiten zeigt, kann man in den jeweiligen Profilen sehen. Die einen sind spezialisiert auf Museen, die anderen auf Nachtleben und Restaurants, die nächsten mögen Katzen und Parks. Einfach anklicken (oder App herunterladen), sich mit dem gleichgesinnten privaten Showarounder verabreden und zusammen die Stadt entdecken.

Info. Buchung online oder per App. www.showaround.com/locals/israel/tel-aviv-yafo

Gründung von Stadt und Staat

1914 hatte Tel Aviv rund 3000 Einwohner. Sie wurden 1917 ebenso wie die jüdische Bevölkerung Jaffas von der neuen türkischen Zentralregierung vertrieben. Erst nach 1918, als die britische Armee das Land erobert hatte, durften sie zurückkehren. An die Gründerfamilien, darunter auch Tel Avivs ersten Bürgermeister Meir Dizengoff (1861–1936), erinnert heute vor allem die Independence Hall auf dem Rothschild Boulevard (S. 98). Hier erfährt man auch, dass Tel Aviv rasant wuchs, nachdem die britischen Mandatsverwalter dem Frühlingshügel 1921 kommunale Rechte verliehen hatten – ein historischer Moment. So ist es kein Zufall, dass David Ben Gurion genau hier am 14. Mai 1948 die Unabhängigkeitserklärung verlas und den Staat Israel ausrief. Der original belassene Saal in der Independence Hall versetzt Besucher in die Zeit von Stadt- wie Staatsgründung zurück.

Vom Frühlingshügel nach Tel Aviv–Jaffa

1925 wuchs die Zahl der Einwohner auf 34 000. Aus diesem Jahr stammt auch der erste Bebauungsplan Tel Avivs. Er stammt vom englischen Architekten Sir Patrick Geddes (1854–1932) und diente künftigen Stadtplanern später als Grundlage. Nur zehn Jahre später zählte die Stadt bereits 120 000 Einwohner. Die meisten von ihnen waren jüdische Einwanderer aus Europa, die vor Pogromen in Russland und Polen, später vor der Verfolgung durch die Nazis flüchteten.

Mit den Emigranten kamen viele Künstler, Architekten und Mittelständler nach Tel Aviv. Einer von ihnen war der Fotograf Rudi Weissenstein (1910–1992). Sein Privatarchiv in der Tchernichovsky

Street dokumentiert seit 1936 eindrucksvoll israelische Zeitgeschichte. Die Emigranten brachten Kunst und Kultur mit, gründeten Museen und Theater und bauten eklektische Stadthäuser mit viel Bauhaus-Stil. Heute fließen Tel Avivs Stadtgrenzen nahtlos in angrenzende Nachbarorte über. Die gesamte Metropolregion mit etwa 3,2 Millionen Menschen gilt als größter Ballungsraum Israels. 1950 wurde Tel Aviv mit der arabischen Stadt Jaffa vereint. Ihr offizieller Name ist seitdem Tel Aviv-Jaffa. Noch immer spürt man in der Altstadt von Jaffa den zeitlosen Puls des Orients, während Tel Aviv eher dem Ruf der Moderne folgt – als pulsierende, weltoffene Stadt, in der immer etwas los ist.

Strandpromenade Tayelet

Sinnbild dafür ist die Strandpromenade Tayelet. Sie erstreckt sich von Jaffa bis zum Hafenviertel Namal (S. 120) und gilt als eine der schönsten Flaniermeilen des Mittelmeers. Hier treffen alle Facetten der israelischen Gesellschaft aufeinander, die das spezielle Tel-Aviv-Flair mit ausmachen – orientalisch und westlich, cool und familiär, säkular und religiös, multikulturell und kosmopolitisch. Und das einträchtig, friedvoll und in Partylaune.

Oben: Palmen, Kunst und Bauhaus-Stil prägen die quirlige Metropole
Mitte: Abkühlung mit Meerblick: Der Gordonpool wird jeden Tag mit frischem Salzwasser gefüllt
Unten: Überall am Strand stehen kostenlose Fitnessgeräte bereit

Nicht verpassen

Die Tayelet ist 14 Kilometer lang. Die breite Promenade entlang der Strände wird von Cafés und Restaurants gesäumt. Zu jeder Tageszeit kann man hier spazieren gehen, Rad fahren, flanieren und tanzen. Jeden Freitagabend trommeln Musiker zu Chill-out-Beats das Wochenende herbei, während sich die Strandbars füllen – für viele Tel Aviver beginnt auf der Promenade die Vorfreude aufs Wochenende. Anders als in Jerusalem ist der Sabbat hier eher Aufforderung zum Tanz als zum Innehalten. Und lange Partynächte enden oft dort, wo sie begonnen haben – am Strand. Grundsätzlich gilt: Morgens kommen die Jogger und Spaziergänger, vormittags die Familien, nachmittags alle und abends die Nachtschwärmer. Ob am Drum Beach oder Frischman Strand, irgendjemand feiert immer.

Strand für alle

Doch Strand ist in Tel Aviv nicht gleich Strand. Alle 13 Strandabschnitte haben Namen. Sie sind benannt nach den Straßen, die zu ihnen führen oder Hotels, zu deren Füßen sie sich erstrecken. Frischman- und Sheraton-Strand sind besonders beliebt bei Familien. Am Banana Beach kann man beim Sonnenbaden gemütlich Drinks schlürfen. Am lagunenartigen Hilton-Strand kann man besonders gut surfen und schwimmen, denn zwei Molen brechen die Wellen. Wer ungestört von Wassersportlern baden will, kann den öffentlichen Gordon-Swimmingpool nutzen. Er liegt auf einem Holzdeck mit Blick aufs Meer und wird täglich mit frischem Salzwasser aufgefrischt. Überall entlang der Strandpromenade stehen zudem kostenlose Fitnessgeräte zur Verfügung. Badesaison ist von Mai bis Oktober. In den milden Wintermonaten hat man die meisten Strände bei immer noch angenehmen 20 °C fast für sich allein, denn vielen Israelis ist das Wasser dann zu kalt.

Der Strand ist am Wochenende ein beliebter Treffpunkt

Infos und Adressen

SEHENSWÜRDIGKEITEN

Independence Hall. Fotos, Nachlass und Originalmöbel von 1948 – hier wurde Geschichte geschrieben. So–Do 9–17, Fr 9–14 Uhr, Eintritt: 20 NIS, 16 Rothschild Blvd., Tel. 03/510 64 26, http://ihi.org.il

PriOr Photohouse. Israel in Bildern im Archiv von Fotograf Rudi Weissenstein. Museum und Laden in einem. Ein seltenes Juwel! So–Do 10–18, Fr 10–13 Uhr, 5 Tchernichovski St., Tel. 03/517 79 16, http://thephotohouse.co.il

ESSEN UND TRINKEN

Leonardo Art Tel Aviv. Herrliche Dachterrasse mit Bar und Pool. 9 Eliezer Peri St., Tel. 03/521 17 77, www.hotels-of-israel.com

Manta Ray. Gourmet-Seafood und orientalische Mittelmeerküche in entspanntem Ambiente mit Meeresblick. Auch Frühstück. Alma Beach, Tel. 03/517 47 73, www.mantaray.co.il

Salva Vida. Klein, gemütlich, ruhig und jüngster Neuzuwachs in Tel Avivs Restaurantszene. Gäste schwärmen von BBQ-Shrimps und *Ceviche* aus Thunfisch mit Avocado, Wasabi, Pistazien, Zitrone und Chili. 88 Ha-Yarkon, Tel. 03/778 89 96, www.salva-vida.com

ÜBERNACHTEN

Crown Plaza Beach. Schöne Zimmer direkt am Strand. Innenpool und Espressobar mit Meerblick, Bistro mit mediterraner Küche. 145 Ha-Yarkon, Tel. 03/520 11 11, www.crownplaza.com

AUSGEHEN

Nanuchka. Georgisch-veganes Restaurant und Lounge. Tgl. 12–3 Uhr, 30 Lilienblum St., Tel. 03/516 22 54, http://nanuchka.co.il

North Abraxas. Tagsüber hippes Restaurant, nachts Bar und Tanzclub. 40 Lilienblum St., Tel. 03/516 66 60.

Tel Aviver Zeitgeschichte aus 60 Jahren auf zwei Etagen im PriOr Photohouse

AKTIVITÄTEN

Gordon Pool. Öffentlicher Swimmingpool, auch Sauna und Fitnesskurse. 14 Eliezer Peri, hinter dem Hotel Carlton Tel Aviv, Mo–Do 6–21, Fr 6–19, Sa 7–18, So 13.30–21 Uhr, Tel. 03/762 33 00, www.gordon-pool.co.il

Mieträder. So–Do 10–19, Fr 10–17 Uhr, Sa nur nach Vorbestellung, pro Tag 75 NIS (ca. 15 Euro), 13 Ben Yehuda St., Tel. 03/525 21 34, www.polepositiontlv.com

Segway-Touren. Touren am Hafen, Strandpromenade und Hayarkon-Park. Pro Pers. ab 185 NIS, Tel. 03/977 30 60, Buchung auch online unter www.zu-zu.co.il

INFORMATION

Touristeninformation. Infos und Karten zu ausgeschilderten kostenlosen Thementouren – blau für Strand, grün für Parks, weiß für Geschichte und Architektur, extra: Jaffa. 46 Herbert Samuel, Ecke 2 Geula St., Tel. 03/516 61 88.

13 Rothschild Boulevard
Die Weiße Stadt

Nirgends sonst auf der Welt stehen so viele Häuser im Bauhaus-Stil wie in Tel Aviv. 4000 sind es insgesamt, gebaut von Architekten, die in den 1930er-Jahren ins damalige britische Mandatsgebiet Palästina emigrierten, viele von ihnen kamen aus Deutschland. Seit 2003 gehört die »Weiße Stadt« zum Weltkulturerbe der UNESCO. Seitdem feiert sie ihr architektonisches Kulturerbe jedes Jahr im Juni mit dem Festival »Weiße Nacht«.

Auf den ersten Blick wirkt Tel Avivs Architektur kunterbunt zusammengewürfelt – eine Stadt, die sich am Mittelmeerstrand entlangzieht und fast nahtlos in ein Knäuel aus Vororten und Nachbarstädten übergeht. Im Zentrum bestimmen moderne Wolkenkratzer das Bild, die Küste säumen mehrstöckige Hotels. Von Jaffa aus sieht diese moderne Skyline überwältigend aus.

Häusermeer in Weiß

Doch die ewige Jugend Tel Avivs begann vor immerhin 100 Jahren – eine Zeit voller historischer Ereignisse und Geschichten. Wandert der Blick gen Osten, entdeckt man das alte Tel Aviv und darin neben vielen Juwelen seine Geschichte: ein Häusermeer in Weiß mit flachen Dächern. Es ist die Weiße Stadt, zwischen 1931 und 1956 erbaut, jahrzehntelang vernachlässigt, schließlich in den 1990er-Jahren wiederentdeckt und restauriert – und verewigt in einem beliebten israelischen Song: »Aus dem Rhythmus einer Welle und einer Wolke baute ich mir eine weiße Stadt, schaumig, wogend, schön.«

Mitte: Bauhaus und Wolkenkratzer: Tel Avivs Architektur ist kontrastreich
Unten: Sehenswert: Das Bauhaus Museum in der Bialik Street liegt mitten in der Weißen Stadt

Rundgang: die schönsten Gebäude der Weißen Stadt

Der elegante Rothschild Boulevard mit seinen Cafés, Restaurants, Fahrradwegen schattigen Akazienbäumen und Bougainvilleen ist eine der Hauptpromenaden in Tel Aviv. Sie führt vom trendigen Neve Tzedek im Süden bis zum Habima Theater im mondäneren Norden. Wegen seiner Architektur, Museen, Galerien und historischen Kioske und Pavillons im Bauhaus-Stil gilt die Allee mit ihren Seitenstraßen von Mazeh bis Montefiore auch als Kunstdistrikt.

Ⓐ Tel Avivs erster Kiosk – Auf dem 1909 gebauten Rothschild Boulevard haben Kioske eine lange Tradition. Seit 1910 boten die kleinen Pavillons auf dem grünen Mittelstreifen Erfrischungsgetränke und Snacks an. Der Original-Kiosk im neuen Anstrich verkauft heute Espresso und Cappuccino. Rothschild Boulevard, Ecke Herzl Street.

Ⓑ Levin House – Im Jahr 1924 erbaute Yehuda Magidovich (1886–1961) das Haus für den litauisch-amerikanischen Philanthropen Zvi Levin (1856–1934) und seine Familie als luxuriöse urbane Oase: stufenartige Terrassen, üppiges Grün und ein Fischteich kombiniert mit italienischem Neoklassizismus. 46 Rothschild Blvd.

Ⓒ Kruskal House – Der Bauhaus-Boom war schon in vollem Gange, als der Frankfurter Architekt Richard Kauffmann das Wohnhaus 1931 entwarf. 90 Rothschild Blvd.

Ⓓ Pagoda House – Erbaut 1925 am King Albert Square, war es das erste Tel Aviver Wohnhaus mit einem Aufzug. Die drei Etagen bestehen aus verschiedenen architektonischen Elementen und Epochen – chinesische Pagode, orientalische Rundbögen und griechische Säulen. Nachmani St., Ecke Montefiore St.

Ⓔ Chelouche Art Gallery – Eines der schönsten Gebäude in der Mazeh Street nahe dem Rothschild Boulevard für zeitgenössische israelische Kunst. 7 Mazeh St., Mo–Do 11–19, Fr 10–14, Sa 11–14 Uhr.

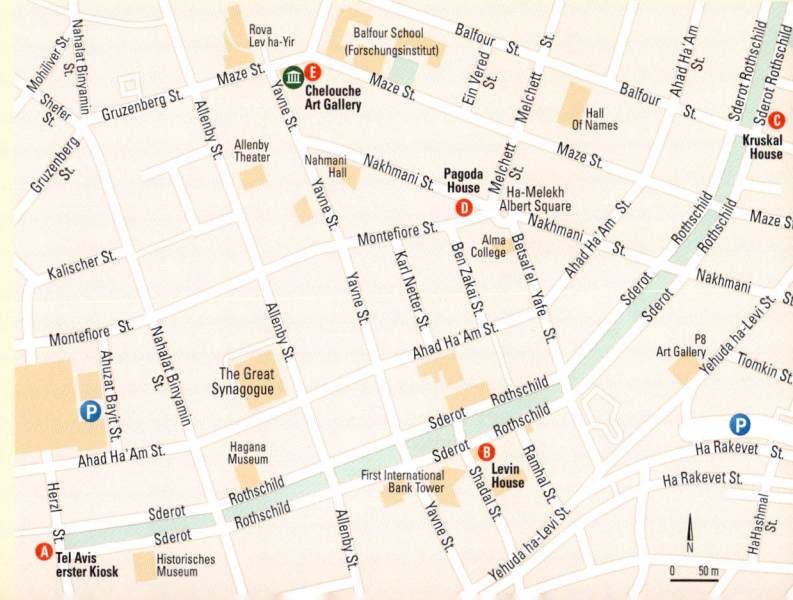

Nicht verpassen

Dabei war Winston Churchill (1874–1965), damals britischer Mandatsverwalter der Region, noch skeptisch. »Das wird hier nichts«, soll er gesagt haben. Ausgerechnet hier! Auf dem Sand, von dem man nicht wusste, wo die Wüste aufhört und die Düne anfängt. Doch die anfänglichen Zweifel wichen rasch der Realität. Denn mit Ankunft der fünften Alija (Einwanderungswelle) zwischen 1929 und 1939 begann sich der nüchterne Bauhaus-Stil durchzusetzen, der 1919 in Weimar von Walter Gropius (1883–1969) entwickelt worden war und die Weiße Stadt von nun an prägen sollte.

Festival White Night im Juni

Tel Aviv huldigt seinem architektonischen Weltkulturerbe jedes Jahr am 30. Juni mit dem Festival der Weißen Nacht: mit Straßenfesten, Open-Air-Konzerten, Rundtouren, Strandpartys und freiem Eintritt in Museen und Ausstellungen. Galerien, Läden und Boutiquen öffnen bis in die frühen Morgenstunden, in allen Straßen des Viertels bis zum nahe gelegenen Strand herrscht Partystimmung – die ganze Stadt ist auf den Beinen. Das Festival ist eines der vielen willkommenen Anlässe, das Leben zu feiern.

Lebensfreude im Hier und Jetzt prägen das Lebensgefühl in Tel Aviv – nicht nur beim Festival der Weißen Nacht. Dabei ist der Puls der Stadt mal entspannt und sinnlich, mal aufregend und schnell. Das intensive Lebensgefühl der Tel Aviver steckt an. Das Geheimnis dieser überschäumenden Lebensfreude? Jeder Tag könnte der letzte sein: Denn bei aller Partylaune sind sich die Tel Aviver bewusst, dass ihre Stadt nicht nur dem Rhythmus einer Welle und einer Wolke entsprang, sondern den Schicksalen und Geschichten ihrer Menschen.

Infos und Adressen

SEHENSWÜRDIGKEITEN

Bauhaus Museum. Kleines sehenswertes Museum zur Bauhaus-Architektur. 21 Bialik St., Tel. 03/620 46 64.

ESSEN UND TRINKEN

Giraffe Noodle Bar. Preisgekrönte Restaurant-kette mit moderner asiatischer Küche. 49 Ibn Gvirol St., Tel. 03/691 62 94, www.giraffe.co.il

Hatraklin Bistro. Familiäres Restaurant mit Soulfood. 4 Heichal Hatalmud, Tel. 054/455 27 48, www.hatraklin.co.il

Hemda Cakes. Familiengeführte Bäckerei und Café mit köstlichen Kuchen, Torten und Gebäck. Unbedingt die *Tahina*-Kekse probieren. 13 Carlibach St., Tel. 03/561 50 05.

Popina. Speisekarte gliedert sich nach Garme-thoden. Highlights: Thunfisch-Carpaccio mit Wasabi und Champagner-marinierter Wild-spargel. So–Fr 18–1, Sa 12–15 und 18–1 Uhr, 3 Echad Ha'am St., Tel. 03/575 74 77, www.popina.co.il

Beliebtes Fotomotiv: die Skulpturen auf dem Balkon des Rothschild Hotels

ÜBERNACHTEN

Diaghilev Hotel. Kunstambitioniertes Boutiquehotel in Toplage. 56 Mazeh St., Tel. 03/545 31 31, www.diaghilev-tel-aviv.com

Rothschild Hotel. Elegantes Bauhaus-Prunk-stück mit Skulpturen auf dem Balkon. 96 Roth-schild Blvd., Tel. 03/957 88 88, www.the-rothschild-hotel.com

The Townhouse. Etwas abseits gelegen und dennoch mittendrin im Herzen der Weißen Stadt – ein schickes Hotel, das von außen wie ein Wohnhaus aussieht. 32 Yavne St., Tel. 03/944 43 00, www.townhousetelaviv.com

AUSGEHEN

Blaumilch Bar. Drinnen Tanzclub mit Livemusik, draußen lauschige Terrasse mit Wein und Cocktails. 32 Rothschild Blvd., Tel. 03/560 88 52.

Social Club. Bistro, Bar und Promi-Treff. Abends immer voll. Besser reservieren. 54 Ahad Ha'am St., http://socialclub.co.il

In der Giraffe Noodle Bar speist man asiatisch und mediterran

BAUHAUS-ARCHITEKTUR

und eklektischer Stil

Die größte Ansammlung von Bauhaus-Gebäuden befindet sich in Tel Aviv

Durchstreift man Tel Aviv zwischen Allenby Straße im Süden und Yarkon-Fluss im Norden sowie zwischen Derekh Begin im Osten und Mittel-meerufer im Westen, entdeckt man rund 4000 Häuser im sogenannten eklektischen Stil: nüchterne, moderne Bauhaus-Architektur neben Jugendstilelementen und verträumten orientalischen Ornamenten, aus-schweifenden Treppen, bauchigen Erkern, gusseisernen Balkonen und zierlichen Türmen. Manche sind Wohnhäuser, andere Restaurants, Hotels, Banken, Rechtsanwaltskanzleien und Museen.

Die meisten der etwa 4000 Häuser im Bauhaus-Stil entstanden zwischen 1931 und 1956. Sie sind überall im Stadtzentrum verstreut, die schönsten stehen rund um den Rothschild Boulevard und den Dizengoff-Platz.

Die avantgardistische Zusammenführung von Kunst und Handwerk als Gegenentwurf zur Ästhetik des Historismus ist typisch für den Bauhaus-Stil und passte seinerzeit hervorragend zu den Wohnbedürfnissen der wachsenden Stadt: Schnörkellos, ästhetisch und platzsparend, dem Klima angepasst und funktional sollte die Bauweise sein. Hinter den schlichten Fassaden der neuen Mehrfamilienhäuser mit ihren abgerundeten Ecken, tief heruntergezogenen Balkons und flachen Sonnendächern verbargen sich kleine und einfache Wohnungen.

Apartments mit kühler Brise

Die Architekten, die Tel Aviv erbauten, darunter Richard Kauffmann, Zeev Rechter, Arieh Sharon und Erich Mendelsohn, hatten allesamt an berühmten Architekturschulen Europas studiert und gehörten zu den bedeutendsten Architekten des 20. Jahrhunderts. Von den Nazis vertrieben, widmeten sie sich im damaligen britischen Mandatsgebiet Palästina neuen Projekten.

Mendelsohn etwa plante ab 1934 für Chaim Weizmann, den späteren ersten Staatspräsidenten Israels, den er noch aus Deutschland kannte. 1935 eröffnete er ein Büro in Jerusalem. Richard Kauffmann adaptierte die Prinzipien des Bauhauses für die nahöstliche Mittelmeerlandschaft. Neben der Weißen Stadt gilt er auch als Planer des Dorfes Nahalal im Jesreel-Tal (S. 186).

Aufgrund der damals fehlenden Isolierungsmöglichkeiten machten sich die Bauhaus-geschulten Architekten Sonne und Wind zunutze – das ideale Tel Aviver Apartment sollte im Sommer kühl und im Winter warm sein. Noch heute liegen daher viele Wohnzimmer in Richtung Westen, wo morgens eine kühle Brise weht, und Schlafzimmer gen Osten.

Denkmalschutz

In den 1990er-Jahren stellte die Stadtverwaltung rund 1000 Häuser unter Denkmalschutz. 2003 folgte die Aufnahme der Weißen Stadt in die Liste des UNESCO-Weltkulturerbes. Die Mietpreise vieler historischer Gebäude im Zentrum schnellten seitdem in astronomische Höhe. Viele Mieter konnten sich den Luxus schlicht nicht mehr leisten. Doch die UNESCO-Ehrung schuf auch ein neues Bewusstsein für Denkmalschutz und Bewahrung kultureller Traditionen.

14 Altstadt von Jaffa
Märchen aus Tausendundeiner Nacht

Auch wenn die Moderne hier und da unverkennbar herüberschwappt – in Jaffa scheint die Zeit stillzustehen. Bis heute ist die Jaffa-Orange, für die schon Stars wie Louis Armstrong und Ingrid Bergman warben, nicht nur Teil des israelischen Gründungsmythos, sondern vor allem Symbol für Tel Avivs orientalisches Herz, seine Kunstgalerien und den alten Hafen.

Einst pulsierender Mittelmeerhafen, von dem aus Händler die berühmten Orangen der umliegenden Zitrushaine nach Europa verschifften, erlebt Jaffa heute eine Renaissance aus Kunst, Kultur und Lifestyle. Ihren orientalischen Charme hat sich die 5000 Jahre alte Stadt dennoch bewahrt.

Noch vor zehn Jahren war der Hafen ein heruntergekommener Ankerplatz für Fischer, Segler, Künstler und Obdachlose. Doch eine umfassende Renovierung seiner baufälligen Lagerhallen verlieh der alten Anlegestelle neuen Glanz. Auch hier

Mitte: Jaffa ist Tel Avivs orientalisches Herz – eine arabisch geprägte Stadt mit viel Flair
Unten: Jaffa Old Port: früher Handelshafen, heute Hotspot mit Galerien und Restaurants

GUT ZU WISSEN

TAXIFAHREN
Taxifahren ist günstig – angesichts der teuren Preise in Supermärkten, Restaurants und Einkaufszentren ein unerwarteter Luxus, zumal viele Taxifahrer Experten in nahezu allem sind. Politik, Kultur, Wirtschaft, irgendeine Geschichte oder Analyse gibt's gratis dazu. Bevor man ins Taxi steigt, sollte man den Fahrer freundlich darauf hinweisen, den Zähler einzuschalten. Sonst kann es passieren, dass die preiswerte Tour zum teuren Vergnügen wird.

Rund um die St. Peterskirche gibt es viele Souvenirläden

findet man ein Miteinander von Altem und Neuen, von Tradition und Moderne. Zwischen Galerien, Coffee Shops, Buchläden und Boutiquen liegen noch immer Fischernetze verstreut. Auf den Stegen zählen Fischer ihren morgendlichen Fang, während bereits die ersten Kajakfahrer in See stechen und nebenan die letzten Partygäste aus Nachtclubs und Bars strömen.

Älteste Stadt am Mittelmeer

Nicht ohne Grund gilt Jaffa als die älteste Stadt am Mittelmeer. Nach griechischer Überlieferung soll hier einst Andromeda vom Meeresgott Poseidon gefangen gehalten und an einen Felsen gekettet worden sein. Bevor Poseidon sie opfern konnte, eilte Perseus auf den geflügelten Sandalen des Hermes herbei und rettete sie. Man kann den Andromeda-Fels sowohl auf Ausflugsdampfern vom Wasser aus als auch an Land vom Kai aus gut erkennen. Am Hafen von Jaffa begann zudem die Flucht des Propheten Jona, bevor ihn der Wal verschluckte.

In diesem Hafen wurden auch die Zedern des Libanon verladen, die König Salomon zum Bau des Tempels in Jerusalem verwendete. Die alten

Geheimtipp

KÜCHENCHEF MIT DOKTORTITEL

Wenn ein Küchenchef ehrenhalber einen Doktortitel verdient, dann Dr. Shakshuka, der gemütliche Mann mit Halbglatze. Denn in seinen gusseisernen Spezialpfannen, die überall im Lokal die Wände und Decken zieren und das Gefühl erzeugen, man säße mitten in Dr. Shakshukas Wohnzimmer, brutzelt, rührt, würzt und mixt der Küchenchef Shakshuka in allen erdenklichen Variationen. Das landestypische israelische Nationalgericht, ursprünglich eine Art Frühstücks-Ragout aus Libyen, besteht prinzipiell aus pochierten Eiern in einer Sauce aus Tomaten, Zwiebeln und Chili. Dr. Shakshuka variiert gern mal mit verschiedenen Zutaten. Dazu gibt es ungefragt reichlich Nachschub an Pitabrot, denn wer will schon die köstlichen Reste in der Pfanne lassen?

Dr. Shakshuka. 3 Beit Eshel, Jaffa, Tel. 03/682 28 42, www.doctorshakshuka.co.il

BESTER HUMMUS IN ISRAEL

Das kleine Lokal hieß früher Ali Karavan, heute Abu Hasan. Ob so oder so – Ali Karavan/Abu Hasan ist einer der besten Hummus-Treffpunkte in ganz Israel. Am besten vormittags hierherkommen, denn der Laden schließt schon gegen 14 Uhr, was den Andrang eher verstärkt. Deshalb sollte man sich besser auf lange Warteschlangen einstellen und nicht damit rechnen, einen Platz an einem der Tische zu ergattern. Reservieren zwecklos, hierher kommt man einfach so. Wer endlich dran ist, greift einen der begehrten Teller, zahlt und vergisst auf dem Weg nach draußen garantiert die Warterei, die Enge und den fehlenden Service. Denn Abu Hasans Hummus schmeckt himmlisch. Abu Hasan serviert nichts außer Hummus in verschiedenen Varianten. Besonders lecker: *Messabaha* – gekochte und leicht zerdrückte Kichererbsen in warmer *Tahini*-Sauce. Würzig und cremig!

Nicht verpassen

Kaianlagen haben schon viele Eroberer erlebt: Juden, Griechen, Römer, Sarazenen, Kreuzfahrer, Mamelucken, Ägypter und Türken. Ende des 19. Jahrhunderts war Jaffa mit 8000 arabischen und 2000 jüdischen Einwohnern die größte Stadt an der nahöstlichen Mittelmeerküste und außerdem der bedeutendste Seehafen und Handelsplatz der Region. Im 19. Jahrhundert stieg die Zahl der jüdischen Einwohner sprunghaft an. Grund dafür war die Einwanderung von Juden aus dem Jemen, aus Nordafrika und aus Osteuropa.

Uhrturm unter Palmen

Schon von Weitem ragt der Clock Tower in den blauen Mittelmeerhimmel hinein – einst Symbol osmanischer Herrschaft, heute Jaffas Wahrzeichen und beliebter Treffpunkt für geführte Touren. Der Uhrturm an der Yeffet Street ist einer von insgesamt sieben seiner Art in ganz Israel. Die anderen stehen unter anderem in Safed, Nazareth, Akko und Haifa. Der türkische Sultan Abdul Hamid II. erbaute sie allesamt um 1900 zum Jahrestag seines Sieges. Der Clock Tower ist insgesamt drei Stockwerke hoch und verfügt über vier Uhren, eine an jeder Seite. Der Sultan wollte damit die Reformen betonen, die er eingeläutet hatte: Von nun an sollten sich die Städte seines Imperiums nach genauem westlichem Zeitplan richten.

Eine andere Geschichte erzählt, Josef Moial habe den Anstoß zum Turmbau gegeben. Der jüdische Ladenbesitzer sei es leid gewesen, dass Fußgänger auf dem Weg zur Bahnstation immer in seinem Laden nach der Zeit gefragt hätten. 1965 wurde der Uhrturm von Grund auf überholt und um farbenfrohe Mosaikfenster ergänzt, die die Geschichte Jaffas zeigen. Mittwochs um 9.30 Uhr starten hier kostenlose Touren durch Jaffa.

Rundgang: Spaziergang durch Jaffa

Der schönste Weg nach Jaffa führt am Strand entlang. Zu Fuß dauert der Spaziergang entlang der Strandpromenade Richtung Süden gut 40 Minuten. Aber auch mit dem Taxi und per Bus ist die Altstadt gut zu erreichen. Von hier aus empfiehlt sich ein Rundgang zum Hafen.

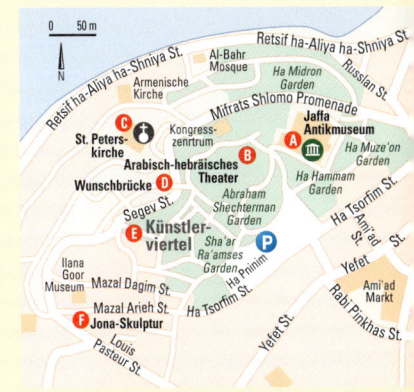

Ⓐ Jaffa Antikmuseum – Neben seiner archäologischen Sammlung zeugt die Geschichte des Hauses selbst von Jaffas jahrtausendealter multikultureller Vergangenheit. Speere aus der Bronzezeit, ägyptische Torbogenreste, antike Inschriften und türkische Öllampen sind Überbleibsel aus dieser reichen Geschichte. Mo–Mi 16–20, Do 16–21, Fr, Sa 10–16 Uhr, 10 Mifrats Shlomo, Tel. 03/682 53 75.

Ⓑ Arabisch-hebräisches Theater – Koexistenz kann so einfach sein. Nicht nur auf der Bühne, auch im Alltag. Davon erzählen jüdische und arabische Schauspieler, die Stücke arabischer und israelischer Autoren auf die Bühne bringen, meist zu sozialen und gesellschaftspolitischen

Mit dem Uhrturm in Jaffa wollte der türkische Sultan 1900 ein neues Reform-Zeitalter einläuten

Themen. 10 Mifrats Shlomo, Tel. 03/518 55 63, www.arab-hebrew-theatre.org.il

Ⓒ St. Peterskirche – Franziskanerkirche von 1888 am Kedumim-Platz, wo laut Überlieferung der Apostel Petrus bei Simon dem Gerber übernachtet haben soll. Mo–Sa 8–12 und 15–17, So 15–17 Uhr.

Ⓓ Wunschbrücke – Links neben der St. Peterskirche, auf einer Holzbrücke zwischen Kedumim-Platz und Pisga-Park, umrunden Bronzereliefs aller Sternzeichen das Holzgeländer. Romantisch: Nach einer alten Legende sollen hier Wünsche in Erfüllung gehen, wenn man sein eigenes Sternzeichen berührt und dabei aufs Meer schaut.

Ⓔ Künstlerviertel – Übergang zum Künstlerviertel mit seinen schmalen Gassen, Galerien, üppigen Blumenranken auf den Balkonen.

Ⓕ Jona-Skulptur – Laut Bibel soll der Prophet Jona von Jaffa aus nach Tarschich aufgebrochen sein, um Gottes Auftrag zu entgehen. Dabei wurde er von einem Wal verschluckt. Die Künstlerin Ilana Goor, deren offene Galerie ein paar Schritte weiter liegt, erinnert mit dieser Skulptur an die Geschichte. Louis Pasteur St.

DAS ETWAS ANDERE KULTUR-ZENTRUM

Lagaat heißt übersetzt »berühren« und *Na* »bitte«. »Bitte berühren« – genau darum geht es in diesem ungewöhnlichen Kulturzentrum in Jaffa mit Theater, Workshops und Restaurant. Die Darsteller von Nalagaat sind blind oder gehörlos. Ihre Vorstellungen sind daher umso berührender und sinnlicher – zielen sie doch auf alle Sinne und stellen gewohnte Sichtweisen infrage. Im Blackout Restaurant isst man in völliger Dunkelheit – eine ergreifende Erfahrung, so wie die Theatervorstellungen und Workshops selbst. Das Projekt will Menschen durch Kunst und Emotionen miteinander verbinden – ungeachtet ihrer Kultur, Religion oder sozialen Herkunft. Es versteht sich zudem als Brücke zwischen Menschen mit und ohne Behinderungen.

Nalagaat Center. Retsif Haaliya Hashniya, Tel. 03/633 08 08, www.nalagaat.org.il.

Geheimtipp

Moschee und St. Peterskirche

Bevor man in den restaurierten Teil der Altstadt gelangt, fällt die kleine Mahmadiyya-Moschee ins Auge. Sie wurde 1812 auf dem Fundament einer früheren Moschee erbaut – mit umgedrehten Marmorsäulen, einem sechseckigen Minarett, reich verzierten Torbögen und Innenhöfen. Dahinter beginnt die herausgeputzte Altstadt.

Die heutige St.-Nicholas-Kirche an der Hafenpromenade Netiv HaMazalot ist eines der ersten Gebäude, das ins Auge fällt. So ging es auch vielen Einwanderern vor 100 Jahren. Bei ihrer Ankunft am Hafen diente ihnen das damalige Armenian Hostel als erste Anlaufstation. Wo die dazugehörige Kirche 1663 erweitert wurde, soll laut armenischer Überlieferung das Haus von Simon dem Gerber gestanden haben – jenes Haus, in dem Petrus übernachtete und Visionen erlebte.

Direkt gegenüber wurde Petrus zu Ehren die barocke St. Peterskirche errichtet, eine der Hauptattraktionen Jaffas. Im Franziskanerkloster auf dem Hügel ist die Botschaft des Vatikans untergebracht. Weiträumige Plätze, breite Promenaden, restaurierte Steinhäuser, schattige Parks – an dieser Stelle wirkt Jaffa wie blank poliert. Wenige Schritte dahinter mündet es in ein verwinkeltes Labyrinth.

Jaffa-Museum

Das Jaffa-Museum mit seinen archäologischen Funden hat selbst eine kontrastreiche Geschichte. Im 18. Jahrhundert war es das Hauptquartier eines ottomanischen Gouverneurs. Das sogenannte Sraya-Haus steht gegenüber der Al-Bahr-Moschee und beherbergt nicht nur Jaffas erstes jüdisches Haus aus dem ersten Jahrhundert, sondern auch

Von außen eher unscheinbar, innen prächtig: Mahmadiyya-Moschee

eine türkische Villa mit türkischem Bad, Nachtclub und dem Restaurant El-Hamam.

Auf dem Hügel dahinter erhebt sich ein Gewirr schmaler Gassen voller Ateliers, Galerien und Läden. Etwas versteckt, tragen mehrere Stahlseile den »Hängenden Orangenbaum« von Ran Morin. Mit seiner Skulptur erinnert der Künstler an die letzte Jaffa-Orange, die von hier aus im 19. Jahrhundert nach Europa verschifft wurde. Zugleich steht die schwebende Installation sowohl für Entwurzelung als auch für Neubeginn.

Flohmarkt

Doch was wäre ein Spaziergang durch Jaffa ohne einen Abstecher zum Shuk Hapishpeshim, dem Flohmarkt. Teilweise unter freiem Himmel, größtenteils jedoch überdacht, ist er eine wahre Fundgrube für Antiquitäten, Kuriositäten, Kleidung, Möbel, Kitsch und echte kulinarische Entdeckungen. Perserteppiche liegen ausgebreitet neben Messinglampen, Secondhandkleidung baumelt neben preiswerten orientalischen Gewändern. Folgt man den Straßen um den Flohmarkt weiter, taucht man ein in eine andere Welt. In den engen Gassen scheint die Zeit stehen geblieben zu sein. Auf den Stühlen vor den Cafés sitzen alte Männer, trinken arabischen Mokka und rauchen Wasserpfeife. Am Hafen vertäuen Fischer ihre Boote und bringen ihren frischen Fang in die umliegenden Restaurants.

Oben: Mittendrin flanieren Israelis in Flipflops und Sonnenbrillen auf der Suche nach Schnäppchen
Mitte: Vor der St. Peterskirche zeigt sich Jaffa weiträumig und luftig
Unten: Der Orangenbaum steht an der Ecke Mazal Arieh und Mazal Shor Street

Infos und Adressen

Erste Flohmarktstände stehen schon am
Clock Tower

SEHENSWÜRDIGKEITEN

Al-Bahr-Moschee. Älteste Moschee an Jaffas
Hafen aus dem 16. Jh. 5 Retsif Haaliya Ha-
Shniya St.

Farkash Gallery. Originelle neue und alte
Plakate, aus aller Welt und Israel, auch Unikate
aus der britischen Mandatszeit. 5 Mazal Dagim
St., Tel. 03/683 47 41

Hayek Art Centre. Ambitionierte moderne
Kunst im Industriegebäude. 4 Louis Pasteur
St., Tel. 03/681 64 46, www.hayekart.com

Ilana Goor Museum. Man müsse Kunst
anfassen und spüren, um sie zu verstehen –
getreu dieser Philosophie öffnet Ilana Goor
ihr 280 Jahre altes Haus für Besucher. Eigene
Werke und andere Künstler. So–Fr 10–16,
Sa 10–18 Uhr, 4 Mazal Dagim St.,
Tel. 03/683 76 76, www.ilanagoormuseum.org

Mahmadiyya-Moschee. Größte und wichtigste
Moschee in Jaffa aus dem 18. Jh. Yeffet/Ecke
Segev St.

Uhrturm. Drei Etagen und vier Uhren als Aus-
druck moderner Reformen im Osmanischen
Reich. Clock Square, Yeffet St.

Yemenite Art Gallery. Handverarbeitete jemenitische Silberschmuck-Traditionen. 3 Mazal
Dagim St., Tel. 03/681 25 03,
www.yemenite-art.com

ESSEN UND TRINKEN

Abulafia. Arabische Traditionsbäckerei, zu der
Israelis auch nach durchtanzten Partynächten
pilgern, um Pita, *Labaneh* (cremiger Frischkäse) und *Za'atar* (orientalische Gewürzmi-
schung mit gerösteten Sesamsamen) zu ver-
tilgen. Tgl. durchgehend geöffnet, 7 Yeffet St.

Afloka. Seafood und Salatvariationen im
tiefsten Herzen von Jaffa. So–Fr ab 12, Sa
ab 11 Uhr, 69 Kedem St., Tel. 073/756 95 38,
www.afloka.co.il

Alma. Café mit leckeren Kuchen, Kardamom-
kuchen und Kaffeespezialitäten. So–Do 7–19,
Fr 7–17 Uhr, 19 Yehuda Hayamit St.,
Tel. 074/703 74 74, www.pieceofcake.co.il

Babai. Elegantes Fischrestaurant in Südjaffa
direkt am Meer, in dem sämtliche Haupt-
gerichte mit vielen Salatschälchen serviert
werden. Tgl. 12–23 Uhr, 123 Kedem St.,
Tel. 03/659 39 99, www.rol.co.il/sites/babai

Bistro 60. Fisch, Fleisch und Seafood in trendi-
gem Bistro. Tgl. 8–24 Uhr, 25 Shaarei Nikanor,
Ecke Kedem St., Tel. 03/681 27 65,
www.bistro60.net

El-Hamam. In-Restaurant und Nachtclub in
ehemaliger türkischer Villa. 10 Mifrats Shlomo
St., Tel. 03/681 32 61.

Haj Kahil. Lokal mit authentischem arabischem
Essen. Am besten mit einem *mezze*-Vorspeisen-
teller starten, dann Spezialitäten wie Lamm auf
grünem Weizenbett oder *Halabi Kebab* bestellen. 18 Raziel St., Tel. 057/942 83 47.

**Hazaken Vehayam (»The Old Man and the
Sea«).** Lokal auf kleinem Felsen mit Meeresblick und Fisch, Shrimps und Calamari zu
günstigen Preisen. Tgl. 11–1 Uhr, 85 Kedem, Tel. 03/681 86 99 und 053/809 43 90,
www.2eat.co.il/eng/hazaken

Italkia Bapishpeshim (»Italiener auf dem Flohmarkt«). Trendiger Italiener mit sehr gutem Preis-Leistungs-Verhältnis. Alles frisch. Unbedingt Auberginen-Gnocchi und Süßkartoffel-Pizza probieren! Tgl. 12–1 Uhr, 16 Olei Zion, Ecke Yehuda Margoza St., Tel. 053/809 46 15, www.2eat.co.il/eng/italkia

Kalamata. Trotz Lage in Touristengegend, umgeben von kitschigen Kunstgalerien, ein echtes Juwel: kreative Speisekarte, Inneneinrichtung im Stil einer griechischen Taverne und Blick aufs Mittelmeer. 10 Kedumim Square, Tel. 03/681 99 98, http://kalamata.co.il.

Kimel. Vor 130 Jahren Wohnhaus eines türkischen Scheichs, heute beliebtes Ausgehlokal und Restaurant. Sensationell: die Bouillabaisse und die Ziegenkäse-Ravioli mit Süßkartoffeln. Tgl. 12–24 Uhr, 6 Hashachar St., Tel. 03/510 52 04, http://kimmelrest.co.il

Margaret Tayar. Gegrillte Fischspezialitäten, gefüllte Sardinen mit Kaviar direkt am Uhrturm. 8 Retzif Ha'alia Hashnia, Tel. 03/682 47 41.

Mitbach Mekomy. Moderne, französisch inspirierte Interpretation traditioneller Gerichte wie *Kubbe* (Hackfleischklößchen mit Zwiebeln und Bulgur). Auf jeden Fall *Kubbe* in Roter Bete und das glutenfreie Mohnbrot probieren! 1 Hatsedef St., Tel. 052/538 97 33, www.limortiroche.com

ÜBERNACHTEN

Casa Nova. In der Antike war an dieser Stelle eine Unterkunft für christliche Pilger, später gestatteten die osmanischen Herrscher den Franziskanern, hier das erste neue Gebäude in Jaffa zu bauen. Heute charmantes Hotel. 6 Netiv Hamazalot Alley, Tel. 072/221 49 00, www.casa-nova-hotel.com

Jaffa Old City Boutique Apartment. Moderne Ferienwohnung mit Terrasse. 30 Olei Tzion St., http://jaffa-old-city-boutique-apartments.telaviv-hotels-il.com/de

Market House. Schickes neues Boutiquehotel nahe Uhrturm und Flohmarkt. 5 Beit Eshel St., Tel. 03/797 40 00, www.atlas.co.il/market-house-hotel-tel-aviv-israel

Old Jaffa Khan. Ein echtes Juwel, mittendrin und doch verborgen. 4 Mazal Teleh St., Tel. 052/866 62 32.

The Clock. Fünf-Sterne-Hotel zwischen modernem Tel Aviv und märchenhaftem Jaffa. 24 Beit Eshel St., Tel. 03/966 33 99, http://theclock.co.il

AUSGEHEN

Container. Party am Alten Hafen rund um die Uhr – Fr und Sa ab 10 Uhr Frühstück und Brunch, So–Do ab 12 Uhr Restaurant, abends Bar und Club mit Konzerten, Tanzfläche und Livemusik Open End. Jaffa Old Port, Reservierung unter Tel. 03/683 63 21 und 054/940 11 10, www.container.org.il

Saloona. Nachtclub, Bar und Kunst. 17 Tirzah St., Tel. 072/334 17 65, www.saloonabar.co.il

AKTIVITÄTEN

Flohmarkt (Shuk Hapishpeshim). Seit 100 Jahren Marktviertel, Flohmarkt mit allem von Antik bis Kleidung, Möbeln und Schmuck. So–Fr morgens bis abends, www.shuktlv.co.il

Am alten Hafen von Jaffa kann man wie im Club Container die Nacht durchtanzen

15 Neve Tzedek und Florentin
Trendviertel im Süden

Den Grundstein für Tel Avivs erstes Viertel Neve Tzedek, »Oase der Gerechten«, legten um 1890 osteuropäische und jemenitische Juden. Später kam das griechisch geprägte Viertel Florentin dazu. Heute vermitteln beide Stadtteile eher den Eindruck von Pariser Montmartre als Nahem Osten.

Zweistöckige Häuser mit Vorgärten und Fassaden im osmanischen Stil. Schattige Plätze unter Orangenbäumen und Bougainvilleen. Cafés, aus denen ein aromatischer Duftmix aus exotischen Gewürzen und frisch geröstetem Kaffee weht. Hier trifft Tel Aviver Chic auf Graffiti, urbane Lebensart auf Underdog-Kultur. Neve Tzedek und Florentin zeigen die lebensbejahende Stadt der Individualisten in einem Mikrokosmos. Kaum zu glauben, dass das geschichtsträchtige Jerusalem nur eine Autostunde von hier in den Bergen thront! Schon das orientalische Jaffa scheint Lichtjahre entfernt zu sein, obwohl zwischen den beiden Vierteln nur 20 Minuten Fußweg liegen.

Anfang auf Dünensand

Neve Tzedek verströmt eine europäisch anmutende Idylle, die westlichen Lifestyle zelebriert. Jede Häuserzeile blickt auf eine andere kulturelle Gründungsgeschichte zurück – Juden aus ganz Europa und Afrika haben ihre Straßen geprägt. Wo heute elegante Läden Kleider, Schmuck und Wohnaccessoires anbieten, errichteten 1887 Juden aus Osteuropa kleine Holzhäuser auf dem Dünensand – lange bevor 1909 rund 60 Familien aus Jaffa aufbrachen und so den Tel Aviver Gründungs-

Mitte: Stoffe, Möbel und Kunst: Im angesagten Florentin gibt es viele kleine Ateliers und Läden
Unten: Seit der Sanierung des Viertels haben sich in Neve Tzedek viele trendige Boutiquen angesiedelt

Graffiti im Viertel Neve Tzedek

mythos schufen. Ihnen folgten jemenitische und bald darauf griechische Juden.
Noch heute sind die meisten Bewohner
von Neve Tzedek Jemeniten.

Um ihre Traditionen zu bewahren, gründeten sie
mit der Hilfe von Aharon Chelouche (1827–1920)
ein gemeinsames Viertel. Chelouche stammte
aus einer wohlhabenden algerischen Familie. Er
ermutigte die jüdischen Einwohner von Jaffa,
nordwärts zu bauen und verkaufte ihnen daher
preisgünstig kleine Parzellen. So gilt Chelouche als
eigentlicher Gründervater von Neve Tzedek. Sein
früheres Wohnhaus in der Shloush 32 – heute
eine Synagoge – erinnert an ihn.

Rund um die Shabazi Street

Die ersten Häuser waren so gebaut, dass sie sich
dicht aneinanderschmiegten. Als 1910 weitere
Einwanderer in das neue Viertel strömten, wurde
zwar Haus für Haus erneuert, doch die Bauweise
beibehalten. 1896 gründeten jemenitische Juden
hier das Mahane-Yehuda-Viertel benannt nach
Rabbi Yehuda Margosa (1783–1879), dem Ober-
rabbiner von Jaffa und einem der ersten Zitrus-
bauern in Israel, und 1904 das Josef-Viertel.

Einfach gut!

ROKACH HOUSE
Das Haus aus dem
19. Jahrhundert ist
ein architektonisches
Schmuckstück. Zwei Etagen,
europäischer Stil, Kupferkuppeln.
Es ist das einzige Haus im Viertel,
das komplett originalgetreu rekonstruiert wurde, um den authentischen Eindruck aus der Gründer-
zeit zu bewahren. Seit 1887 lebte
hier die Rokach-Familie, eine der
Gründerfamilien von Neve Tzedek.
Auch innen weht der Geist des
19. Jahrhunderts. Originalmöbel,
Kleidung, Töpfe und Pfannen,
Fotos, ein Theaterstück für Kinder
und ein Kurzfilm erzählen die Geschichte der ersten jüdischen Siedler in Tel Avivs ältestem Viertel.
Regelmäßige Konzerte, Lesungen
und Kunstausstellungen ergänzen
die Dauerausstellung des kleinen
Museums, das auch als Neve
Tzedeks Besucherzentrum dient.

So–Do 10–16, Fr, Sa 10–14 Uhr,
36 Shimon Rokach, Tel. 03/516
25 31, http://eng.shimur.org/
rokach-house

Aus beiden entstand schließlich das Shabazi-Viertel. Shalom ben Josef Shabazi (1619–1720) war ein jemenitischer Dichter und Rabbi. In vielen jemenitischen Synagogengemeinden wird er bis heute verehrt. Eines seiner berühmtesten Gedichte heißt *Im Nin'alu* (»Wenn die Pforten«).

Chelouches Sohn Eliyahu (1870–1934) entwarf später viele Straßenzüge und Häuser. Je nach Vermögen der Eigentümer entstanden so großzügige Villen neben fensterlosen Baracken. Typisch: der gemeinsame Innenhof.

Berühmte Bewohner, erstes Kino

In der Shloush 35 lebte von 1909 bis 1913 der spätere Literaturnobelpreisträger Samuel Joseph Agnon (1888–1970). Sein Dichterkollege Josef Chaim Brenner (1881–1921) wohnte direkt nebenan. Gut möglich, dass beide dabei waren, als Tel Avivs Bürgermeister Meir Dizengoff 1913 das »Eden« einweihte, das erste Kino der Stadt. Das ehemalige Filmhaus in der Lilienblum 2 ist heute eine heruntergekommene Lagerhalle. Einst bot es Platz für 1100 Zuschauer. Hier dirigierte Mordechai Golinkin am 28. Juli 1923 mit Verdis *La Traviata* die Debütaufführung der Palestine Opera, der Vorläuferin der Israelischen Oper Tel Aviv.

Gentrifizierung

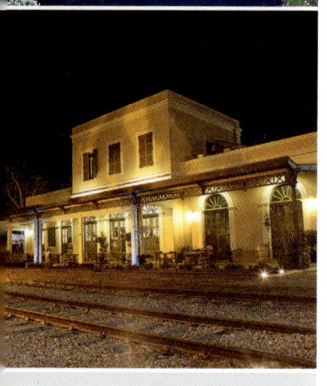

In den 1980er-Jahren begann sich Neve Tzedek zu verändern. Häuser wurden renoviert, alte Bausubstanz erneuert. Der bis dahin eher abgeschiedene Stadtteil erlebte eine Renaissance. 1990 entstand mit dem Suzanne Dellal Center ein kultureller Magnet, der dem ganzen Viertel Aufschwung verlieh und seine Attraktivität als Trend-Wohngegend verstärkte. 2011 kam der Ausgehkomplex HaTachana hinzu.

Oben: In Tel Aviv stehen Gründervillen neben modernen Geschäftshäusern
Mitte: Florentin und Neve Tzedek sind Ausgehviertel
Unten: HaTachana – einst türkischer Bahnhof, heute Vergnügungskomplex

HaTachana und Suzanne Dellal

HaTachana (»Die Bahnstation«) ist ein zur Vergnü-
gungsanlage umfunktionierter früherer türkischer
Bahnhof an der historischen Bahnstrecke zwischen
Jaffa und Jerusalem. Stundenlang kann man unter
palmenumwehten Terrassen sitzen, in Boutiquen
shoppen, durch Kunstgalerien schlendern oder
abends ins Theater gehen. Die Beliebtheit des
Bahnhofs ist ungebrochen.

Auch das Suzanne Dellal Center ist seit 25 Jahren
eine feste Größe im Tel Aviver Nachtleben. Hier
hat nicht nur die weltbekannte Batsheva Dance
Company ihr Zuhause, sondern ebenso kleine
Theater, Konzertsäle und Bühnen.

Florentin – Soho Tel Avivs

Über Florentin rümpften Tel Aviver aus dem wohl-
habenderen Norden lange Zeit die Nase. Denn
»Süd-Tel-Aviv« war verschrien als Mischung aus
Industriegebiet, Textilviertel und billigen Märkten.
Doch diesen Ruf änderte Ende der 1990er-Jahre
schlagartig eine Fernsehserie. In *Florentin* wählten
junge Leute, Aussteiger, Künstler Süd-Tel-Aviv als
Kulisse. Florentin war plötzlich angesagt. Namens-
geber für das Viertel war David Florentin, ein Jude
aus Griechenland. Zunehmender Antisemitismus
sowie ein Großbrand in Thessalonikis jüdischem
Viertel führten dazu, dass sich ab 1920 etwa
53 000 griechische Juden hier niederließen.

Im Gegensatz zum hipperen Neve Tzedek nordwestlich von Florentin sind die Preise hier noch
immer gemäßigt. Aus Protest über die hohen
Lebenshaltungskosten gründeten Bewohner eigene Kooperativen-Cafés und -Läden, besonders
seit den sozialen Massenprotesten von 2012. In
Pubs wie dem Tenat, einem äthiopischen Imbiss,
kommt man schnell mit den Leuten ins Gespräch.

Infos und Adressen

SEHENSWÜRDIGKEITEN
HaTachana. Alter renovierter
Bahnhof aus der osmanischen und
Mandatszeit. Hippes Ausgehviertel
mit Läden, Theatern, Clubs und
Restaurants. Hamered/Ecke Koyf-
man St., www.hatachana.co.il

Matkot-Museum. Das Brettspiel
Matkot ist Nationalsport. Amnon
Nissim hat in Neve Tzedek das
weltweit einzige Matkot-Museum
eingerichtet. 61 Shabazi St.

Synagoge. Früheres Wohnhaus
des Viertelgründers Aharon Chelouche. 32 Shloush St.

ESSEN UND TRINKEN
Suzanna. Entspannen bei Kaffee,
Kuchen und Herzhaftem auf der
Terrasse unterm Feigenbaum.
9 Shabazi St., Neve Tzedek,
Tel. 057/944 30 60,
www.suzana.rest-e.co.il

Tenat. Nette Leute, leckeres äthiopisches Essen. 27 Chlenov,
Tel. 03/522 28 29.

ÜBERNACHTEN
Villa Vilina. Charmantes B&B
in Gründervilla von 1920. Das
Dachstudio hat eine Terrasse mit
Meerblick! 67 Shabazi St., Tel.
054/561 13 40, www.villavilina.co.il

AUSGEHEN
Haoman 17. Tel Avivs Tech-
no-Kultclub. 88 Abarbanel St.,
Florentin, Tel. 03/681 36 36.

Suzanne Dellal Center. Kultur,
Kunst, Konzerte, Theater und Genuss unter einem Dach. Yehieli St.,
Neve Tzedek, Tel. 03/510 56 56,
www.suzannedellal.org.il

Mitte: Kosten, schauen, staunen – der Carmelmarkt in Tel Aviv ist ein Fest für alle Sinne
Unten: Zwischen Ständen mit Gewürzen, Gemüse und Oliven kann man hier auch günstig zu Mittag essen

16 Allenby-Viertel
Schmelztiegel der Kulturen

Der Schmelztiegel Tel Aviv – nirgends spürt man ihn so intensiv wie in den farbenfrohen Vierteln rund um die Allenby Street: King George, Sheinkin, Nachalat Binyamin und Levinsky. Oft liegen nur wenige Straßenzüge zwischen kontrastreichen Welten. Verträumtes Jemenitenviertel hinter lärmendem Carmelmarkt, trendige Cafés inmitten leuchtendroter Gewürzsäcke, würdevolle Museen neben Kleidern von der Stange.

Erst kommen Kleider und Bücherkisten, dann Blumen und Hausrat. Hat man sich erst einmal vom Menschenstrom mitreißen lassen, kitzeln würzige Marktgerüche die Nase und verwöhnen pralle Farbtupfer das Auge.

Carmelmarkt

Bourekas (heiße Spinattaschen), frische Falafel und *Schawarma*, Berge von Paprika, Tomaten und Avocados – vor lauter Fülle kann man leicht den Überblick verlieren. Das macht jedoch nichts.

GUT ZU WISSEN

OFFEN UND SCHNÖRKELLOS
Nicht erschrecken! Die israelische Art ist ganz schön direkt. Israelis sind neugierig. Besonders, wenn man aus Deutschland kommt. Sie fragen gern und viel. Doch so unverblümt diese Offenheit auf gewohnt höfliche Europäer mitunter auch wirken mag, sie ist auch eine Wohltat. Denn lässt man sich darauf ein, kann man in kurzer Zeit viele interessante Menschen samt ihrer spannenden Geschichten kennenlernen.

Allenby-Viertel

Einfach probieren, schauen, genießen und sich weitertreiben lassen. Und nebenbei die kleinen Perlen wie Käsestände, Mini-Restaurants und Espressobar herauspicken. Hier decken sich ebenso Tel Avivs Spitzengastronomen mit frischen Zutaten ein wie die Tel Aviver selbst. Mit zunehmendem Trendfaktor haben zwar auch die Marktpreise kräftig angezogen, dennoch kostet hier vieles noch weniger als im Supermarkt. Besonders freitagnachmittags kurz vor Sabbat.

Gewürzwelt Nachalat Binyamin

Gleich nebenan verwandelt sich die Fußgängerzone Nachalat Binyamin dienstags und freitags in einen Kunstmarkt mit Bildern, Schmuck und Keramik. Der Levinsky-Gewürzmarkt ist täglich geöffnet. Zatar und Thymian sind ein Muss in der israelischen Küche, ebenso Datteln, Safran und eine Flut an Gewürzmischungen für Reis, Fisch, Fleisch und Pasta.

Bialik Street

Das Praktische an Tel Aviv: Die Kontraste liegen nah beieinander. Markt, Gewürze, Café und Kunst lassen sich nahtlos miteinander verbinden. In der Bialik Street locken gleich vier Museen: das Rubin Museum, das Beit Ha'ir (»Stadthaus«), das Bauhaus Foundation Museum und das Bialik-Haus. Der gesamte Komplex ist wegen seiner Bauhaus-Substanz UNESCO-Weltkulturerbe. Im Bialik-Haus lebte der Nationaldichter Chaim Nachman Bialik (1873–1934). Geboren in der Ukraine, war er einer der ersten Diaspora-Dichter, die Poesie auf Hebräisch schrieben. Seine Übersetzungen von Shakespeare, Schiller und Heine galten in den 1920er-Jahren als bahnbrechend für die Entwicklung des modernen Hebräisch.

Nicht verpassen

JEMENITISCHES VIERTEL UND SALON BERLIN

Nur wenige Meter von der eleganten Bialik-Straße beginnt eine andere Welt: das Jemenitische Viertel. 1949 wurden bei der Geheimoperation »Fliegender Teppich« 49 000 Juden aus dem Jemen nach Israel ausgeflogen. Etliche ihrer Nachfahren leben nach wie vor in dem Viertel mit den vielen Gassen. In einfachen Lokalen werden traditionelle jemenitische Spezialitäten serviert, oft für nur wenige Euro. Im Familienrestaurant Maganda etwa wird noch heute nach alten Rezepten der Habura-Familie gekocht. Am Rand des Jemenitischen Viertels hat vor einiger Zeit ein neuer Club eröffnet – der Salon Berlin. In der Atmosphäre einer Berlin-Kreuzberger Eckkneipe finden hier oft schon nachmittags Konzerte statt – kostenlos.

Maganda. 26 Rabbi Meir, Tel. 053/ 934 50 68, www.maganda.co.il
Salon Berlin. Najara St. 15, Tel. 03/512 21 26.

Tel Aviv und Jaffa

Wen große Museen eher überwältigen, ist im Rubin Museum genau richtig. Das ehemalige Privathaus des israelischen Malers Reuven Rubin (1893–1974) ist ein intimer Ort. Es zeigt das kreativ-chaotische Atelier des Malers, als hätte er es gerade erst verlassen. In den Räumen sind neben Landschaftsbildern auch Skizzen zu sehen, die Rubins Lebensweg dokumentieren. Der Künstler stammte aus einer rumänisch-jüdisch-chassidischen Familie und wurde 1948 Israels erster Botschafter in Rumänien. Zwei seiner Bilder hängen heute in der Knesset, dem israelischen Parlament (S. 70). 2007 erzielten zwei seiner Werke bei einer Auktion von Sotheby's sechsstellige Preise.

Das Beit Ha'ir war Tel Avivs erstes Rathaus. Vor ein paar Jahren wurde es komplett saniert und zeigt nun Tel Aviver Stadtgeschichte. Es ist ein luftiger Bau, der die Dynamik der Stadt einfängt – als offenes Künstlerhaus und kulturelles Drehkreuz mit Kunst, Literatur, Vorträgen und Musik.

Vielfalt dank Einwanderung

Dank der Aufgeschlossenheit der Einheimischen fühlt man sich hier schnell willkommen. Im Nu kommt man mit ihnen ins Gespräch. Denn Tel Aviver sind neugierig und offen. Ein Blick, ein Lächeln, die Frage, woher man kommt und wie einem Israel gefällt, leiten oft eine angeregte Plauderei über Gott und die Welt ein und enden nicht selten mit Tipps und guten Wünschen für die Reise.

Im Café Hanasich Hakatan (»Der kleine Prinz«) diskutieren Künstler über Frieden und Politik. Das gemütliche Literaturcafé verbreitet eine Mischung aus Entspannung und Diskutierfreudigkeit bei Kaffee und Snacks – hier in der King George Street 19 sitzt man in Sesseln und Sofas umgeben von Büchern. Ein Lieblingstreffpunkt vieler junger Leute!

Oben: Rund um die Allenby St. treffen viele Kontraste aufeinander
Mitte: Das Rubin Museum zeigt Werke des israelischen Malers Reuven Rubin
Unten: Überall kommt man schnell mit Israelis ins Gespräch. Sie sind neugierig und diskutierfreudig

Infos und Adressen

SEHENSWÜRDIGKEITEN

Bauhaus Foundation Museum. Klein, aber fein. Eine Art Mini-Museum. Mi 11–17, Fr 10–14 Uhr, 21 Bialik St., Tel. 03/620 46 64.

Beit Ha'ir. Tel Aviver Stadtgeschichte in Lesesälen, bei Vorträgen, Ausstellungen und Workshops. Mo–Do 9–17, Fr, Sa 10–14 Uhr, 27 Bialik, Tel. 03/724 03 11, http://beithair.org

Bialik Haus. Von 1925 bis 1934 wohnte hier der israelische Nationaldichter Chaim Nachman Bialik. Mo–Do 11–17, Fr, Sa 10–14 Uhr, 22 Bialik, Tel. 03/525 45 30.

Rubin Museum. In den 1930er-Jahren Wohnhaus des Malers Reuven Rubin, seit 1983 Kunstmuseum mit Werken des Malers. Mo, Mi–Fr 10–15, Di 10–20, Sa 11–14 Uhr, Eintritt: 20 NIS, Kinder unter 18 Jahren frei, 14 Bialik, Tel. 03/525 59 61, www.rubinmuseum.org.il

ESSEN UND TRINKEN

Hamitbahon. »Kleine Küche« zwischen jemenitischem Viertel und Carmelmarkt. Tgl. 8–1, Sa ab 9 Uhr, 18 Rabbi Akiva, Tel. 03/516 36 89, http://hamitbahon.co.il

Hanasich Hakatan. Frühstück zwischen Büchern und Pflanzen. 19 King George St.

Orna und Ella. Klassiker in der coolen **Shenkin.** Inhaberinnen Orna und Ella kombinieren Hausmannskost mit Gourmetküche. 33 Shenkin, Tel. 03/525 20 85, http://ornaandella.com

ÜBERNACHTEN

Brown TLV. Cool, entspannt und jung wie die Stadt. Mit Dachterrasse und Kaffee-Bar rund um die Uhr. Frühstück in einem kleinen Café zwei Straßen weiter. 25 Kalisher, Tel. 03/717 02 00, www.browntlv.com

Shenkin Boutique Hotel. Zentraler geht's nicht – urban, gemütlich und gastfreundlich, zwischen Galerien, Bars und Lokalen. 21 Brenner St., Tel. 03/600 94 00, www.shenkinhotel.com

EINKAUFEN

Pereg Spices. Seit 1906 produziert die Pereg-Familie Gewürze, Kräutermischungen, Quinoaflakes, Spicy Panko und glutenfreie Mehle. So–Do morgens bis abends, Fr bis Sabbatbeginn, Sa geschl. 46 Levinsky, Tel. 03/681 39 56, www.pereg-spices.com

Klein, aber fein – das Hotel Brown Tel Aviv

17 Namal
Tel Aviver Hafen

Im Norden der Weißen Stadt liegt der Ha-Yarkon Park – eine riesige Parkanlage am Ufer des Yarkon-Flusses mit verschiedenen Sportmöglichkeiten, Konzertbühnen und Attraktionen. Direkt daneben im Nordwesten glänzt der Hafen Tel Aviv mit schillerndem Ausgehviertel und seinen Restaurants, Concept Stores, Cafés und Nachtclubs – seit Jahren Top-Treffpunkt der Tel Aviver.

Israels erster neuer Hafen (hebr. *Namal*) an der Mündung des Yarkonflusses wurde 1936 errichtet. Auch, um eine Alternative zum Hafen in Jaffa zu haben. Zwischen 1938 und 1965 kamen hier Einwanderer aus Europa an, danach versank er in Bedeutungslosigkeit.

Namal Tel Aviv – alter Hafen, neues Gewand

Bis 2000 standen hier Lagerhallen und Container, in denen verstreut einzelne Nachtclubs eröffneten, darunter Shablul, Israels renommiertester Jazzclub. Heute breiten sich auf einem Gelände von 14 000 Quadratmetern Cafés, Restaurants, Läden und Biomärkte aus. Drinnen speist man in minimalistischem Industriedesign, draußen hat man eine herrliche Aussicht auf Strand und Meer. Ausgeschlafene fahren Segway und Fahrrad. Spätaufsteher gönnen sich ein zweites Frühstück mit Meeresrauschen.

Seit seiner Generalüberholung im Jahr 2000 ist der Hafen eines der beliebtesten Viertel in Tel Aviv. Tagsüber flanieren Spaziergänger über die wellen-

Mitte: Spontane Tanzeinlage am Namal? In Tel Aviv ganz normal – die Lebensfreude steckt an
Unten: Concept Store »Comme il Faut« im Hafen-Hangar 26 mit Boutique, Restaurant und Spa

Infos und Adressen

artigen Holzplanken. Nachmittags trifft man sich zum Shopping und Kaffeetrinken. Abends füllen sich die Restaurants und Clubs mit Nachtschwärmern. Es ist immer etwas los. Tanz auf den Tischen. Lebensfreude pur. Tel Aviver verabreden sich hier auch gern, weil man am Hafen immer einen Parkplatz findet – im Gegensatz zum Rest der Stadt. Einige Hafenrestaurants genießen auch international einen ausgezeichneten Ruf. Das Mul Yam zum Beispiel zählt laut französischer Restaurantvereinigung *Les Grandes Tables du monde* seit 2003 zu den besten Restaurants der Welt.

Park HaYarkon

Der Park nordöstlich vom Hafen (hebr. *Ganei Yehoshua*) ist Tel Avivs größtes Naherholungsgebiet. Mit seinen Palmen, Gärten, Wiesen und Wasserwegen gehört er zu den schönsten Parks in Israel. Und auch zu den größten. Weiträumige Flächen und großzügige Wege sind ein Paradies für Radfahrer, Skater und Jogger. Auch einen Fahrradverleih gibt es hier direkt neben dem tropischen Garten. Neben Boots- und Radtouren bietet die riesige Grünanlage mit Kletterpark, Wasserpark und Streichelzoo gerade für Familien viel Abwechslung. Dazu gehören auch ein tropischer Garten mit südseeähnlichem Klima, Orchideen und einem kleinen See sowie ein Felsengarten. Zwischen prachtvollen Kakteen und Felsen zeigt er die geologische Vielfalt Israels, die mit viel Fantasie beschriftet ist. Kalkstein zum Beispiel heißt hier »Geschenk des Meeres«.

Im Sommer veranstaltet die Israelische Oper Tel Aviv im Park kostenlose Open-Air-Konzerte. Die Konzertarena samt umliegender Wiesen bietet dazu reichlich Platz. Und wenn internationale Stars wie die Rolling Stones oder Robbie Williams in Israel auftreten, dann hier.

SEHENSWÜRDIGKEITEN

Felsengarten. Der Felsengarten befindet sich etwa in der Mitte des Parks HaYarkon. So–Do 9–14, Fr bis 13, Sa bis 10–15 Uhr, Eintritt frei, Tel. 03/642 28 28, http://park.co.il/rock-garden

ESSEN UND TRINKEN

Comme il Faut. Concept Store und Label für exklusive Mode. Mit Restaurant und Spa. Hangar 26, Tel. 03/602 05 21.

Mul Yam. Das Lokal am Meer gilt als eines der besten Restaurants im Nahen Osten. Tgl. 12.30–15.30 und 19.30–22.30 Uhr, Hangar 24 Namal, Tel. 03/546 99 20, www.mulyam.com

ÜBERNACHTEN

Alexander Hotel. Mit Dachlounge, Spa und Pool. 3 Havakuk Hanavi, Tel. 03/545 23 00, www.alexander.co.il

AUSGEHEN

Rubi Bar. Mix aus iraelischen Beats und Weltmusik, bei dem die Gäste schon mal auf den Tischen tanzen. Fröhliche Atmosphäre auf zwei Tanzflächen. Immer voll. Einfach ins Getümmel stürzen und mittanzen! Tgl. ab 19.30 Uhr, 7 Yirmiyahu St., www.rubi-tlv.com

Shablul. Renommierter Jazzclub am Hangar 13, Tel. 03/546 18 91, www.shabluljazz.com

18 Dizengoff Street
Sixties-Charme mit Bauhaus-Chic

Das Bibelhebräisch kennt moderne Worte wie Computer oder Auto nicht. Für alltagstauglichen Slang ist daher viel Fantasie gefragt. Aus dem Namen von Tel Avivs erstem Bürgermeister wurde so kurzerhand das Verb le-hizdangef, »dizengoffen«. Es bedeutet nichts anderes als »die Dizengoff entlangschlendern«. Und doch steckt viel mehr dahinter als kurioser Sprachwitz. Denn die Dizengoff hat Kultstatus.

Die Dizengoff ist ein Nord-Süd-Boulevard. Er beginnt südöstlich am Kulturpalast und erstreckt sich gen Norden zum Hafen. Dabei passiert er den Rothschild Boulevard, die King-George-Straße und den Ben Gurion Boulevard. Die Straßen rundherum sind geprägt von Bauhaus-Architektur, kleinen Parks und beschaulichen Wohnvierteln.

GUT ZU WISSEN

Mitte: Am Habima-Platz kann man nicht nur Kultur, sondern auch die Sonne genießen
Unten: Die Dizengoff galt früher als Champs-Élysées von Tel Aviv. Heute erfährt die einstige Prachtstraße ein Revival

Dizengoff Street

»Champs-Élysées«

Eine Hauptverkehrsachse parallel zum Mittelmeer
sollte es werden. Zwischen 1927 und 1929 entstand daraus die Dizengoff, benannt nach Tel Avivs
erstem Bürgermeister. Schnell nahm die neue
Straße einen zentralen Platz im Stadtbild ein. Sie
entwickelte sich zum Sinnbild für das moderne Tel
Aviv. Schicke Geschäfte, Theater und Restaurants
verhießen Aufbruch und Dynamik. Hierher kam
man vor oder nach einem Theater- oder Konzert-
besuch, um sich in einem der eleganten Cafés
zu treffen, Schriftsteller und Dichter ebenso wie
Schauspieler, Journalisten und Arbeiter.

In ihrer Blütezeit nannten Israelis sie liebevoll
»Champs-Élysées von Tel Aviv«. Der israelische
Journalist Tom Segev beschreibt die Dizengoff
in den 1960er-Jahren als »kulturelles und ge-
sellschaftliches Ideal«. »Dizengoffen« bedeutete
demnach »auszugehen und in einem innovativen,
weltlichen, städtischen Milieu zu flanieren, um zu
sehen und gesehen zu werden, während man sich
nach London und New York sehnte«.

Kulturforum

Im Süden entspringt sie mit einem kulturellen
Paukenschlag, dem Habima-Platz – mit dem Helena-Rubinstein-Pavillon für moderne Kunst, dem
Kulturpalast mit dem Bronfman-Auditorium und
dem Habima-Theater. Der gesamte Kulturkomplex
wurde vor wenigen Jahren umfassend renoviert
und erweitert und mit besserer Akustik ausgestattet. Gegründet 1912 in Polen, bis 1926 mit Spiel-
stätte in Moskau und zwischendurch in New York,
ist die Habima seit 1928 in Palästina etabliert.

Das israelische philharmonische Orchester ist im
Bronfman-Auditorium (dem ehemaligen Mann-
Auditorium) zu Hause. Im Jahr 1936 bestand es

Oben: Die traditionsreiche hebrä-
ischsprachige Habima-Bühne
Mitte: Im nördlichen Teil der
Dizengoff Richtung Namal haben
viele israelische Designer ihre
Läden
Unten: Seit 1958 trägt die Ha-
bima den Titel Nationaltheater

CAFÉ LANDWER

Geheimtipp

Das ist typisch für Tel Aviv: Überall dicht bebaute Straßen, keine einzige freie Parklücke, Bauhaus-Weiß neben Glasdesign und salzzerfressenen Fassaden grauer Apartmenthäuser und dann, plötzlich, ein kleiner Park, spielende Kinder, ältere Leute, die Möwen füttern – und Cafés. Eines davon ist das Café Landwer. Es liegt mitten im Meir Garden, einer kleinen Oase mit Springbrunnen. Kaum zu glauben, dass die schnellen Lebensadern der Großstadt nur wenige Schrittlängen von hier entfernt pulsieren. Das Café Landwer erinnert an eine versteckte Schatzkiste hinter Palmen und Akazienbäumen. Hier kann man frühstücken, zu Mittag- oder Abend essen oder einfach nur zu Kaffee und Kuchen einkehren. Mit einem extra Menü für Kinder und Schaukeln nebenan ist es zudem sehr kinderfreundlich.

Café Landwer. Tgl. 8–24 Uhr, 7 Rabenu Tam St., Tel. 03/629 5870, http://landwercafe.co.il

Im Meir Garden gibt es neben dem Café Landwer einen Spielplatz – ideal für Familien

aus 75 Musikern, die aus Osteuropa emigriert waren. Das erste Konzert am 26. Dezember 1936 dirigierte der Italiener Arturo Toscanini zu Klängen von Brahms und Carl Maria von Weber. Später traten hier Leonard Bernstein, Arthur Rubinstein und Kurt Masur auf. 2013 wurde das neue Haus unter Chefdirigent Zubin Mehta eingeweiht.

Dizengoff-Platz

Im Jahr 1934 angelegt, avancierte der kreisrunde, sternenförmige Platz im Herzen Tel Avivs rasch zum beliebten Treffpunkt – hier traf man sich auf einer der Bänke zum Plausch und begann seinen Spaziergang auf der Flaniermeile. 1978 baute die Stadtverwaltung den Platz in der Mitte des Boulevards aus Verkehrsnot komplett um – mit Unterführungen für Autos, einer erhöhten Fußgängerzone, Brücken und einem knalligen Springbrunnen im Siebzigerjahre-Design. Die regenbogenbunte Skulptur des Künstlers Yaacov Agam ist mittlerweile in Kisten verpackt, denn der Dizengoff-Platz wird seit 2017 restauriert. Statt auf einem Plateau oberhalb der Straße wird er wie früher wieder ebenerdig angelegt – samt Brunnen.

Cinema und Center Chic Hotel

Links und rechts vom Dizengoff Square stehen zwei besonders prägnante Bauhaus-Beispiele. Das Center Chic Hotel in der Zamenhoff Street wurde erst kürzlich renoviert und erstrahlt in neuem Glanz. Im Cinema Hotel gegenüber befand sich eines von Tel Avivs ersten Kinos, das Esther Kino. Bei allem modernen Design hat das Hotel nicht nur den Bauhaus-Charme, sondern auch das nostalgische Kinoflair bewahrt. Filmplakate und -projektoren zieren den Lobbybereich, für Hotelgäste werden hier auch manchmal Filme gezeigt, inklusive Popcorn.

Infos und Adressen

SEHENSWÜRDIGKEITEN

Bauhaus Center. Alles rund um Tel Avivs meistbewunderte Architektur von privater Initiative lokaler Bauhaus-Fans. So–Do 10–19.30, Fr 10–14.30, Sa 12–19.30 Uhr, 99 Dizengoff St., Tel. 03/522 02 49, www.bauhaus-center.com

Habima. Israelisches Nationaltheater und eines der ersten Theater auf Hebräisch. 7 Ibn Gvirol, Tel. 03/685 17 82.

Helena-Rubinstein-Pavillon. Wechselnde Ausstellungen. Die Sammlung umfasst Meissener Porzellan und Glaskunst. 6 Tarsat Blvd., Tel. 03/528 71 96, www.tamuseum.org.il/en/helena-rubinstein-pavilion

Philharmonie. Heimat des Israeli Philharmonic Orchestra. 11 Dizengoff St., Tel. 03/629 87 76, www.ipo.co.il

ESSEN UND TRINKEN

Goocha. Gute Seafood-Bar mit Mittagsspecials. 171 Dizengoff St., Tel. 03/691 16 03.

Haachim. Bestgehütetes Geheimnis der Stadt – Fr und Sa Brunch für 85 NIS pro Person, alles von *Shakshuka* bis Lachs. Reservieren empfohlen! So–Do 12–24, Fr ab 9, Sa ab 9.30 Uhr, 12 Ibn Gvirol, Tel. 03/691 71 71.

Meshulash. Ruhiges Café mit Kuchen, Snacks und Frühstück den ganzen Tag über. 168 Dizengoff St., Tel. 03/523 67 34.

Nola. Amerikanische Bäckerei. Süßes und Herzhaftes, alles von Bagels bis Pfannkuchen. 197 Dizengoff St., Tel. 03/523 05 27.

ÜBERNACHTEN

Arbel. Gemütliche Apartments. 11 Hulda St., Tel. 03/522 54 50, www.arbelhotel.com

Center Chic Hotel. Frisch renoviertes Bauhaus-Hotel. 2 Zamenhoff St., Tel. 03/542 55 55, www.atlas.co.il/center-hotel-tel-aviv

Cinema Hotel. Schickes Bauhaus-Hotel in Tel Avivs erstem Kino. 1 Zamenhoff St., Tel. 03/520 71 00, www.atlas.co.il

EINKAUFEN

Dizengoff Center. Einmal quer über die Dizengoff, unterirdisch und per Durchgangsbrücke, tgl. geöffnet, mehr als 400 Läden, Pool auf dem Dach, Do und Fr Genießertage samt Verkostungen. 50 Dizengoff St.

Das Dizengoff Center war 1983 Israels erste Shoppingmall

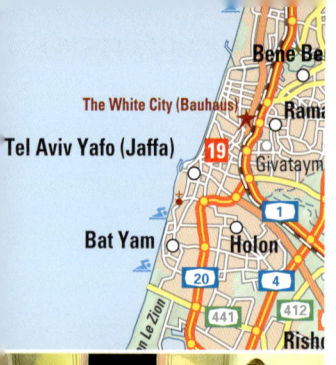

19 Museumskomplex auf dem Campus
Diaspora Museum, Eretz Israel Museum, Palmach Museum

Im Norden Tel Avivs kann man gut und gerne einen ganzen Tag verbringen – in zwei der faszinierendsten Museen des Landes, dem Diaspora Museum und dem Eretz Israel Museum. Beide liegen auf dem Campusgelände der Universität. Und wenn man schon mal dort ist, lohnt sich auch ein Abstecher zum Palmach Museum, zum Botanischen Garten und zum Rabin Center.

Bei seiner Eröffnung 1978 galt das Diaspora Museum (hebr. *Beit Hatfutsot*) als eines der innovativsten Museen der Welt. Auch heute noch, knapp 40 Jahre später, zieht es den Besucher vom ersten Raum an hinein in eine Welt, die untrennbar mit der Geschichte Israels verbunden ist – die der jüdischen Gemeinden weltweit.

Vor allem das interaktive und audiovisuelle Konzept macht das Diaspora Museum so originell. Dabei kommt die Ausstellung beinahe ganz ohne Originale aus. Hier sind fast nur Repliken ausgestellt. Kein Wunder, gingen doch während 3000 Jahren Zerstreuung, Exil und Ortswechsel, oftmals verursacht durch Verfolgung, viele Originale verloren. Mitunter vergisst man, dass man durch Ausstellungsräume geht. So ist das Museum auch nicht chronologisch aufgebaut, sondern auf Initiative des israelischen Dichters Abba Kovner (1918–1987) thematisch. Durch sieben »Tore« taucht man ein in Aspekte von Familien, Gemeinde, Glauben, Kultur, Geschichte, Beziehung zur nichtjüdischen Umgebung sowie Rückkehr nach Israel.

Mitte: Bei allen Unterschieden eint jüdische Gemeinden Zugehörigkeit zu Geschichte und Religion
Unten: Im Eretz Israel Museum gibt es auch ein Planetarium sowie wechselnde Ausstellungen

Museumskomplex Campus

Synagogenmodelle

Der Rundgang gleicht daher eher einer Reise durch Zeiten und Welten. Manche von ihnen sind unwiederbringlich versunken, andere liebevoll rekonstruiert und in all ihrer facettenreichen Vielfalt abgebildet. Da ist zum Beispiel ein mitteleuropäischer Synagogenraum, aus dem leise liturgische Musik erklingt. Oder verschiedene Synagogenmodelle, darunter ein pagodenartiger Bau aus China, eine Holzsynagoge aus der Ukraine, ein tempelartiges Bethaus aus Indien. Das Erstaunlichste sind die jüdischen Gemeinden in jedem auch noch so entlegenen Winkel der Welt, ihre Geschichte, ihre Eigenheiten, ihre Kultur. Daneben können Besucher in einer umfassenden genealogischen Datenbank die eigene Familiengeschichte erforschen. Ergänzt wird die Datenbank von ausgefallenen Sonderausstellungen, etwa zu Amy Winehouse oder jüdischer Mystik.

Eretz Israel Museum und Palmach Museum

Unweit des Diaspora-Museums zeigt das Eretz Israel Museum einen breit gefächerten Fundus an Keramik, Handwerk, Judaika, Folklore, Münzen, Briefmarken – alles aus historischer und archäologischer Sicht. Hinzu kommt ein außergewöhnlicher Museumsshop mit Designerschmuck und Souvenirs, die man nicht in jedem Laden findet.

Im gleichen Museumskomplex liegt das Palmach Museum. Hier kommen Jitzchak Rabin (1922–1995) und seine Frau Leah (1928–2000), der Schriftsteller Yoram Kaniuk (1930–2013) und der spätere Verteidigungsminister Mosche Dajan (1915–1981) zu Wort. Sie alle gehörten dem Palmach an, der Jugendbrigade der israelischen Untergrundarmee Haganah. Das Museum erzählt die Geschichte des Palmach aus persönlicher Sicht.

Infos und Adressen

SEHENSWÜRDIGKEITEN

Beit Hatfutsot (Diaspora-Museum). Interaktives Museum zu jüdischen Gemeinden in aller Welt. So–Mi 9–19.30, Do 9–22.30, Fr 9–14, Sa 10–15 Uhr, Eintritt: 45 NIS, Campus der Tel Aviv University, Klausner Street, Ramat Aviv, Tor 2, Tel. 03/745 78 08, www.bh.org.il

Eretz Israel Museum. Archäologisches und historisches Museum. Sa–Mi 10–16, Do 10–20, Fr 10–14 Uhr, Eintritt: 48 NIS, unter 18 Jahren frei, 2 Haim Levanon St., Tel. 03/641 52 44, www.eretzmuseum.org.il

Palmach Museum. Experimentelles Museum, das persönliche Geschichten für sich sprechen lässt. 10 Haim Levanon St., Tel. 03/643 63 93, http://info.palmach.org.il

ESSEN UND TRINKEN

Nelson Avivim. Frühstück, Lunch und Abendessen. Leckere Smoothies! So–Fr 8.30–0.30, Sa ab 10 Uhr, 11 Oppenheimer St., www.nelsontlv.co.il

ÜBERNACHTEN

Indigo. Art-déco-Hotel im hippen Diamantviertel in Ramat Gan. Mit Bistro Blackstone und Spa. 5 Aholiav St., Tel. 03/930 00 33, www.ihg.com/hotelindigo

EINKAUFEN

Ramat Aviv Mall. Shoppingmall mit frischem Ambiente. Zwei Etagen mit 140 Läden. So–Do 9.30–21.30, Fr 9–15, Sa Sabbatende bis 23 Uhr, 40 Einstein St., Eingänge auch über Brazil und Brodetsky St.

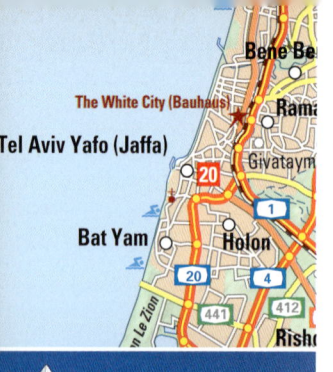

20 Museum of Art und Theaterviertel
Kunst und Kultur von Weltrang

Seit ihrer Gründung ist Tel Aviv nicht nur Israels kulturelles Zentrum, sondern auch internationale Kunstmetropole. Das tolerante, weltoffene Lebensgefühl spiegelt sich auch in seiner seit jeher vielseitigen und dynamischen Kunstszene und seinem breiten Kulturspektrum wider.

Das sagenhafte Kunstinteresse erfüllen mehr als 250 Kultureinrichtungen, darunter 75 Museen und Galerien, zahlreiche Theater und etliche renommierte Tanz- und Konzerthäuser. Die meisten verteilen sich über die ganze Stadt. Einige der meistbesuchten Bühnen jedoch ballen sich im Theaterviertel zusammen, darunter das Kunstmuseum, die Oper, das Cameri-Theater und die Cinemathek.

Jede Menge Festivals

Ihre Kunstsaison eröffnet die Metropole jedes Jahr im September mit dem Festival Loving Art, Making Art. An drei Tagen präsentieren etwa 60 Museen und Galerien den Besuchern bis spät in die Nacht kostenlos ihre Dauer- und Spezialausstellungen. Dabei binden sie Tel Aviv mit diversen Open-Air-Veranstaltungen, Workshops und Aktivitäten mit ein. Anlässe zum Feiern gibt es immer – Vernissagen, internationale Museumstage, Dichter-Jubiläen oder UNESCO-Titel. Auch Filmfestivals wie das Docaviv Dokumentarfilmfestival in der Cinemathek, Architekturfestivals wie das Open House und das Piano Festival im Kunstmuseum zeugen vom großen Kulturinteresse der Tel Aviver. Am Open House-Festival beteiligt sich Tel Aviv neben Metropolen wie London oder New York seit

Mitte: Der Museumsflügel von Preston Scott Cohen zählt zu Tel Avivs architektonischen Highlights
Unten: Die Sammlung umfasst moderne Kunstwerke von van Gogh bis Kandinsky

2007. Seitdem ist es aus der Tel Aviver Festivalszene nicht mehr wegzudenken. Einmal im Jahr öffnen Privathäuser ihre Türen für Besucher – Stadtvillen, Synagogen und außergewöhnliche Wohnungen (S. 275).

Einfach gut!

Tel Aviv Museum of Art – Sammlung und Bau

Mit 630 000 Besuchern jährlich zählt das Tel Aviv Museum of Art zu den 100 meistbesuchten Kunstmuseen der Welt. Neben Altmeistern und klassischer Moderne beherbergt es in seiner Dauerausstellung die umfassendste Kunstsammlung des Landes für zeitgenössische israelische Kunst, darunter Werke von Reuven Rubin, Yigal Tumarkin, Gal Weinstein und Michal Rovner. Drinnen scheint man sich zwischen den Werken von van Gogh, Picasso, Kandinsky, Chagall und Modigliani nahezu schwebend von Raum zu Raum zu bewegen. Breite flache Treppen, warmes Licht und kühlende Ruhe blenden die quirlige Stadt draußen aus. Hier drinnen regiert eindeutig die Kunst mit behutsamer und dennoch eindringlicher Intensität.

Was das Museum so besonders macht, ist seine Schnittstelle zwischen interdisziplinären Kunstformen. In den Wechselausstellungen, vor allem des Helena-Rubinstein-Pavillons (S. 123), treffen Malerei, Skulptur, Fotografie, Design, Street Art, Installationen, Video und Architektur aufeinander. 2011 wurde der neue Flügel des Museums eingeweiht. Die Architekten Preston Scott Cohen und Amit Nemelich verdoppelten damit den Ausstellungsraum. Gestaltet als dynamisches, verbindendes Element zwischen Israel und der Welt unterstreicht der Flügel Tel Avivs Strahlkraft als Kunstmetropole von Weltrang. Zudem beherbergt der neue Flügel eines der besten Restaurants der Stadt, die preisgekrönte Brasserie Pastel.

KOLLEKTIVES SPEISEN

Inspiriert von einem typischen Kibbuz-Speisesaal ist das Essen alles andere als kollektive Gemeinschaftsküche. Hier zeigt sich die neue israelische Küche von ihrer kreativsten Seite. Diaspora-Gerichte verbunden mit nahöstlichen Einflüssen und den verspielten Neuschöpfungen von Küchenchef Omer Miller sind unbedingt einen Besuch wert. Man speist zu relativ günstigen Preisen Fisch, Meeresfrüchte, Fleisch und Salate, die in der Tischmitte zum Teilen platziert werden. Man sitzt – wie im Kibbuz – an langen Tischen, untermalt von leise plätschernder israelischer Popmusik. Unschlagbar auch die Nähe zum Performing Arts Center und dem neuen Flügel des Tel Aviver Kunst-Museums – bestens geeignet für ein Mittag- oder Abendessen vor oder nach dem Theaterbesuch.

The Dining Hall. 23 Shaul Hamelech Blvd., Tel. 057/944 30 36, www.thedininghall.rest-e.co.il

Performing Arts Center

Die Heimat der Israelischen Oper und des Cameri-Theaters ist einer der meistbesuchten Kulturkomplexe der Stadt. 1994 von dem israelischen Architekten Yakov Rechter gestaltet, umfasst das Tel Aviv Performing Arts Center (TAPAC) Säle mit hervorragender Akustik. Mit seinem Architekturkonzept wollte Rechter »die imposante Präsenz eines öffentlichen Gebäudes mit der lockeren, unmonumentalen Tel Aviver Leichtigkeit verbinden«. Künstlerische Leiterin der Tel Aviver Oper ist seit 1995 Hanna Munitz.

Azrieli Center mit Aussichtsplattform

Mit 187 Metern ist der runde der drei Azrieli-Türme Tel Avivs höchstes Gebäude. Die anderen Türme vervollständigen das gläserne Ensemble. In seiner obersten Etage erreicht man mit dem Aufzug die höchstgelegene Aussichtsplattform des Nahen Ostens. Der Blick ist spektakulär. Er reicht rundum etwa 50 Kilometer weit von Aschkelon im Süden bis nach Haifa im Norden. Der Eingang ist nicht ganz einfach zu finden. Man muss erst die Mall in der dritten Etage durchqueren.

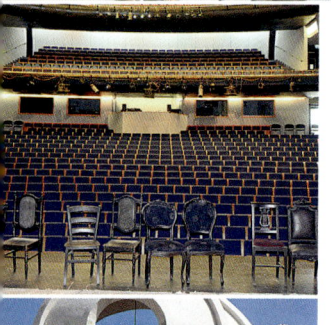

Oben: Im Tel Aviv Performing Arts Center sind die Israelische Oper und das Cameri-Theater zu Hause
Mitte: Ein Besuch lohnt sich – schon allein wegen der Bühnenakustik
Unten: Unweit des Theaterviertels bietet der Azrieli-Tower Panoramablicke aus 187 m Höhe

Museum of Art und Theaterviertel

Hippes Ausgehviertel Sarona

Auch Tel Aviv hat ein Templerviertel, so wie Haifa und Jerusalem. Nur wurde hier das malerische architektonische Erbe der 37 ehemaligen deutschen Stadthäuser erst spät wiederentdeckt. Die Häuser stehen heute unter Denkmalschutz. Die Templergesellschaft entstammte ursprünglich der Lutheranischen Kirche Württembergs. Überall in Israel gründeten sie während der osmanischen Herrschaft Siedlungen, oft unter schweren Bedingungen. Gegen die Malaria etwa bepflanzten sie den sumpfigen Boden mit Eukalyptusbäumen – heute willkommene Schattenspender. Wegen ihrer Identifikation mit den Nazis mussten die verbliebenen deutschen Siedler 1948 Israel verlassen. Jahrzehntelang gehörte das Viertel zum Verteidigungsministerium. In einem der Häuer soll auch eine der ersten Zentralen des Geheimdienstes Mossad untergebracht gewesen sein. Seit seiner Sanierung steht es als Kulturpark mit Galerien, Bühnen, Bars und Läden bei ausgehfreudigen Tel Avivern und Besuchern hoch im Kurs.

Rabin-Platz

Als der zweimalige israelische Ministerpräsident Jitzchak Rabin 1995 von einem religiösen Fanatiker auf einer Kundgebung ermordet wurde, riss sein Tod eine tiefe Lücke. Es war eine der größten Friedensdemonstrationen in der Geschichte Israels, die auf dem damaligen Platz der Könige stattfand. Mit Rabins Tod ist für viele Israelis auch der Traum vom Friedensprozess in weitere Ferne gerückt. Der Platz trägt heute seinen Namen, ebenso wie das schlichte Monument der Bildhauerin Yael Ben-Artzi neben der Treppe, über die Rabin damals nach seiner Rede herunterkam. Trauer und Verlust sind gegenwärtig. Kein Tod eines israelischen Politikers hat die israelische Gesellschaft stärker schockiert und polarisiert.

SEHENSWÜRDIGKEITEN

Performing Arts Center. Musik, Tanz und Theater, darunter Israelische Oper und Cameri-Theater. 19 Shaul Hamalech St., Tel. 03/692 77 88, www.israel-opera.co.il, www.cameri.co.il

Tel Aviv Museum of Art. Meisterwerke in Dauersammlung und temporäre Ausstellungen. Mo, Mi, Sa 10–18, Di, Do 10–21, Fr 10–14 Uhr, 27 Shaul Hamelech Blvd., Tel. 03/607 70 20, www.tamuseum.org.il

ESSEN UND TRINKEN

Batya. Eines der ältesten Restaurants der Stadt, authentische osteuropäische Küche. 95 Hahashmonaim, Tel. 03/522 13 35.

Messa. Haute Cuisine von Aviv Moshe in kühlem Design. Mit Zigarrenbar. Unbedingt vorher reservieren. Tgl. 12–15.30 und 19–23 Uhr, 19 Haarba'a St., Tel. 053/941 88 28, http://messa.rest.co.il

ÜBERNACHTEN

Vital Hotel. Elegantes Boutiquehotel. Fünf Minuten zum Kunstmuseum und eine Viertelstunde zum Strand. 14 Weizman St., Tel. 03/777 00 25, http://vitalhotel.co.il

AKTIVITÄTEN

Azrieli Center. Höchster Häuserkomplex des Mittleren Ostens mit Aussichtsplattform im 49. Stock und Azrieli Mall. 132 Menachem Begin, Tel. 03/608 11 79.

Cinématheque. Filme im Original, jeden Monat spannende Filmreihen. 2 Shprintsak, Tel. 03/606 08 23, www.cinema.co.il

21 Ben Yehuda und Ibn Gvirol Street
Tel Avivs kreative Küche

Jüdische Einwanderer aus 180 Ländern haben ihre Familienrezepte und Länderküchen mitgebracht. Hunderte von exzellenten Restaurants und gemütlichen Cafés mit einer Kaffeekultur wie sonst nur in Italien machen das Essengehen in Tel Aviv jeden Tag zu einem kulinarischen Fest.

Die israelische Gourmetküche stecke noch in den Kinderschuhen, sagt zumindest Janna Gur. Sie muss es wissen. Denn die israelische Restaurantkritikerin kennt die Gastroszene genau. In ihren Kulinarikbüchern beschreibt sie ein anderes Israel als das in den Schlagzeilen – als einen Schmelztiegel der Landesküchen voller experimentierfreudiger Köche. Junge kreative Küchenchefs lassen sich immer wieder etwas Neues einfallen. Alte Familienrezepte aus so verschiedenen jüdischen Küchen wie der irakischen, ungarischen oder marokkanischen verbinden sie heute mit frischen, regionalen Zutaten, einer Prise Orient und Pariser Chic. Dabei stehen mittlerweile die Köche in Jerusalem, Galiläa und der Wüste Tel Aviv als Gourmettempel und kulinarischem Trendsetter-Hotspot in nichts nach.

Vor allem aber Tel Avivs Kochszene ist dynamisch und lebendig. Denn in Israel ändert sich alles rasend schnell. »Wir sind ein junges Land und haben viel nachzuholen. Hier gibt es keine gewachsene Esskultur wie in Frankreich«, meint Janna. Dafür aber viel Experimentierfreudigkeit. Die »kulinarische Revolution« begann 1979 mit dem Friedensvertrag mit Ägypten. Er brachte wirtschaftlichen Aufschwung, politische Entspannung und eine Renaissance der Landesküchen. Wegen strenger

Quirlig, günstig, lecker: Street Gourmet Food im Restaurant Miznon

Ben Yehuda und Ibn Gvirol St.

Importbestimmungen schmuggelte damals so mancher Küchenchef Parmesan noch heimlich aus Italien hierher, erzählt Janna. Doch mit den Jahren sind die israelischen Lebensmittel immer vielfältiger und hochwertiger geworden, ob Cherrytomaten aus der Wüste oder Ziegenkäse aus Galiläa. Der Grund: »Ende der Achtzigerjahre begannen Israelis zu reisen und fanden Geschmack an der feinen Küche«, beschreibt Gastro-Kritikerin Gur den Wandel. Mit den neuen Ansprüchen sei auch die Qualität der einheimischen Produkte gestiegen.

Ethnische Wurzeln neu entdeckt

Derweil erfindet sich der Schmelztiegel neu. Die junge Generation entdeckt die ethnischen Wurzeln ihrer Großeltern wieder und setzt auf den kulturellen Mix einer schier unendlichen Kombinationsvielfalt: Mitteleuropäische Kaffeehauskultur, jemenitische Hausmannskost und bulgarische Bureka-Bäckereien sind ebenso beliebt wie argentinische Steakhäuser, koschere Burgerläden und japanische Sushi-Kioske. Persische Vorspeisen werden heute vor italienischen Hauptgängen und rumänischen Desserts serviert. »Wo auch immer Juden in der Diaspora gelebt haben«, erklärt Janna, »färbte die Umgebung auf ihre Esskultur ab. Dabei führten koschere Speisevorschriften und jüdische Feste immer wieder zu neuen Rezepten. Genau da wagen sich Köche wieder heran.«

Ihren ersten frisch gepressten Orangensaft habe sie in New York getrunken, nicht etwa in Tel Aviv, erzählt Janna. Die Jaffa-Orange war zwar ein weltbekanntes Symbol israelischer Landwirtschaft – aber vor allem ein Exportschlager. Heute bekommt man frisch gepresste Säfte an jeder Straßenecke. Einige der besten Bäckereien, Eisdielen, Cafés und Restaurants findet man zwischen Ben Yehuda Street und Ibn Gvirol Street.

Infos und Adressen

ESSEN UND TRINKEN

Adora. Italiener mit orientalischen Finessen, dabei schlicht und unprätentiös. 226 Ben Yehuda St., Tel. 03/605 08 96.

Basta. Gourmet-Eatary mit Weinbar am Carmelmarkt. 4 Hashomer, Tel. 03/516 92 34.

Benedict. Süß, herzhaft, warm, kalt. Europäisch-israelisch-internationales Frühstücksdiner. 171 Ben Yehuda St., Tel. 03/686 86 57, www.benedict.co.il

Bertie. Eklektische Fusionsküche und Soul Food. 88 King George, Tel. 072/251 29 50, www.bertie.co.il

Gala Gala. Eine der besten Eisdielen der Stadt. Bestseller sind Schoko-*Tahini* und vegane Sorten. 30 King George, Tel. 03/629 36 54.

HaBurekas shel Ima. Heiße Spinattaschen wie bei Muttern auf die Hand. 16 King George St., Tel. 03/681 84 94.

Kovshim. Eine von Tel Avivs versteckten kulinarischen Oasen. Sa–Do 8–24, Fr ab 9 Uhr, 48 Hakovshim, Tel. 053/943 88 62.

Miznon. Gourmet-Streetfood! So–Do 12–16 und 18–22 Uhr, 23 Ibn Gvirol, Tel. 03/716 89 77, www.miznon.com

INFORMATION

Bücher von Janna Gur. Die neue israelische Küche. Eine kulinarische Reise, Neustadt, Umschau Verlag 2007. Jewish Soul Food from Minsk to Marrakesh, New York, Schocken Verlag 2014

MITTELMEER UND KÜSTENEBENE

22 Caesarea und Zichron Ya'akov
Aquädukt und Weinreben

Israels Mittelmeerküste erstreckt sich auf einer Länge von etwa 270 Kilometern. Die Strände zwischen Bat Yam im Süden und Nahariya im Norden gehören zu den schönsten des Mittelmeers. Während die Region um Zichron Ya'akov und Caesarea zum Carmel-Strandabschnitt gehört, zählt der schmale Küstenstreifen zwischen Haifa und Rosch Hanikra (S. 152) an der libanesischen Grenze zur Region Westgaliläa.

Ob Steilküste oder feiner weißer Sand, ob neben Strandbars oder direkt unterm Aquädukt, Israels ausgedehnte Mittelmeerstrände bieten neben abwechslungsreicher Kulisse vielseitige Möglichkeiten für Kultur, Genuss und Wassersport.

Ralli Museum

Die Ausstellung »Herod's Dream« ist ein guter Start für einen Caesarea-Besuch, denn sie führt durch die verschiedenen Epochen der Stadt, die hellenistische, römische, byzantinische, islamische sowie die Kreuzfahrerzeit. Besonderes Augenmerk schenkt sie Herodes' Hafen nach der Schilderung des römisch-jüdischen Chronisten Josephus Flavius (37–100).

Caesarea maritima

Schon im ersten Jahrtausend v. Chr. bauten phönizische Seefahrer hier eine kleine Küstenstadt. Zu Ruhm gelangte Caesarea vor allem durch die Römer. Herodes (73 v. Chr.–4 v. Chr.) erweiterte die Kleinstadt um typische römische Bauten wie

Seite 134/135: Der Hafen von Haifa im Norden Israels
Mitte: Die römische Hafenstadt Caesarea ist heute ein Nationalpark
Unten: Das Ralli Museum erzählt die Geschichte der antiken Küstenstadt

Mosaikboden im Nationalpark Caesarea

Aquädukte, Palastanlagen, Geschäfte, Bäder sowie Tempel zu Ehren von Kaiser Augustus und ein Amphitheater. Später kamen die Kreuzfahrer – unmittelbar hinter der römischen Pferderennbahn liegen die Ruinen der wuchtigen Kreuzfahrerfestung.

Herodes' Glanzstück jedoch war ein Hafen – erst durch ihn wurde die Stadt zum Zentrum der römischen Provinz Judäa. Caesarea blieb bis Ende des 2. Jahrhunderts eine bedeutende römische Kolonie. Zeitweise lebten hier mehr als 100 000 Menschen. Ein komplexes Kanalsystem versorgte sie über das Aquädukt mit Wasser. Unter arabischer Herrschaft versank die einstige römische Vorzeigestadt in Bedeutungslosigkeit und ihr Hafen im Meer – schließlich hatten seine römischen Baumeister das sandige Fundament nicht bedacht. Erst die Kreuzfahrer bauten den Hafen wieder aus. Ab 1101 war Caesarea Bischofssitz.

Der Nationalpark ist heute eine der Hauptattraktionen zwischen Tel Aviv und Haifa. Dabei gestalten Geschichte und Kultur bis heute das moderne Leben mit. So kann man etwa beim Tauchen im Archäologischen Unterwasserpark der Stadt Herodes' versunkenen Hafen erkunden, vom Surfbrett

Nicht verpassen

ABTAUCHEN UND ENTDECKEN

Immer wieder entdecken Taucher vor der israelischen Mittelmeerküste römische Münzen oder Schmuck aus der Antike – sehr zur Freude der israelischen Antikenbehörde. Die Wahrscheinlichkeit, einen Schatz zu finden, ist hier ausgesprochen hoch. 2015 bargen Hobbytaucher 1000 Jahre alte Goldmünzen aus der Fatimidenzeit – den größten Schatz, der jemals in Israel gefunden wurde. Aber auch sonst hält die Mittelmeerküste ideale Bedingungen für Taucher oder solche, die es werden wollen, bereit. Besonders hier, im Archäologischen Park unter Wasser, gibt es viel zu sehen: Herodes' versunkenen Hafen, Säulen und Schiffe auf dem Meeresgrund. Fische sind da eher nebensächlich.

Old Caesarea Diving Center. Für Anfänger und Profis, auch Schnorcheln und Nachttauchen. Caesarea National Park, Tel. 04/626 58 98, http://caesarea-diving.com

aus das Amphitheater bewundern oder sein Strandtuch an einem der schönsten Badestrände der Küste im Schatten des zwölf Kilometer langen Aquädukts ausbreiten. Während der Sommersaison finden im Amphitheater Konzerte statt – von Klassik bis Pop. Allein schon wegen der Kulisse und der Akustik ein besonderes Erlebnis.

Zichron Ya'akov

Ob wohl die französische Weinkultur hier abgefärbt hat? Zichron Ya'akov jedenfalls erinnert eher an eine provenzalische Kleinstadt als an ein Dorf im Carmelgebirge. Ländlich-idyllisch mit kleinen Villen, farbenprächtigen Vorgärten, Weinhängen und südeuropäischem Charme ist es eines der bezauberndsten Städtchen in Israel, gegründet als eine der ersten fünf Siedlungen der ersten Alija 1882. Der französische Philanthrop Baron Edmond de Rothschild (1845–1934) höchstpersönlich förderte den neu gegründeten Ort, unter anderem indem er Weinreben anpflanzen und Weingüter anlegen ließ. Noch heute gehören die Weingüter Carmel und Tishbi zu den renommiertesten israelischen Weinproduzenten, auch international. Zu beiden gehören jeweils ein multimediales Besucherzentrum, Restaurants, Cafés und Läden. Bei Tishbi kann man sogar eine eigene Flasche abfüllen lassen.

Die Rehov Hameyasdim (»Straße der Gründer«) ist Hauptstraße, Fußgängerzone und Weinstraße zugleich. Denn sie endet am Carmel-Weingut. Unterwegs kommt man an authentischen Backsteinhäusern mit Ziegeldächern vorbei sowie am Benjamins Pool, einem Wasserreservoir von 1891. Entlang der Weinstraße verströmen zahlreiche Souvenirläden, Galerien, Cafés, Weinbars und Restaurants eine einladende, mediterrane Atmosphäre. Immer freitags findet hier ein Straßenfest statt.

Oben: Im Amphitheater finden regelmäßig Konzerte statt
Mitte: Die Fußgängerzone in Zichron Ya'akov erinnert an Alleen in der Provence
Unten: Tauchen nach antiken Unterwasserschätzen mit dem Old Caesarea Diving Center

Infos und Adressen

SEHENSWÜRDIGKEITEN

Caesarea Maritima. Nationalpark mit römischem Amphitheater. Sa–Do 9–18, Fr 9–16 Uhr, Eintritt: 40 NIS, erm. 24 NIS, Old Port, Tel. 04/626 70 80.

Immigrantenmuseum. Die Ausstellung zeigt Hintergründe zu den ersten Einwanderern 1882. Mo, Mi–Fr 9–14, Di 9–15 Uhr, 2 Hanadiv, Zichron Ya'akov, Tel. 04/629 47 77.

Ralli Museum. Eines von fünf Ralli-Museen weltweit mit südamerikanischer Kunst. Mo, Di, Do, Sa 10.30–17, Fr bis 15 Uhr, Eintritt frei, Rothschild Blvd., Tel. 04/626 10 13, www.rallimuseums.com

ESSEN UND TRINKEN

Aldo Ice Cream. Eine der besten Eisdielen landesweit. Anstehen lohnt sich. Tgl. 9–24 Uhr, The 60 Founders St., Zichron Ya'akov.

Helena Caesarea. Uri Buris Akko-Ableger in Caesarea, außer Seafood auch Fleisch. Tgl. 12–23 Uhr, The Old Town, Caesarea Port, Tel. 04/610 10 18, www.2eat.co.il/eng/helena

Yume. Exzellentes koscheres Sushi-Lokal an der Mittelmeerküste, etwa eine Autostunde von Tel Aviv entfernt. So–Do 12–22.30, Fr 11–15 Uhr, 4 Hameyasadim, Binyamina, Tel. 04/980 44 44.

Das Dan Caesarea zwischen Tel Aviv und Haifa

Aldos Eisdiele in Zichron Ya'akov

ÜBERNACHTEN

Beit Maimon. Idyllisches Familienhotel mit 25 Gästezimmern und Blick aufs Meer. 4 Zahal, Zichron Ya'acov, Tel. 04/629 03 90, www.maimon.com

Ferienhof Casa Caesarea. Vom römischen Baustil angeregtes B&B. 3 Tal, Caesarea, Tel. 04/610 02 28, http://casacaesarea.com

Smadar-Inn. Traumhafte Zimmer auf Weingut mit Pool inmitten von Gärten und Weinhängen. 31 Hameyasdim St., Zichron Ya'akov, Tel. 050/655 11 55, www.smadar-inn.com

Tooly Eden. Schönes Hotel mit Garten und Pool. 2 Derech Aharon, Zichron Ya'akov, Tel. 04/639 39 39.

AKTIVITÄTEN

Tishbi Winery. Besucherzentrum, Weinverkostungen, Führungen. So–Do 8–17, Fr 8–13 Uhr, Sderot Nili/Ecke Hameyasedim St., Zichron Ya'akov, Tel. 04/638 04 34, www.tishbi.com

Carmel Winery. Weintouren, Verkostungen und Workshops mit Voranmeldung. 2 Derech Hayain, Zichron Ya'akov, Tel. 04/639 17 88, www.carmelwines.co.il

INFORMATIONEN

Besucherzentrum. So–Do 8.30–13 Uhr, 12 Hameyasdim St., Zichron Ya'akov, Tel. 04/639 88 11.

23 Haifa
Cool, modern, multikulturell

Nicht nur Tel Aviv verbreitet ein Lebensgefühl, das ansteckt. Haifa ist cool, modern und offen. Die Stadt hat allen Grund, aus dem Schatten der beiden Big Two, Jerusalem und Tel Aviv, herauszutreten. Zumal die Stadtverwaltung in den vergangenen Jahren viel in Tourismusprojekte investiert hat, um das Image von Israels drittgrößter Stadt neu zu erfinden. Die säkulare Arbeiterstadt am Karmelberg hat mittlerweile rasant an Kultur- und Freizeitwert zugelegt.

Haifa ist eine erstaunliche Stadt: Sie steckt voller einträchtiger Kontraste. Ein Widerspruch? Nicht hier. Verschiedene Religionen und Kulturen leben in der Stadt am Karmelberg friedlich zusammen. Anders als in Jerusalem, wo mitunter schon ein religiöser Funke reicht, um die Gemüter zu erhitzen, ist Toleranz in Haifa Alltag. Nicht ohne Spannungen und Konflikte, gewiss, doch kochen sie längst nicht so hoch wie anderswo. So fahren am Sabbat hier auch die Busse, während im Rest des Landes der öffentliche Nahverkehr ruht.

Daran sieht man: Religion ist in Haifa eher nebensächlich. Die meisten Einwohner leben säkular. Respekt wird in Haifa großgeschrieben. Das mag daran liegen, dass Vielfalt in der modernen Industrie- und Hafenstadt schon immer selbstverständlich war – denn Haifa ist eine klassische Einwandererstadt. In Haifa beträgt der arabische Bevölkerungsanteil rund zehn Prozent, in manchen Stadtvierteln sogar zwei Drittel. Die meisten von ihnen sind Christen, etwa vier Prozent Muslime. In den umliegenden Dörfern des Karmels leben Dru-

Mitte: Am Strand von Nachsholim kann man surfen, tauchen und auch baden
Unten: Der Ben Gurion Boulevard in Haifa führt durchs alte Templerviertel

Die Bahai-Gärten ergießen sich wie ein immer-
grüner Teppich

sen, das schon seit dem 17. Jahrhundert.
Die drusische Religion entstand um 1000
aus dem Islam. Die Drusendörfer Daliyat
al-Karmel und Isfiya sind gerade am Wochenende
einen Besuch wert, vor allem wegen ihrer Sehenswürdigkeiten, Läden, Märkte und Restaurants mit
traditioneller drusischer Küche.

Auch Kababir, ein arabisches Viertel, ist ein Beispiel für Toleranz. Seine Bewohner gehören der
islamischen Ahmadiyya-Ausrichtung an, einer
religiösen Bewegung aus Indien mit Millionen
Anhängern weltweit. Ihre Religionsauffassung
beruht auf »Frieden und Brüderlichkeit der
Völker«. Den »jihad«, den Heiligen Krieg als ge-
waltsames Mittel lehnen sie ab. Ziel ist vielmehr die Wiederherstellung der ursprünglichen
Lehren des Islam.

Historisches – vom Fischerdorf
zur Hafenstadt

1884 fanden Archäologen in Atlit bei Haifa ein
prähistorisches Fischerdorf, das ca. 7000 v. Chr. im
Meer versank: Atlit-Yam, »Israels Atlantis«. Unter
den Funden sind der weltweit älteste Brunnen,

Geheimtipp

DADA IN ISRAEL
Zwischen alten Mauern
und subtropischen
Pflanzen haben Künstler
einen inspirierenden Ort geschaffen – ein früheres arabisches
Dorf, in dem seit 1953 nur Künstler
leben. Es stammt vom Dadaisten
Marcel Janco (1895–1984), einem
Einwanderer aus Rumänien und
einem der Dada-Gründer. In der
selbst organisierten Kommune
leben Maler, Bildhauer, Architekten,
Designer, Schauspieler, Dichter,
Schriftsteller, Tänzer und Karikatu-
risten. Zu den bekanntesten zählen
die Schauspielerin Gila Almagor,
Nathan Zach und Gertrude Krauss.
Auch die Bildhauerin Ursula Malbin,
die als junge Frau vor den Nazis ins
damalige Palästina floh und deren
Plastiken den Skulpturengarten
Haifa schmücken, lebt hier. Neben
Galerien, Ateliers, Studios und Museen gibt es in Ein Hod vier Cafés
und viele traumhafte Gästezimmer.

Ein Hod. Künstlerdorf. 15 km südlich von Haifa, Tel. 04/984 11 26,
www.ein-hod.org

141

KLASSIK IN HAIFA

Einfach gut!

In puncto Klassik gelten Tel Aviv und Jerusalem als Top-Adressen Nr. 1. Dabei ist das Klassikangebot in Haifa nicht minder hochkarätig. Das Haifaer Symphonieorchester ist gern gesehener Gast bei internationalen Musikfestivals und ist aus dem Kulturleben des israelischen Nordens nicht wegzudenken. Neben viel besuchten Konzerten glänzt das Orchester mit einer Big Band und einem Chor. Klassik, Jazz, Oper oder jüdische Kantoralmusik – die Bandbreite des Symphonieorchesters ist vielseitig und einfallsreich. Besonderes Augenmerk richtet das Konzerthaus auf die Ausbildung des musikalischen Nachwuchses – die Meisterklassen und Noten-Projekte zählen zu den renommiertesten in Israel.

Haifa Symphony Orchestra. Haifa Auditorium, 7 MaHana'im St., Tel. 04/833 88 88, www.haifasymphony.co.il

Blick auf Haifa

ein Ritualplatz mit Altären und ein Steinkreis, der monolithische Spuren aufweist. Die gut erhaltene Kreuzfahrerfestung kann man nur aus der Ferne zu bewundern, denn der Abschnitt ist militärische Sperrzone. Zugänglich jedoch ist ein beeindruckendes Museum, das den schwierigen Neuanfang jüdischer Holocaust-Überlebender in Israel während der britischen Mandatszeit dokumentiert.

Wie sich die Stadt im Laufe der Jahrhunderte entwickelte, beschreibt die Ausstellung im Museum für Stadtgeschichte. Viele dieser historischen Spuren prägen das Gesicht Haifas bis heute, darunter der Hijazi Bahnhof. Die türkische Regierung ließ ihn 1906 erbauen, zu einer Zeit, als das türkische Eisenbahnnetz sich bis nach Damaskus erstreckte. Ein spannendes Bauwerk der Zeitgeschichte.

Templerviertel und Elias-Grotte

Christliche Spuren haben vor allem Kreuzfahrer und deutsche Templer hinterlassen. So war der Karmel 1156 etwa Gründungsort des Karmeliterordens. Für Juden hat Haifa vor allem wegen der Elias-Höhle historische Bedeutung. Wo sich heute im Westen der Stadt das Karmeliterkloster erhebt, soll der Prophet in einer Grotte gelebt haben und auch begraben sein.

Das sanierte Templerviertel mit seinem schwäbischen Erbe in der Deutschen Kolonie am unteren Karmelberg kann sich sehen lassen! In einer der Villen ist heute eines der schönsten Hotels von Haifa untergebracht, das Colony Hotel. Auch das Hecht Haus liegt im früheren Templerviertel. 1883 erbaut, diente die zweistöckige Villa mit dem nostalgischen Flair einst als Hotel, heute als städtisches Kulturzentrum.

Kunstspaziergang durch Haifa

Was Kunst betrifft, hat Haifa Hochkarätiges zu bieten. Darunter kann man einige außergewöhnliche Kunstschätze entdecken wie etwa das Museum von Mané Katz (1894–1962), den Skulpturenpark von Ursula Malbin und das Tikotin Museum für japanische Kunst.

Ⓐ Marc Chagall Artists' House – Künstlerhaus mit viel Austausch, Vorlesungen, manchmal Kammerkonzerten. Erbaut 1954 auf eine Initiative von Malern und Bildhauern hin. 24 Hazionut Av., Haifa, Tel. 04/852 23 55.

Ⓑ Hecht Museum – Archäologische Ausstellungsstücke, Werke von Monet und Pissarro. 199 Aba-Hushi Av., Universität Haifa, Mount Carmel, Tel. 04/825 77 73, http://mushecht.haifa.ac.il

Ⓒ Mané Katz Museum – Eigene Werke und private Sammlungen des israelischen Künstlers Mané Katz in dessen früherem Wohnhaus. 89 Yafe Nof St., Haifa, Tel. 04/838 34 82, Mo, Mi, Do, So 10–16, Di 14–19, Fr 10–13, Sa 10–15 Uhr, www.mkm.org.il

Ⓓ Museum für Moderne Kunst – Ambitioniertes Museum mit 7500 modernen Werken, darunter Chagall, Dalí, Miró und zahlreiche israelische Künstler. Immer wieder macht das Museum mit sensationellen und viel beachteten Ausstellungen von sich reden. Eintritt: 30 NIS, 26 Shabbatai Levi St., Hadar HaCarmel, Haifa, Tel. 04/911 59 91, www.hma.org.il

Ⓔ Mitzpor Schalom (»Friedensaussicht«, Ursula Malbins Skulpturengarten) – Erster Skulpturengarten weltweit, der einer einzigen Künstlerin gewidmet wurde. Jeweils ein Original ihrer weltweiten Skulpturen steht hier. Die grazilen Bronzeskulpturen verbreiten eine Atmosphäre des Friedens und der Ruhe, noch dazu bei herrlicher Aussicht. Tgl. 8–18 Uhr, Eintritt frei, 112 Hazionut Av., http://malbin-sculpture.com

Ⓕ Tikotin Museum of Japanese Art – Japanische Kunst und Kultur im Nahen Osten. 89 Ha-Nassi Blvd., Mount Carmel, Tel. 04/838 35 54, www.tmja.org.il

Die Bahai-Gärten

Die hängenden Gärten der Bahai sind Haifas Wahrzeichen und Symbol zugleich – für Toleranz und friedliches Miteinander verschiedener Religionen. Hier fanden die Bahai Zuflucht vor jahrhundertelanger Verfolgung. Ursprünglich aus Persien stammend, werden Bahai im Iran seit ihrer Religionsgründung im 19. Jahrhundert systematisch diskriminiert. Der elfenbeinfarbene Schrein des Religionsstifters Bab mit der goldschimmernden Kuppel ist eine der heiligsten Stätten der Bahai-Religion. Hierher pilgern jährlich Bahai-Anhänger aus aller Welt. Inmitten der terrassenartigen Gärten mit ihren Springbrunnen ist die Ruhe vollkommen.

Neben den Parks und Gärten bietet die Strandpromenade Entspannung und Erholung: Sandstrände wie Karmel- und Dado-Beach bieten jede Menge Wassersportaktivitäten und Bademöglichkeiten. Viele Attraktionen und Museen verbindet die Seilbahn Karmelit, andere erreicht man bequem per Metro, Bus und Segway.

»Stadt der Zukunft«

Großen Anteil an Haifas Imagewandel von der Arbeiterstadt zur Trendmetropole hat die Universität. Sie genießt seit ihrer Gründung 1963 weltweit einen ausgezeichneten Ruf. Ihre Lage an einem der höchsten Punkte der Stadt macht sie zudem zum perfekten Aussichtspunkt. Das Gebäude mit dem Eschkol Tower entwarf der Architekt Oscar Niemeyer. Außerdem beherbergt es eines der schönsten Museen Haifas, das Hecht Museum. Nicht weit entfernt liegt das Technion – eine Talentschmiede für angehende Wissenschaftler und weltweit führend bei der Entwicklung neuer Technologien. Theodor Herzl, der Begründer des modernen Zionismus, sah in Haifa die »Stadt der Zukunft«.

Oben: Liebevoll restauriert: Downtown Haifa am Paris Square
Mitte: Das Feriendorf Nachsholim bei Haifa bietet Wassersport und Entspannung
Unten: Den Ben Gurion Boulevard säumen Straßencafés, Parks und Weingärten

Infos und Adressen

SEHENSWÜRDIGKEITEN

Bahai-Gärten. Innere Gärten tgl. 9–12 Uhr, Außengärten bis 17 Uhr. Empfohlene Route von 45 Yafe Nof St. am Eingang zu den oberen Gärten hinunter zum Ausgang 80 Hazionut Av., Tel. 04/831 31 31, www.ganbahai.org.il

Beit Ha-am (»People's House«, Haifa Museum). Stadtmuseum mit wechselnden Ausstellungen. 11 Ben Gurion Av., German Colony, Haifa, Tel. 04/911 58 88, www.hms.org.il

Clandestine Immigration and Naval Museum. Geschichte der jüdischen Immigration unter britischem Mandat zwischen 1934 und 1948. So–Do 10–16 Uhr, 204 Allenby St., Haifa, Tel. 04/853 62 49.

Daliat al-Karmel. Drusendorf südöstlich von Haifa im Carmelgebirge.

Elias-Höhle. 230 Derech Allenby, Tel. 04/852 74 30.

Jeckes Museum. Hommage an deutsch-jüdische Einwanderer. Mo–Do 9–16, Sa 11–16 Uhr, Tefen bei Kfar Vradim, Rd. 854, Tel. 04/910 96 09, www.omuseums.org.il

Kababir. Muslimisches Viertel, in dem Anhänger des Ahmadiyya-Islam leben, einer betont pazifistischen Ausrichtung des Islam. Wunderschön: die Mahmood-Moschee aus den 1970er-Jahren. Tel. 04/838 50 02.

Mada Tech Museum. Experimente für die ganze Familie. Balfour St., Tel. 04/867 91 04, www.madatech.org.il

Railway Museum. Eisenbahn-Museum rund um den türkischen Hijazi-Bahnhof von 1906. Faisel Square, 3 Hativat Golani St.

Stella Maris Karmeliterkloster. Grandiose Aussicht, vor allem bei Sonnenuntergang! Stella Maris Rd., Tel. 04/833 77 58.

ESSEN UND TRINKEN

Café Louise. Leckeres kann auch gesund sein. Deli, der mit dem Slogan »Die wilde Seite der Natur« wirbt. 58 Sderot Moriah, Tel. 04/834 99 50, www.cafelouise.co.il

Habait. Heißt übersetzt »zu Hause«. Familienrestaurant im arabischen Dorf Ein Hud. Authentische Familienrezepte. Ein Hud, Tel. 053/809 49 37, www.2eat.co.il/eng/habaiteinhud

Humus Abu Shaker. Bester Hummus in ganz Haifa. 29 Sderot Hameginim.

ÜBERNACHTEN

1926 Designed Apartments. Sauber, praktisch, preiswert und unschlagbare Lage am Fuße der Bahai-Gärten. 3 Moshe Ahron St., Tel. 04/866 53 20, https://1926.co.il

Templers Boutique Hotel. Kleine Oase im Herzen der geschäftigen Hafenstadt. 36 Ben Gurion Blvd., German Colony, Tel. 04/629 77 77, www.templers-haifa.com

EINKAUFEN

Mercaz Panorama (Panorama Center). Shoppingmall auf 4000 m² mit Mode, Restaurants und Cafés in der City. Parkplätze rund um die Uhr. So–Do 9–20, Fr 9–14 Uhr, im Mercaz HaCarmel (Carmel Center) gegenüber vom Dan Panorama, 109 Hanasi Av. Tel. 04/837 50 11.

AKTIVITÄTEN

Hai Bar Naturpark. Wildpark mit Panthern, Hirschen, Geiern, Nachteulen und Falken. Nur Sa 8–16 Uhr, Eintritt: 10–2 NIS, Eingang über 199 Abba-Hushi Av., Universität Haifa, Tel. 04/832 06 48.

Northern Wind. Tauchbasis am Strand mit Tauchkursen, Kajak, Jeep, Segeln, Surfen. Tel. 077/456 78 07, Kibbuz Nachsholim, 36 km südlich von Haifa, www.northern-wind.co.il/english-northernwind.html

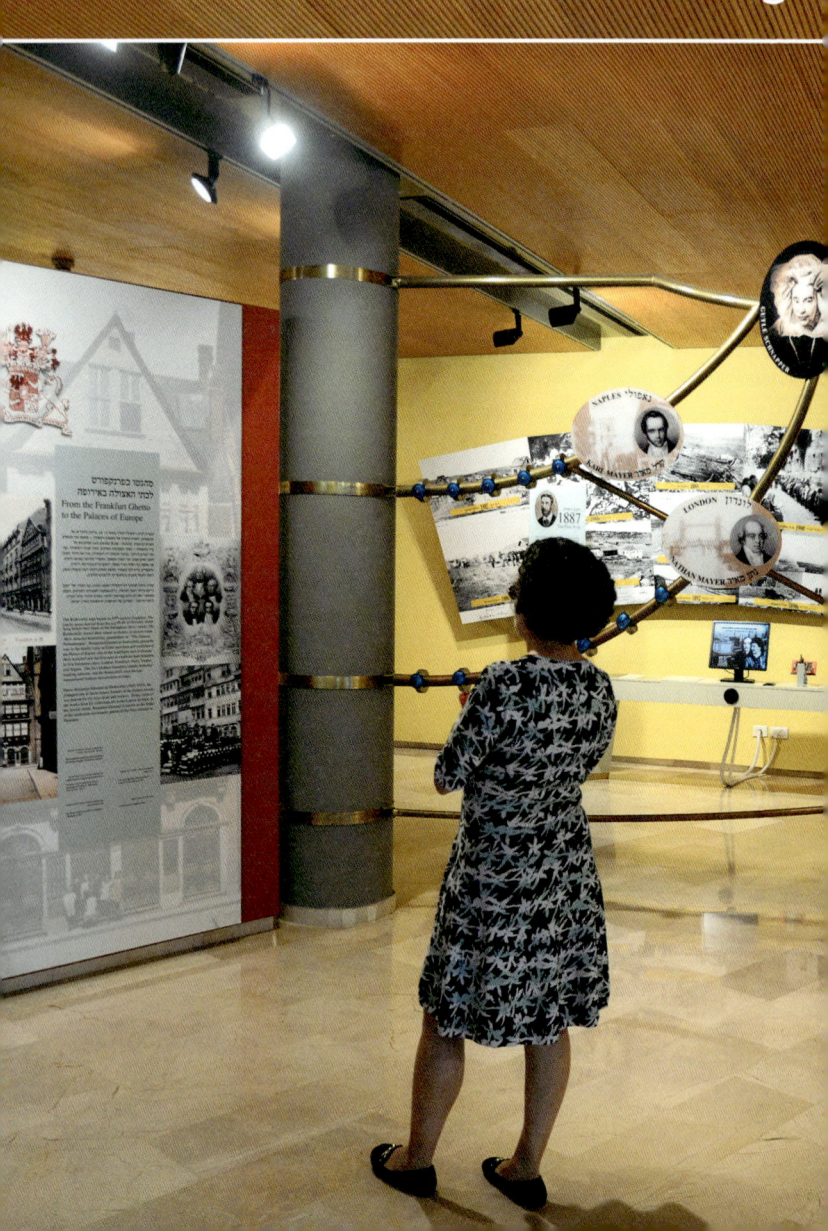

Seit seiner Gründung als jüdischer Staat hat Israel Hunderttausende jüdische Einwanderer aus der ganzen Welt integriert. Bereits in den ersten vier Jahren nach Staatsgründung hatte sich die Einwohnerzahl Israels infolge der Massenimmigration von europäischen Schoah-Überlebenden und Flüchtlingen aus arabischen Ländern verdoppelt.

Seine Vielfalt verdankt Israel der Einwanderung – das zeigt sich in Haifa besonders deutlich. Hier gingen die ersten Einwanderer an Land, hier bauten sie sich ein neues Leben auf. Die ersten kamen Ende des 19. Jahrhunderts aus Russland, Polen und anderen osteuropäischen Ländern (Aschkenasen); unter den Emigranten, die zwischen 1932 und 1938 vor den Nazis flohen, waren rund 200 000 Juden aus Deutschland und Mitteleuropa. Ihrer oftmals beschwerlichen Geschichte widmet sich das Clandestine Immigration and Naval Museum (S. 145).

Jeckes Museum und Operation Moses

Viele, die mit dem Schiff in Haifa ankamen, ließen sich auch hier nieder,

Im Eretz Israel Museum in Tel Aviv wird die Geschichte der Juden anschaulich präsentiert

147

darunter besonders viele deutsche Juden, augenzwinkernd »Jeckes« genannt wegen Eigenschaften, die als »typisch deutsch« gelten wie: ordentlich, pünktlich und genau. Das Jeckes Museum (S. 145) im Tefen Industriepark widmet ihnen eine ganze Ausstellung. Auch der mit vielen sprachlichen und kulturellen Schwierigkeiten verbundene Neuanfang im damaligen Palästina wird dokumentiert. Es ist das einzige Museum über deutsch-jüdische Emigranten des Landes. Ein sehenswertes Stück deutsch-jüdischer Kulturgeschichte in Israel!

Auch in späteren Jahren kamen Juden nach Israel – in unterschiedlich großen Einwanderungswellen und aus der ganzen Welt. Denn das sogenannte Rückkehrgesetz erlaubt Personen jüdischer Herkunft oder jüdischen Glaubens sowie deren Ehepartnern, Kindern und Enkeln die Einwanderung nach Israel. 1984 und 1991 etwa wurden in zwei großen Luftbrücken (»Operation Moses« und »Operation Salomon«) rund 8000 äthiopische Juden nach Israel evakuiert. Eine weitere große Einwanderungswelle mit mehr als einer Million Juden setzte 1989 aus den Ländern der ehemaligen Sowjetunion ein – sie machen mittlerweile ein Fünftel der israelischen Bevölkerung aus.

Dass die Integration so vieler unterschiedlicher Kulturen, Sprachen und Ethnien nicht immer reibungslos verläuft, bezeugen zahlreiche gesellschaftliche Konflikte, die offen thematisiert werden – zwischen Alteingesessenen und Neueinwanderern, zwischen »Europäern« und »Orientalen«, vor allem zwischen Säkularen und Religiösen. Doch der Umgang mit diesen Spannungen ist israelisch-kreativ: »Die israelische Öffentlichkeit wird zu einem Raum, wo Spaltungen durch Konflikte überwunden werden können und wo bestimmte Arten von Gleich-Gültigkeit und sozialer Distanz einen positiven Beitrag zur Integration der Gesellschaft leisten«, meint beispielsweise der israelische Soziologe Natan Sznaider.

Israeli zu sein – darauf weist er in diesem Zusammenhang hin –, bedeutet heute auch, dass man russische Zeitungen liest, russisches Fernsehen sieht, ins Russische Theater geht und sich russische Rockmusik anhört. Aber Israeli sein bedeutet ebenso, dass man seine jüdisch-orientalische Identität ernst nimmt und dass

Das Rabin Center in Tel Aviv informiert über die Entstehung des jüdischen Staates

Jüdische Familien verbringen den Sabbat gern gemeinsam, so wie hier im HaYarkon-Park

man, paradoxerweise beeinflusst durch westliche Multikulturalität, alles Westliche ablehne. So entstehe »Individualität durch Überschneidungen und Konflikten mit anderen Identitäten«.

Zurück zu den Wurzeln

Verstand sich die Gesellschaft früher eher als kultureller Schmelztiegel, wandelte sich das Selbstbild in den vergangenen Jahren hin zum »individuell geprägten Mosaik«. So wenden immer mehr junge Israelis, deren Eltern noch das Bestreben hatten, sich dem zionistischen Leitmotiv vom »neuen Israeli« möglichst gut anzupassen und dabei die mitgebrachten Traditionen ihrer Vorfahren abzustreifen, den Wurzeln ihrer Groß- und Urgroßeltern zu – musikalisch, literarisch, kulinarisch.

Beispiele dafür gibt es zahlreiche: Die Band A-WA etwa, bestehend aus den Schwestern Tair, Liron and Tagel Haim, kombiniert jemenitische traditionelle Musik mit Elektro- und Hip-Hop-Beats – die Großeltern der Sängerinnen kamen im Zuge der Operation »Fliegender Teppich« 1949/50 aus dem Jemen nach Israel. Die Musikerinnen besinnen sich auf ihr orientalisches Erbe – wie auch die Sängerin Riff Cohen mit ihren französischsprachigen Songs: Ihre größte Inspiration sei ihre Großmutter Fortuna, sagt die Sängerin, eine ungebildete, »einfache« Frau von der Insel Djerba.

An kaum einem Ort spiegelt sich dieses neue Selbstbewusstsein in einer Gesellschaft, die lange durch das sozialistische Ideal des Kibbuz-Kollektivs geprägt war, so wider wie in Haifa.

149

24 Akko und Umgebung
Israels heimliches Juwel

Seit 2001 ist Israels orientalischste Stadt UNESCO-Weltkulturerbe. Moscheen, Karawanserei und Basar prägen die engen Gassen der Altstadt. Fischkutter bringen Meeresfrüchte zum Hafen. Unterirdische Säulengänge künden von den Kreuzfahrern. Alte ottomanische Paläste verzaubern als Fünf-Sterne-Hotels. Festungsartige Mauern am Meer verdeutlichen Napoleons vergeblichen Versuch, die Stadt zu erobern.

Akko liegt etwa 20 Kilometer nördlich von Haifa auf einer Landzunge. Hier scheint die Zeit stillzustehen. Während der Muezzin von der Al-Jazzar-Moschee zum Gebet ruft, spaziert man durch die engen Altstadtgassen zur Karawanserei Khan al-Ummdan. Ihre schattigen Säulengänge erinnern an antike Theater. Von hier aus verschifften einst Händler ihre Waren nach Europa.

Strategische Hafenmetropole und Kreuzfahrerstadt

Auch auf Akkos orientalischem Basar erfüllen seit Generationen dieselbe Farbenpracht, derselbe geschäftige Lärm und aromatischer Duft aus Minze, Salz und Kardamom die Luft. Das Meer brandet tosend an die mächtigen Hafenmauern, die noch aus der Kreuzfahrerzeit erhalten geblieben sind. An ihnen scheiterte Napoleon 1799 bei dem Versuch, das seinerzeit osmanische Akko zu erobern. Eine herbe Niederlage, denn der strategisch wichtige Handelsstützpunkt galt schon Phöniziern, Persern, Griechen, Römern, Arabern, Kreuzfahrern und Osmanen als Tor nach Galiläa und in den Orient.

Mitte: Die grüne Kuppel der Al-Jazzar-Moschee ist eines von Akkos Wahrzeichen
Unten: Abenteuer und Kulturgeschichte zugleich: Akkos unterirdische Kreuzfahrersäle

Stadtspaziergang in Akko

Erst in den 1990er-Jahren legten Archäologen eine unterirdische Kreuzfahrerstadt frei, die Akko in Unter- und Oberstadt teilt.

Ⓐ Hospitaliter-Zitadelle (Rittersäle) – Vom Hospitaliterorden im 12. Jh. errichtete 5000 m² große Anlage aus mehreren Stockwerken um einen zentralen Innenhof, Sälen, Gewölben, Zisternen und einem Abwassersystem – eine ganze unterirdische Stadt.

Ⓑ Khan al-Ummdan – Weltkulturerbe seit 2001. Hier verstauten, verkauften und lagerten Händler ihre Waren und übernachteten auf der oberen Etage über den Granitsäulen. Ende des 18. Jh. von Jazzar erbaut.

Ⓒ Al-Jazzar-Moschee – 1781 eingeweihte und größte aller Moscheen, die während der ottomanischen Herrschaft in Palästina errichtet wurden, auch heute noch größte Moschee in Israel außerhalb Jerusalems. Tel. 04/991 30 39.

Ⓓ Templertunnel – Der Templerorden unterstützte auf Geheiß des Papstes Kreuzfahrer und Kranke bei ihrem Besuch der heiligen Stätten. Nach der Eroberung Jerusalems 1187 durch Saladin verlegten sie ihren Sitz nach Akko und erbauten eine Festung. Der Tunnel ist 350 m lang und verbindet die Festung und den Hafen.

Ⓔ Hamam al-Bashi – Akkos Herrscher Jazzar erbaute das Hamam im 18. Jh. Es war Teil des Bauplans, der Akko von einem Fischerhafen wieder in eine bedeutende Hafenstadt verwandeln sollte. Die Welt des Hamam wird beim Besuch interaktiv-szenisch geschildert.

Ⓕ Ramhal-Synagoge – Benannt nach dem italienischen Weisen Rabbi Moshe Haim Luzatto (Ramhal, 1707–1746) aus Padua.

Ⓖ St. Johanneskirche – Mit ihren roten Türmen sticht die Franziskanerkirche in der Nähe des Leuchtturms aus Akkos Panorama hervor. Sie wurde 1737 auf den Ruinen einer Kreuzfahrerkirche aus dem 12. Jh. erbaut und ist heute das einzige römisch-katholische Gebetshaus in Akko.

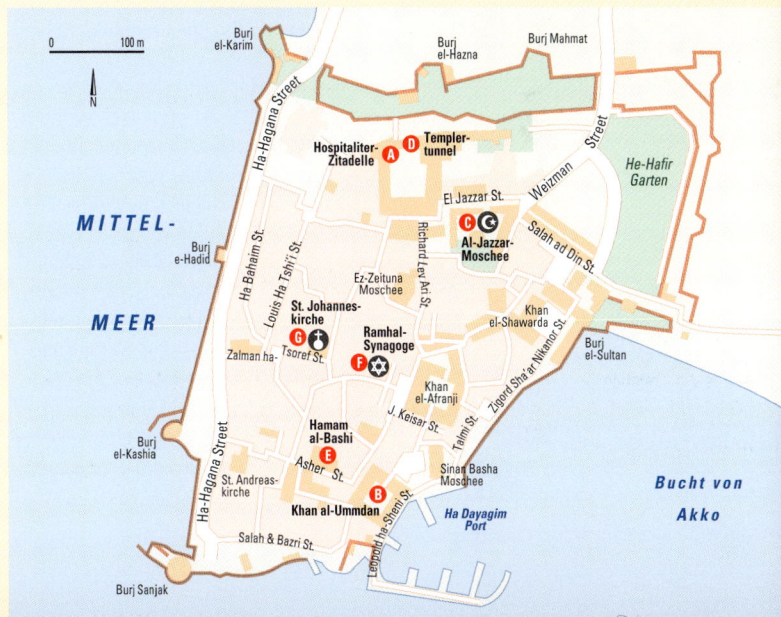

HOTELIER MIT HERZ

Uri Buri ist nicht nur Israels berühmtester Fischkoch, sondern ein Akko-Urgestein. In seinem gleichnamigen Fischrestaurant am Hafen kocht er »Alltagsküche mit Pfiff« und überzeugt damit sogar Fischskeptiker. In seiner Eisdiele verkauft der Israeli, dessen Vorfahren aus Deutschland stammen, Bio-Eis mit Kardamom und Rosengeschmack. Sein Prunkstück: das Efendi-Hotel, ein ottomanischer Palast, den er liebevoll restaurierte, mit zwölf Zimmern, Originalfresken, Weinkeller, türkischem Hamam und Dachterrasse. Uris Mitarbeiter, Juden und Araber, gehören zur Familie. So wie einst seine Eltern nach dem Zweiten Weltkrieg, adoptierte auch er Flüchtlingskinder – gelebtes Miteinander seit Generationen neben dem Charme von Jahrtausenden. Der Hotel-Palast ist wie Akko selbst: ein Potpourri verschiedener Kulturen und Epochen.

Uri Buri. Restaurant und Eisdiele: 93 Hahagana, Tel. 04/955 22 12, Hotel: Louis Hatshi'i, Tel. 074/729 97 99, www.efendi-hotel.com

Geheimtipp

Akkos Bewohner

Im Raum Akko leben etwa 46 000 Einwohner, drei Viertel Juden und ein Viertel Araber, darunter Muslime, Christen, Drusen und Bahais. In Akkos Altstadt wohnen fast ausschließlich israelische Araber. Umso bedeutsamer ist hier das friedliche Miteinander im Alltag. Bis zu den jüdisch-arabischen Unruhen im Jahr 2008 galt Akko als Musterbeispiel an gelebter Koexistenz. Spannungen gibt es zwar immer wieder, doch dank Initiativen, vor allem im sozialen Bereich, hat sich die Lage wieder entspannt.

Haus der Ghettokämpfer

Unweit von Akko in Richtung Nahariya kommt man zum Kibbuz der Ghettokämpfer, gegründet 1949 von Überlebenden des Aufstands vom Warschauer Ghetto. Das hiesige Museum widmet sich jüdischem Leben in Osteuropa und dem Holocaust.

Rosch-Hanikra-Grotten

Etwa 20 Kilometer nördlich von Akko erreicht man Rosch Hanikra (»Kopf der Felsenhöhle«), Israels nördlichsten Zipfel am Mittelmeer. Dahinter verläuft die Grenze zum Libanon. In dem dazugehörigen Kibbuz soll der britische Schauspieler Sacha Baron-Cohen eine Zeit lang gelebt haben. Doch die eigentliche Attraktion wartet 36 Meter in der Tiefe – Grotten ragen ins Meer, ausgehöhlt von Wind und Wasser. Eine schaukelnde Seilbahn verbindet die weißen Steilklippen mit den sandigen Buchten. Drei Minuten Fahrt, doch die haben es in sich. Nichts für schwache Nerven! Aber es lohnt sich. Denn das Grottenlabyrinth bietet Abenteuer und Geschichte zugleich. Eine Alternative – sich den Grotten vom Meer aus per Kajak zu nähern.

Infos und Adressen

SEHENSWÜRDIGKEITEN

Haus der Ghettokämpfer. Holocaust-Gedenkstätte und Museum zum Gedenken an den jüdischen Widerstand. Kibbuz Lochamej Hagetaot, Tel. 04/995 80 80, www.gfh.org.il

Okashi Museum. Kunstmuseum zu Arbeiten israelischer Maler und Werken von Avshalom Okashi (1916–1980). Sa–Do 9.30–18, Fr bis 17 Uhr, Eintritt: 10 NIS, Altstadt Akko neben den Rittersälen, Tel. 04/995 67 10.

Tunesische Synagoge Or Tora. Synagoge auf mehreren Etagen mit bebilderten Glasfenstern und Mosaiken außen und innen. 13 Eliezer Kaplan, Akko, telefonische Anmeldung unter 04/981 84 51.

ESSEN UND TRINKEN

Hummus Said. Wer hier Schlange steht, weiß wofür – den besten Humus weit und breit. Manche Gäste kommen sogar extra wegen Saids Hummus nach Akko. Altstadtmarkt, Akko, Tel. 04/991 39 45.

ÜBERNACHTEN

Akko Beach Hotel. 78 Zimmer mit Blick auf die Altstadt und die Bucht von Haifa an einem der Top-3-Strände Israels. 1 Derech Harbaa, Tel. 04/995 79 97, http://accobeachhotel.co.il

Erna Shtarkman Boutique Hotel. Kürzlich renoviertes Familienhotel mit europäischem Ambiente und israelischem Frühstück in Nahariya, 9 km nördlich von Akko. 29 Jabotinsky St., Nahariya, Tel. 04/992 01 70, www.sernahotel.co.il

AKTIVITÄTEN

Manyana. Akko per Boot – geführte Segeltörns zwischen der Bucht von Haifa bis zu den Grotten von Rosch Hanikra. Akko Hafen, Tel. 04/908 01 64, www.yacht-manyana.com

Maskit. Vielseitige Spa-Angebote in schönem B&B. Moshav Lima, 20 Hagefen St., Tel. 052/978 83 99, www.maskit.co.il

Rosch-Hanikra-Grotten. Sommer Sa–Do 9–18, Winter tgl. 9–16 Uhr, Eintritt (inklusive Seilbahn): 35–45 NIS, Rosch Hanikra, Tel. 073/271 01 00.

INFORMATION

Besucherzentrum. Infos, Tickets und Buchung von Rundgängen. 1 Weizmann St., Tel. 04/995 67 07.

Gilt als einer der schönsten Strände in Nordisrael: Nahariya zwischen Akko und Rosch Hanikra

25 Rehovot und Holon
Wissenschaft trifft Design

Die Stadt Rehovot steht für Wissenschaft, die Stadt Holon für Design. Hier am südlichen Küstenabschnitt von Tel Aviv locken zwei der aufsehenerregendsten Besuchermagneten Israels – der interaktive Wissenschaftspark Clore Garden of Science und das Designmuseum des Künstlers Ron Arad. Action und Spaß verspricht auch der Safari-Park in Ramat Gan.

»Stadt der Wissenschaft und Kultur« – diesen Beinamen trägt die Kleinstadt Rehovot mit Stolz. Zu Recht, denn das renommierte Weizmann-Institut hat schon so manchen Nobelpreisträger hervorgebracht. Gegründet hat es der israelische Chemiker und spätere Präsident Chaim Weizmann 1934. Zur Einweihung 1949, da war Weizmann Israels erster Staatspräsident, sagte er: »Das Institut ist die Erfüllung einer Vision und die Umsetzung eines Traums. Es kann viel zum Wohle Israels beitragen; und wenn im Nahen Osten Frieden herrscht, wird es Gutes tun für unsere Nachbarn und die Menschheit.« Ob Krebsforschung, Computertechnologie oder Kernphysik – die Grundlagenforschung am Weizmann-Institut gilt als eine der besten der Welt. Ganz in diesem Sinne wurde auch das Logo des Instituts gewählt – ein Feigenbaum als Symbol für den »Baum des Lebens«.

Mitte: Das Design Museum Holon wurde 2010 eröffnet: ein Muss für Architekturbegeisterte
Unten: In Ron Arads Kulturkomplex dreht sich alles um modernes Design

Wissenschaftspark und Weizmann-Haus

Auf dem Campusgelände des Weizmann-Instituts befinden sich zwei Museen: Der interaktive Wissenschaftspark (Clore Garden of Science) und das Weizmann-Haus. Der Wissenschaftsgarten ist experimentell angelegt – Naturphänomene zum Anfassen laden zum Ergründen ein, darunter die Gesetze der Physik, Sonnenenergie, Wasserkraft, Schall und Geometrie. Auf dem »TrampoLuna« kann man ausprobieren, wie es sich anfühlt, auf dem Mond zu spazieren.

Das Weizmann-Haus ist das ehemalige Wohnhaus von Vera und Chaim Weizmann. Entworfen und gebaut hat es der deutsch-jüdische Architekt Erich Mendelsohn im Bauhaus-Stil. Seit 1978 sind die privaten Räume des ersten israelischen Präsidentenpaares als Museum zu besichtigen.

Design Museum Holon

Dort, wo Tel Aviv-Jaffa kaum merklich in die Vorstadt Holon übergeht, wartet eine echte Entdeckung, das Design Museum Holon. Der Kulturkomplex des israelischen Designers Ron Arad ist seit seiner Eröffnung 2010 ein höchst anschauliches Beispiel dafür, wie Kunst und Design moderne urbane Räume bereichern und inspirieren. Zwischen der Stadt und dem Museum scheint es eine kreative Wechselwirkung zu geben – Leichtigkeit, Ästhetik und Funktionalität fließen in Holon nahtlos ineinander. Die Sammlung zur Geschichte von Design in Israel und weltweit ist umfangreich, die Wechselausstellungen gelten als bahnbrechend.

Safaripark

Zwischen Holon und Ramat Gan lockt der Safaripark mit mehr als 100 Hektar Afrika in Israel – und das inmitten eines dicht besiedelten Ballungsraumes. Nashörner, Elefanten und Löwen grasen auf dem savannenartigen Gelände, Gorillas hangeln sich von Baum zu Baum, und Krokodile schaukeln träge im Wasser, während in der Ferne die Skyline von Tel Aviv glitzert.

SEHENSWÜRDIGKEITEN

Clore Garden of Science. Wissenschaft zum Anfassen auf 800 m² mit 80 verschiedenen Experimenten. Sa–Do 10–17 Uhr, 234 Herzl St., Rehovot, Tel. 08/934 23 81, http://visitors-center.weizmann.ac.il/sciencePark

Design Museum. Kulturkomplex von Designer Ron Arad. Die Architektur spielt mit Licht und Schatten, das Museum ist revolutionär – Zeit mitbringen! 8 Pinhas Eilon St., Holon, Tel. 03/215 15 15, www.dmh.org.il

Weizmann-Haus. Hier lebte Israels erster Präsident Chaim Weizmann. 234 Hertsel, Rehovot, Tel. 08/934 32 30, http://eng.shimur.org/yadweizamann

ESSEN UND TRINKEN

Moovmo. Mediterrane Küche in modern-orientalischem Ambiente. Mo–Fr 12–22.30 Uhr, 177 Herzl St., Rehovot, Tel. 053/944 34 64.

ÜBERNACHTEN

Leonardo Boutique. Schöne Zimmer neben dem Wissenschaftspark. 2 Oppenheimer St., Rehovot, Tel. 08/919 28 00, www.leonardo-hotels.de

AKTIVITÄTEN

Safaripark. Afrika in Israel. Nashörner, Zebras und Giraffen per Safarizug oder eigenem Auto. Eintritt: 69 NIS, tgl. ab 9 Uhr, 1 Zvi Av., Ramat Gan, Tel. 03/630 53 05, www.safari.co.il

GALILÄA UND SEE GE- NEZARETH

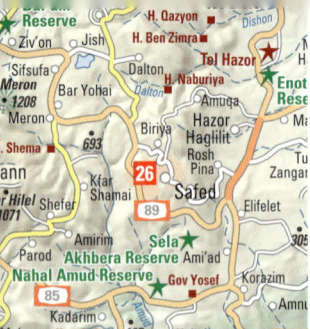

26 Safed, Hauptstadt Galiläas
Liebliche Landschaften, malerische Städte

Einheimische nennen Galiläa »israelische Schweiz«. Zwar thronen hier keine gewaltigen Gipfel, dafür laden pittoreske Dörfer zum Entdecken und traumhafte Wege zum Wandern ein. Denn die Region bietet neben exotischen Kulturen, jüdischer Mystik, ottomanischer Pracht und der Wiege des Christentums eine abwechslungsreiche Natur – vom See Genezareth bis zum schneebedeckten Hermon-Berg im Golan.

Im Westen glitzert das Mittelmeer. Im Norden und Osten breiten sich sanfte Hügel wie ein mosaikartiger Teppich aus, der am Horizont in die graugrün schimmernden Golanhöhen (S. 166) und im Süden in den See Genezareth (S. 174) übergeht. Mancherorts fühlt man sich eher in die Schweiz versetzt als in den Nahen Osten.

Vielfalt und Tradition

Im Nordosten Galiläas bezaubert das pittoreske Künstlerstädtchen Safed mit seiner mystischen Tradition. Im Norden ragen die vom Meerwasser unterspülten Höhlen von Rosch Hanikra ins Mittelmeer. Im Südosten empfängt Tiberias seine Besucher am See Genezareth – nicht nur eine der vier heiligen Städte des Judentums, sondern auch ein beliebter Kurort mit sprudelnden Thermalquellen.

Erste strategische Bedeutung erlangte Galiläa im 8. Jahrhundert v. Chr. Nach dem babylonischen Exil war es Teil des Jerusalemer Königreichs.

Seite 156/157: Die Hügel Galiläas leuchten in der Ferne, an den Ufern des Sees Genezareth kann man wandern, radfahren und baden
Unten: Mystik und Kunst in luftiger Höhe – Safed gilt als eine der vier heiligen Städte des Judentums

Die Ruinen von Tel Hazor gehören zum
UNESCO-Weltkulturerbe

In römischer Zeit war Galiläa die grö-
ßte der drei bestehenden Provinzen
Judäa, Samaria und Galiläa. Heute ist die
Region aus Obergaliläa, Untergaliläa und
Westgaliläa untergliedert.

Geschichte und Kultur

Galiläa ist so üppig an Natur und Aktivitäten wie
reich an Kultur und Geschichte. Es gibt kaum eine
Religion, Kultur oder Epoche, die hier nicht ihre
Spuren hinterlassen hat, und das buchstäblich
unter jedem Stein. Einige Spuren reichen sogar bis
ins 2. Jahrtausend v. Chr. zurück.

Ob Phönizier, Perser, Juden, Griechen, Römer,
Araber, Osmanen, Drusen, Tscherkessen oder Bahai
– bis heute sind die Einflüsse spürbar. Das gilt
insbesondere für das Christentum. Millionen Pilger
begeben sich hier alljährlich auf Spurensuche
nach den christlichen Ursprüngen.

Und sie werden nicht enttäuscht. Denn abseits
ausgetretener Touristenpfade und dem Geschäft
mit kitschigen Souvenirs kann man hier viel entdecken: Auch 2000 Jahre später fasziniert die

Einfach gut!

SCHWIMMEN IM NATURPOOL

Der sogenannte Hexa-
gon oder auch Meshushim
Pool ist einer der faszinierendsten Plätze in Nordisrael und
von Touristen bisher wenig erschlossen. Sechseckige Lavastein-
Felsen umranden einen Naturpool
mit klarem und erfrischendem
Wasser. Der Abstieg hat es in sich,
auf jeden Fall braucht man feste
Schuhe, es dauert ca. 20 Minuten.
Je näher man dem Wasser kommt,
umso mehr Geheimnisse gibt die
Naturoase frei – eine überwältigende Farbenpracht in Pink, Rot
und Rosa, Grün und Weiß. Hier
unten blühen Oleanderbüsche,
wilde Himbeersträucher und
Weidenbäume. Umgeben von den
majestätischen Sechseckssäulen zu
schwimmen, mitten in der Natur,
während der Wasserfall am Ohr
rauscht, ist einfach paradiesisch!

Breichat HaMeshushim. Eintritt
über den Yehudiya-Naturpark,
10–22 NIS, April–Sept. 8–17, Okt.–
März 8–16 Uhr, Tel. 04/682 02 38.

MIZPE HAYAMIM RESORT

Geheimtipp

Es ist der Hotspot in Galiläa schlechthin: Wellness der Superlative, traumhaft schöne Suiten, grandiose Aussicht und sensationelles vegetarisches Essen. Damit noch nicht genug: Das Resort hat das Zertifikat »grünes Hotel« mehr als verdient – alles hier geschieht im Einklang mit der natürlichen Umgebung. Auf den organischen Plantagen ringsum wachsen Kräuter für Spa-Anwendungen und für das Gourmet-Restaurant Muscat gleichermaßen, der Koch pflückt sie frisch vom Feld. Eingehüllt in einen köstlichen Duft aus Jasmin und Lavendel kann man nach ausgiebiger Ayurveda-Massage stundenlang auf der Panorama-Dachterrasse den Blick schweifen lassen – über die Berge Galiläas bis zum See Genezareth. Einfach Verwöhnen pur.

Mizpe Hayamim Resort. Anfahrt über die Route 8900, zwischen Safed und Rosch Pina, vor Eliyakim. Tel. 04/699 45 55, www.mizpe-hayamim.com

Region durch großartige Landschaften, spannende Kontraste und berührende Spiritualität.

Kabbala und Kunst in Safed

Safed ist neben Jerusalem, Hebron und Tiberias die viertheiligste Stadt des orthodoxen Judentums. Leuchtend weiß erstrahlt sie hoch oben in der Hügellandschaft und ist vor allem berühmt für ihren Ruf als mystisches Zentrum der Kabbala sowie für ihre Künstlerkolonie: Maler, Kunsthandwerker und Künstler verschiedener Religionen leben und arbeiten hier friedlich zusammen und führen Besucher durch ihre Ateliers und Galerien.

Safed ist zudem die höchstgelegene Stadt Israels. Die Altstadt schmiegt sich an den Hamezuda-Hügel, auf dessen Gipfel in 1000 Metern Höhe die alte Kreuzfahrerburg thront. An ihren terrassenförmigen Hängen breitete sich die Hauptstadt Galiläas später aus. Von hier aus ließen sich schon zu Römerzeiten die Zugänge nach Norden und Tiberias gut kontrollieren.

Klare, frische Bergluft, enge, malerische Gassen und uralte Synagogen mit bunter Ornamentik machen die Stadt heute zu einem beliebten Ausflugsziel in Galiläa. Wie andernorts in der Umgebung zeugen auch hier antike Steinmauern und alte Kreuzfahrerruinen von vergangenen Epochen. Die Synagogen sind schlicht, ihre oft pastellfarbigen Wände schmücken naiv anmutende Fresken, während die Thoraschreine – die Schränke, in denen die heiligen Schriftrollen aufbewahrt werden – oft kunstvoll geschnitzt und verziert wurden. Nach der Tempelzerstörung im Jahr 70 zogen sich einige Gelehrte hierher zurück, lebten ein religiöses Leben in Abgeschiedenheit und konzentrierten sich auf das Studium der jüdischen Schriften.

Synagogenviertel und Mystik

In den luftigen Höhen Galiläas scheint Religion eine andere Leichtigkeit zu verströmen als im religiös oft aufgeladenen Jerusalem. Fast spielerisch scheinen sich die Fresken zu biblischen Themen am Gewölbehimmel der Abuhav-Synagoge zu ranken. Die älteste und zugleich schönste Synagoge der Stadt ist die HaAri-Synagoge. Sie stammt aus dem 16. Jahrhundert und ist benannt nach dem berühmten rabbinischen Gelehrten Rabbi Isaac Luria (1534–1572), genannt HaAri. Die ursprüngliche sephardische HaAri-Synagoge – *Sefarad* heißt »Spanien« auf Hebräisch – wurde nahe einer Grotte erbaut, in der die Rabbis damals zu meditieren pflegten. Noch heute sprudelt dort eine Wasserquelle.

Man betritt die Synagoge mit ihren hell getünchten Wänden über einen Hof voller aromatisch duftender Orangen- und Zitronenbäume. Ihr Bau wurde inspiriert von der Bauart im spanischen Toledo. Dort, so wie andernorts im mittelalterlichen Spanien, entsprang die Strömung der jüdischen Mystiker. Deren bedeutendstes Buch, das Buch Zohar, soll sogar in Safed verfasst worden sein. So erlangte die ursprüngliche Burgfestung, 1102 von den Kreuzrittern errichtet und 1188 von Saladin erobert, ab dem 16. Jahrhundert ihren Ruf als Ort jüdischer Gelehrsamkeit.

Es ist kein Zufall, dass ausgerechnet hier 1578 auch das erste hebräische Buch gedruckt wurde. Die Zeit der Blüte endete abrupt durch zwei große Erdbeben 1823 und 1837. Erst seit den 1960er-Jahren erlebte Safed dank Tourismus und Künstlervierteln einen wirtschaftlichen Aufschwung. Seine Anziehung für fromme Juden behielt Safed zu jeder Zeit bei. Noch heute pilgern sie zu den Gräbern rabbinischer Weisen in der Umgebung.

Oben: Die Abuhav-Synagoge gehört zu den ältesten Synagogen des Landes
Unten: Die HaAri-Synagoge liegt mitten in Safeds Künstlerviertel

Was für ein Anwesen!
Das Boutiquehotel in
Rosch Pina umfasst
eine Villa mit sieben Gästezimmern, Cottages, einen Pool,
eine Weinbar und das Shiri Bistro.
Es steht wie kein anderes Gebäude
symbolisch für die Geschichte von
Rosch Pina. Die Stadt wurde 1878
von orthodoxen jüdischen Ein-
wandererfamilien aus Rumänien
gegründet. Später unterstützte der
jüdische Philanthrop Baron Edmond de Rothschild (1845–1934)
die Siedler finanziell bei ihren
landwirtschaftlichen Vorhaben.
Unter den Einwanderern war auch
Josef Friedman, damals bekannt
als »Josef Effendi«. Er baute
die ursprüngliche Farm. Sechs
Generationen später restaurierte
Ururenkelin Nili Friedman das
Familienanwesen und baute es zu
einem schicken Hotel um, während Tochter Shiri im gleichnamigen Bistro die Gäste bekocht.

Pina Barosch. 8 Hachalutzim St.,
Rosch Pina, Tel. 04/693 65 82,
www.pinabarosh.com

Altstadt, Galerien, Cafés

Durch die Altstadt bummeln kann man
am besten entlang der Haupteinkaufs-
straße Rehov Yerushalajim. Bei Abstechern
in die stilleren Seitengassen kann man neben
vielen Cafés und Galerien Safeds verborgene
Schätze entdecken, zum Beispiel den Fig Tree
Courtyard und das Museum der ungarischen Juden. Der »Feigenbaumhof« wurde zur Zeit der türkischen Herrschaft als Privathaus errichtet. Später
verfiel der Komplex rund um den 100-jährigen
Feigenbaum. Erst 2007 wurde das verwinkelte
Anwesen restauriert. Heute beherbergt es neben
einer alten Zisterne zahlreiche Galerien.

Das Museum der ungarischen Juden ist ein sehenswertes Kleinod am Fuße der Altstadt. Mit
vielen Details wie Fotos, Briefen und Kultgegen-
ständen erzählt die Ausstellung die wechselvolle
Geschichte der Juden in Ungarn, die bis in die
römische Antike zurückreicht.

Hameiri-Käserei

Fast ebenso berühmt wie für seine Künstler und
Gelehrten ist Safed für seinen Käse. Hameiri ist
die älteste Käserei des Landes. Sie wurde 1840
gegründet und ist noch heute im Familienbesitz.
Die kleine Fabrik liegt mitten in der Altstadt von
Safed – verborgen hinter einem verschachtelten
beigefarbenen Sandstein-Haus mit hellblauem
Schriftzug. Touren durch die Produktionsräume
werden ebenso angeboten wie Kostproben
und Events.

Rosch Pina und Tel Hazor

Doch auch die Umgebung rund um Safed hat
einiges zu bieten: Nahal Amud ist Naturpark und
Wanderparadies zugleich. Hier weht zudem immer

eine kühle Brise. Unweit von Safed schmiegen sich an die Hänge Obergaliläas bezaubernde Ortschaften wie Rosch Pina und Amirim, die auch irgendwo in Norditalien stehen könnten und mit ihren schicken Boutiquehotels, einsamen Luxus-Lodges und Spas zum Abtauchen vom Alltagsstress einladen – für Freunde des langsamen Reisens und Genießens idealer Ausgangspunkt, um Sightseeing in Galiläa mit Entspannung zu verbinden. Viele Hotels und Farmen bieten geführte Touren in die Umgebung an – mit Geländewagen, Fahrrädern oder Pferden.

Rosch Pina liegt an den nordöstlichen Abhängen des Kanaanberges und bietet freien Blick auf die Golanhöhen und das Hulatal. Im alten Dorfkern liegt neben dem Baron-Garten die zweitälteste hebräische Schule Israels sowie das Haus von Dr. Gideon Mer, eines Arztes, der in den 1930er-Jahren im Hulatal Malaria erforschte.

Sehenswert sind außerdem der Nationalpark Korazim und das UNESCO-Weltkulturerbe Tel Hazor. Das biblische Buch Josua beschreibt Hatzor als »Hauptstadt aller Königreiche« zwischen Syrien und Babylon. Hier gruben Archäologen einige der bedeutendsten Funde in Israel aus, darunter Wassersysteme und Mauern aus der Zeit von König Ahab und König Salomon, Ölpressen, Befestigungen und einen Palast aus der Bronzezeit.

Oben: Entlang der Fußgängerzone Rehov Yerushalajim haben viele Künstler ihre Galerien
Mitte: Die Hameiri-Käserei beliefert viele Restaurants in ganz Israel
Unten: Safeds Umgebung bietet sich ideal zum Wandern an, hier bei Tel Hazor

Infos und Adressen

SEHENSWÜRDIGKEITEN

Abuhav-Synagoge. Der Legende nach stand die Synagoge vor der Reconquista 1492 in Spanien und sollte in eine Kirche umgewandelt werden. Rabbi Ahuv ließ sie daher nach Safed transportieren, inklusive der bis heute erhaltenen handgeschriebenen Thorarollen. Abuhav Street/Höhe Yosef Caro Street

Baron-Garten und Wohnhaus Dr. Mer. Steintreppen, Terrassen, üppige Pflanzen und friedvolle Atmosphäre – Baron Edmond de Rothschild selbst initiierte 1886 den Bau des erst kürzlich rekonstruierten Parks, der an Versailles erinnern soll. Derech Hahelmoniyot/Hachalutzim Street, Rosh Pina, Rosch Pina, Tel. 04/680 14 65.

Fig Tree Courtyard. Einer von Safeds schönsten Galerie-Komplexen mit uraltem Feigenbaum, Silberschmuckläden und grandioser Aussicht. April–Okt. So–Do 9–19, Fr 9–14, Nov.–März So–Do 9–17, Fr 9–14 Uhr, 28 Alkabetz.

HaAri-Synagoge. Älteste Synagoge der Stadt mit faszinierender Geschichte und Atmosphäre. Israel Najara, tgl. 10–19 Uhr, Tel. 04/692 12 43.

Hameiri House Museum. Interessante Einblicke in die Stadtgeschichte von Safed der letzten 200 Jahre. So–Do 9–14.30, Fr 9–12 Uhr, Eintritt: 14 NIS, erm. 9 NIS, 158 Keren Hayesod St., Tel. 04/692 19 39 oder 04/697 13 07.

Hamezuda Park mit Kreuzfahrer-Zitadelle. Ruinen einer Kreuzfahrerburg rund 1000 m über dem Meeresspiegel an Safeds höchstgelegenem Aussichtspunkt inmitten eines öffentlichen Parks. Ganzjährig zugänglich. Derech Hativat Yiftah, Safed.

Kabbala-Besucherzentrum. Tgl. 9–16 Uhr, Alkabetz St., unterhalb der Treppe Ma'a lot Gurei Ha'ari St., Tel. 04/682 17 71, www.tzfat-kabbalah.org

Korazim. Nationalpark mit Basaltstein-Synagoge, Mosesfels und Beduinengrab. Straße 8277 zwischen Kreuzung nach Korazim und Almagor. April–Sept. 8–17, Okt.–März Sa–Do 8–16, Fr 8–15 Uhr, letzter Einlass eine Stunde vor Schließung, Tel. 04/693 49 82.

Museum der ungarischen Juden. Kleines, feines Museum gegenüber vom Kulturzentrum. So–Do 9–14, Fr 9–13 Uhr, im Saraya-Haus, Kikar Haazmaut, Safed, Tel. 04/692 38 80, www.hjm.org.il

Tel Hazor. Bedeutende Kulturstätte und mit 820 000 m² Oberstadt und Unterstadt größter Ausgrabungsort in Israel. April–Sept. 8–17, Okt.–März 8–15 Uhr, Anfahrt über Road 90, Eingang gegenüber Kibbuz Ayelet HaShahar, Tel. 04/693 72 90.

Yosef-Caro-Synagoge. Hier soll der Rabbiner und Kabbalist Yosef Caro den jüdischen Gesetzeskodex verfasst haben. Die ihm zu Ehren benannte Synagoge aus dem 16. Jh. wurde während des Erdbebens 1837 zerstört und später wieder aufgebaut. Alkabetz, Synagogenviertel.

ESSEN UND TRINKEN

Café Beit Yosef. Früher lebte hier ein Bildhauer, heute wird in dem alten Steinhaus mit lauschigem Innenhof bis nachmittags Frühstück serviert. So–Do 8–17, Fr 8–14 Uhr, 86 Yerushalaim.

Ein Camonim. Das vegetarische Farmrestaurant tischt regionale Gerichte auf. Sa–Do 10.30–20, Fr bis 21 Uhr, Ein Camonim, Anfahrt über Highway 85, zwischen Kreuzung Hanania und Nahal Amud, Tel. 057/942 86 91, www.eincamonim.rest-e.co.il

HaAri 8 Kitchen & Bar. Gegrilltes in rustikalem Ambiente. So–Do 12–22 Uhr, Fr abends nur mit Reservierung, HaAri St. 8, Tel. 04/692 00 33.

Ronen's Lachuch. Yeminitische Pancakes to go. Gegenüber der Tourist-Information, Alkabetz St.

ÜBERNACHTEN

Amirey Hagalil. Ideal zum Entspannen – feines Hotel mitten im Wald mit 17 Zimmern, Spa und Gourmetrestaurant, nahe Weingütern und Radwegen. Amirim, Tel. 04/698 98 15. www.amirey-hagalil.com

Artists' Colony Inn. Stilvolles B&B mit Dachterrasse und geräumigen Zimmern in verwinkelter Altstadtgasse. 9 Simtat Yud Zayin, Safed, Tel. 04/604 11 01, www.artcol.co.il

Bayit Bagalil. Natursteinhaus im Wald mit Toskana-Flair. 31 Luxussuiten, Wellnessbereich und Pool. Hatzor HaGlilit, Anfahrt ist ab Hatzor ausgeschildert, Tel. 04/680 28 10, www.bayit-bagalil.co.il

Gan Hamlachim (»Garten der Engel«). Traumhafte Apartments hoch oben in den Bergen zwischen Safed und Karmiel mit Whirlpool und Rundum-Fensterfront. HaHoresh St., Amirim, Tel. 054/383 87 39 und 077/329 66 38, http://gan-hamlachim.co.il

Palacio Domain. Kunst, Kultur, Geschichte und luxuriöse Zimmer, alles unter einem Dach. Rehov Yud Bet 90, Zugang mit dem Auto über 71 Keren Hayesod St., Tel. 04/699 98 50, www.palaciodomain.com

Pina Balev. Fünf Luxussuiten, ein malerischer Garten mit Pool, Spa und üppigem Frühstück unter Bäumen. 31 Hachalutzim St., Rosch Pina, Tel. 04/693 09 70 und 054/559 00 20, www.pinabalev.com

The Way Inn. Zimmer mit Aussicht: Mitten in Safeds Künstlerviertel erblickt man vom Fenster aus den Mount Meron und die anmutigen Hügel Galiläas. 23 Simtat Yud Zain, Tel. 04/692 36 61, www.thewayinn.co.il

Villa Tiferet. Früher Galerie, während des Arabisch-Israelischen Krieges 1948 Hauptquartier der israelischen Untergrundarmee Haganah, heute familiär geführte koschere Unterkunft. 400 Jahre altes Steinhaus mit viel Ambiente und gemeinsamen Sabbatessen. Kikar HaMaginim, Tel. 054/311 46 69, www.villatiferet.com

EINKAUFEN

Camus Gallery. Kunsthändler-Familie in dritter Generation. Gemälde, Skulpturen, Schmuck und Judaika. Beit Yosef Karo 4, Tel. 04/692 39 89, www.camusgallery.com

Hameiri-Käserei. Berühmter Schafskäse nach altem Familienrezept. Touren So–Do 8–15, Fr 12 Uhr, Ha-Ari St., Tel. 04/692 14 31 und 052/372 16 09.

Sarahs Tent. Perfekte Kombination aus Sightseeing und Shopping. Moderne israelische Kunst. 56 Alkabetz, Tel. 04/692 33 78, www.sarahstentgallery.com

AKTIVITÄTEN

Bat Yaar Ranch. Ausritte im Wald, Ponyreiten, Kletterpark, Minizoo und Restaurants – ein vielseitiges Ausflugsziel mitten im Biriya-Wald. 13802 Amuka, Anfahrt über Hatzor HaGlilit, Tel. 04/682 22 68, www.batyaar.co.il

Klezmer-Festival. Wo, wenn nicht in Safed? Jedes Jahr im August erklingen drei Tage lang in den Gassen des Künstlerviertels Klarinetten und Geigenklänge internationaler Ensembles. www.safed-home.com/klezmer-festival-2017-in-safed.html

INFORMATION

Safed Tourist Information. Südlich von der Ha-Ari-Synagoge. Tgl. 8.30–16, im Sommer bis 17 Uhr, Alkabetz St., Safed, Tel. 04/692 44 27. www.safed.co.il/tourist-information-center.htm

27 Golanhöhen
Zugvögel im Garten Eden

Zwischen dem Hermonberg im Norden, dem Hulatal und dem See Genezareth im Süden erstreckt sich auf etwa 900 Metern Höhe die Hochebene des Golan. Seine Schluchten und Täler, Flussbetten und Basaltfelsen, Wasserfälle und Stromschnellen, Naturreservate und Weingüter machen ihn zu einem attraktiven Natur- und Wanderparadies. Zudem ist der Hermon mit seinen 2814 Metern nicht nur Israels höchster Gipfel, sondern auch einziges Skigebiet.

In den vergangenen Jahren hat sich der Golan zunehmend zu einem attraktiven Urlaubsgebiet entwickelt – trotz des Bürgerkriegs im Nachbarland Syrien. Im unmittelbaren Grenzgebiet leistet die israelische Armee seit 2016 humanitäre Hilfe für syrische Zivilisten, unter anderem mit der Aktion »Gute Nachbarschaft«.

Politische Lage

Nach der Eroberung der Golanhöhen im Sechs-Tage-Krieg 1967 verwaltet Israel seit 1981 die annektierte Hochebene als Teil seines Nordbezirks. Zuvor hatte die syrische Armee von ihren Stellungen oberhalb des Jordantals immer wieder israelische Ortschaften beschossen. Israel und der Nachbar im Nordosten befinden sich offiziell im Kriegszustand. Anders als zwischen Jordanien sowie Ägypten und Israel gibt es zwischen den Ländern kein Friedensabkommen. Doch das Waffenstillstandsabkommen zwischen Israel und Syrien von 1974 wird bis heute weitestgehend eingehalten. Reisen in den Golan gelten daher als

Mitte: Land der Oliven: Viele Farmen und B&Bs bieten selbstgepresstes Öl an
Unten: Wandern im Golan: In den Naturparks sind die Wege gut ausgeschildert

Aussicht und Kaffee im Coffee Anan genießen: auf dem Mount Ben Tal

Geheimtipp

ungefährlich – sofern man ein paar Regeln beachtet. So sollte man Ausflüge in die unmittelbare Grenzregion zum Bürgerkriegsland Syrien besser vermeiden.

Tourismus

Nach 1981 wurde der Golan landwirtschaftlich erschlossen: Neben Obst- und Gemüseplantagen, Käsebetrieben und Olivenfarmen entstanden vor allem Weinanbaugebiete, deren Trauben bereits internationale Preise gewonnen haben. Naturschutzgebiete wie der Hula-See, der Meron-Berg, der Bar'am-Wald oder der Nachal Kasiv sind echte Highlights für Natur- und Kulturbegeisterte, ebenso wie die Sehenswürdigkeiten entlang der Straße 99, allen voran die überwältigende Burg Nimrod mit ihren Ruinen, Wanderwegen und einem grandiosen Blick über das Hulatal. Direkt hinter Israels nördlichster Stadt, Kiryat Shmona, kreuzt die Route 99 nicht nur den Nord-Süd-Fernwanderweg – den Israel National Trail –, sondern beidseitig auch die Naturreservate Nahal Snir und Tel Dan, die Ausgrabungsstätte Banias sowie die Sa'ar-Wasserfälle.

CAFÉ MIT AUSSICHT
Die verschmitzte Anspielung des Cafénamens auf den ehemaligen UNO-Generalsekretär Kofi Annan ist kein Zufall – ist doch UNO-Präsenz im israelisch-syrischen Grenzgebiet seit Jahrzehnten ein gewohnter Anblick. Doch Anan heißt auch »Wolke« auf Hebräisch, denn verzieht sich der dichte Wolkennebel am Mount Bental, einem erloschenen Vulkankrater, genießt man zum ausgezeichneten Kaffee auch die schönste Aussicht in ganz Israel. Es ist, als liege einem das Land zu Füßen. Bei hausgemachten vegetarischen Sandwiches kommt man zudem schnell ins Plaudern, ob mit Gästen, Personal oder gesprächigen UN-Soldaten. Mit seinen 1165 Metern über dem Meeresspiegel ist das »Kaffee in den Wolken« außerdem das am höchsten gelegene Café in ganz Israel.

Coffee Anan. So–Fr 9–17, Sa 10–17 Uhr, Gipfel Mount Ben Tal, Tel. 04/682 06 64.

DAG AL-HADAN

Einfach gut!

Der perfekte Ort für einen Ganztagesausflug, denn der »Fisch über dem Fluss Dan« ist Fischrestaurant, Ausflugslokal, Bar, Fischfarm, Laden, Camping und Kajakverleih in einem. Die Lage ist exotisch und exklusiv zugleich: Man speist in einer Art schwimmendem Restaurant unter Feigen- und Maulbeerbäumen, umplätschert von den Flüssen Dan und Hazbani. Serviert wird fast rund um die Uhr: Zum Mittag- und Abendessen gibt es Fisch, Salate, Suppen, Hummus, Käse, *Shakshuka* und hausgemachte Kuchen. Freitags und samstags kann man hier auch frühstücken. Abends öffnet zudem die Bar, angestrahlt mit bunten Laternen. Übrigens: Die Forelle kommt frisch aus dem Fluss auf den Teller.

Dag Al-HaDan. Anfahrt über Kiryat Schmona Richtung Kibbuz Hagoschrim, tgl. ab 12 Uhr bis zum letzten Gast, Fr und Sa 9–12 Uhr Frühstück, Tel. 04/695 02 25, www.dagaldan.co.il

Die vielen Golan-Weingüter bieten Touren und Verkostungen an

Nimrod

Die Burg Nimrod ist die größte Kreuzfahrerfestung im Staat Israel. Der Burgname entspringt einer Legende, laut der Noahs Urenkel Nimrod, laut Genesis der »erste Held auf Erden und tüchtige Jäger«, auf diesem Felsen lebte.

Wasser, Wasser, Wasser

Wenn im Frühjahr der Schnee auf dem Hermon schmilzt, füllen sich die Flüsse Banias und Dan mit Wasser. Ein Drittel des israelischen Wassers kommt vom Golan. Ganzjährig rauschen dann vor allem in den Naturschutzgebieten Banias, Sa'ar und Gamla am Fuße des Gebirgsmassivs die Wasserfälle. Sie liegen südlich der Straße 99 und sind per Fuß leicht zugänglich. Hier kann man die Zeit vergessen – neben der überbordenden paradiesischen Natur, die so manches Mal mitsamt ihrem Panorama an den Garten Eden erinnert, bergen sie auch zahlreiche historische und archäologische Schätze aus hellenistischer und der Römerzeit wie einen dem griechischen Naturgott Pan gewidmeten Tempel, Götterstatuen, Überreste eines Herodes-Palasts und Ruinen der antiken Stadt Caesarea Philippi.

Hulatal – Paradies für Vogelbeobachter

Dass Zugvögel das Mittelmeer scheuen, ist ein Glücksfall für Israel-Reisende. Denn auf ihrem Weg zwischen Afrika und Europa versammeln sich zweimal jährlich Millionen von Zugvögeln überall in Israel, manche von ihnen bleiben den ganzen Winter über. Für sie ist Galiläa eine Brücke zwischen Europa, Afrika und Asien – so wie schon für Händler, Kulturen und Eroberer vor 6000 Jahren.

Ausflug zur Weinstraße im oberen Galiläa

Die Tradition des Weinanbaus wird von vielen Boutique-Weingütern mit Erfolg wiederbelebt.

Ⓐ Dalton – Renommierter koscherer Weinbaubetrieb. Dalton, Route 886, So–Do 10–16, Fr 10–14 Uhr, www.dalton-winery.com

Ⓑ Adir – Preisgekröntes Weingut von Winzer Avi Rosenberg samt Besucherzentrum und Käserei. Dalton, Route 886, Touren unter Tel. 04/699 10 39 und 052/472 94 68, www.adir-winery.com

Ⓒ Galil Mountain – Geheimnis der preisgekrönten Weine: die Melange der Kontraste aus zwölf Traubenvariationen. So–Do 10–17, Fr 10–14 Uhr, im Sommer bis 16 Uhr, Sa und feiertags geschl., Eintritt: 20 NIS, Kibbutz Yiron, Tel. 04/686 87 48, www.galilmountain.co.il

Ⓓ Ramot Naftali – Boutique-Weingut im Kedesh-Tal. Moshav Ramot Naftaly, Tel. 04/694 03 71, www.ramotnaftaly.com

Ⓔ Mount Odem – Weingut auf dem Vulkangestein des Odem-Bergs mit Besucherzentrum und B&B. Aushängeschild sind die Dessertweine. So–Do 10–17, Fr 10–14 Uhr, Moshav Odem, Tel. 04/80 16, www.harodem.co.il

Ⓕ Pelter – Pelter produziert in seinem Familienbetrieb etwa 100 000 Flaschen/Jahr. Ein Zivan, Straße 98, Tel. 052/866 63 84, www.pelterwinery.com

Ⓖ Assaf – Kleines Dorf bestehend aus drei Familien, die gemeinsam Wein produzieren. Mit Café. Mo–Do 10–17, Fr 10–16 Uhr, Kidmat Tsvi, Straße 91, Tel. 054/779 04 94, www.assafwinery.com

Ⓗ Golan Heights Winery – Größtes Weingut im Golan. So 8.30–17.30, Mo–Do 8.30–18.30, Fr 8.30–13.30 Uhr, Eintritt: 17 NIS, Katsrin Industriegebiet, Tel. 04/696 84 35, www.golanwines.co.il

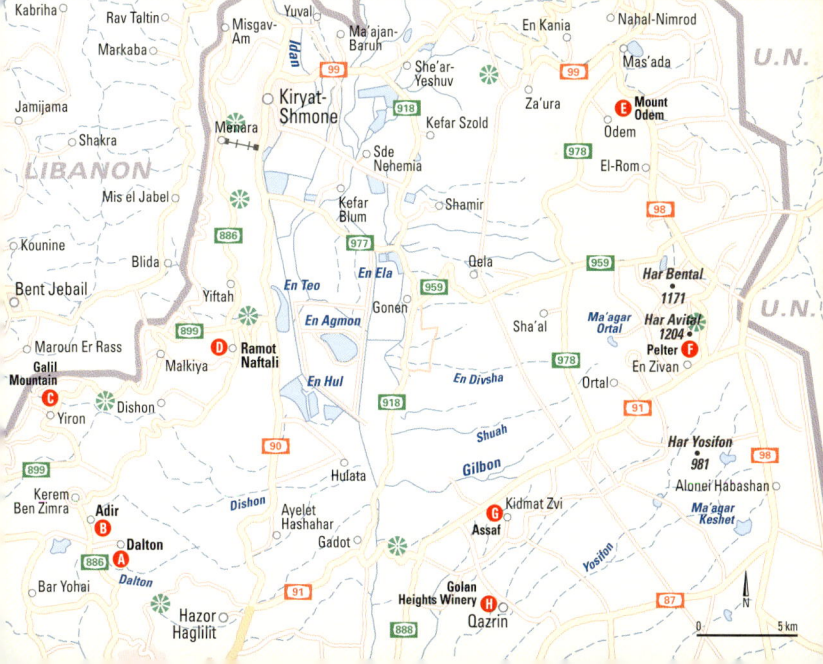

Eines der wichtigsten und zugleich spektaku-
lärsten Natur- und Vogelschutzgebiete im
Norden ist das Hulatal, denn hier wurden die
Umweltsünden der Vergangenheit – wie Sümpfe
trockenzulegen – in einem beispielhaften Expe-
riment Schritt für Schritt rückgängig gemacht,
um so den Urzustand der Natur kontrolliert
wieder herzustellen. Mit Erfolg: So wurde beispielsweise der ehemalige Agamon-See zwei Kilometer nördlich in den 1990er-Jahren mit Torf
aufgefüllt und dient nun wieder als natürlicher
Wasserfilter für den Zulauf zum See Genezareth.
Faunafreundlicher Nebeneffekt: Seltene Sumpf-
vögel siedelten sich an.

Heute ist das Hulatal vor allem für Naturfreunde
und Vogelbeobachter ein wahres Paradies. In seiner Sumpflandschaft kann man neben Zugvögeln
ganzjährig Pelikane, Schwarzstörche, Kraniche,
Zwergschwalben und Seeadler beobachten. An
manchen Tagen ist die Vogeldichte sogar so hoch,
dass man kaum noch das Wasser des Sees erkennt
– ein Naturspektakel, das man beim jährlichen
Hula Birds Festival hautnah erleben kann. Die Or-
ganisatoren achten auf Nachhaltigkeit – sämtliche
Einnahmen aus dem Festival werden reinvestiert
und kommen dem Naturschutz zugute.

Oben: Burg Nimrod ist die größte
Kreuzfahrerfestung in Israel
Mitte: Rafting im Naturpark Tel
Dan auf einem der Quellflüsse
des Jordan
Unten: UNO-Soldaten sind im
israelisch-syrischen Grenzgebiet
ein gewohnter Anblick

Infos und Adressen

SEHENSWÜRDIGKEITEN

Banias. Nach 3,5 km stürzt der Banias-Fluss mit einem Wasserfall in die Tiefe. Ganzjährig geöffnet, Sommer 8–17, Winter 8–16 Uhr, Fr je eine Stunde früher. 2 km östlich vom Kibbuz Snir an der Straße 99, Tel. 04/695 02 72.

Gamla. Lieblicher Naturpark mit antiken Ruinen einer jüdischen Stadt, einem Aquädukt und Canyons. Straße 869 hinter Gamla-Daliyot, nach 2 km ist der Park ausgeschildert. Tel. 04/696 28 85.

Hulatal. Naturpark und Vogelbeobachtungsebene zwischen den Straßen 90, 91, 977 und 918, Tel. 04/681 71 37, www.agamon-hula.co.il

Sa'ar-Wasserfall und Burg Nimrod. Ganzjährig zugänglicher Naturpark mit Festungsresten einer einst majästetischen Kreuzfahrerburg. Straße 989, Tel. 04/694 92 77.

Tel Dan. Naturpark. Drei leichte Wanderrouten inmitten von Wildbächen und riesigen Schatten spendenden Bäumen. April–Sept. tgl. 8–17, Okt.–März Sa–Do 8–16, Fr 8–15 Uhr, Eintritt: 14–27 NIS, Anfahrt über Route 99, bis Kibbuz Dan.

ESSEN UND TRINKEN

Habokrim Inn. Wie es sich für ein Lokal im Wildweststil gehört, kommen hier gegrilltes Entrecote, Lamm und Hamburger auf den Tisch. Kibbuz Merom Golan, Tel. 04/696 02 06.

ÜBERNACHTEN

Rom 1125. B&B de luxe mit Hermonblick nahe der Kreuzfahrerburg Nimrod. Nimrod, Zufahrt über Straße 9898, Tel. 04/687 07 63, www.rom1125.com

The House in Abirim. Schickes Boutiquehotel im Landhausstil mit traumhaften Zimmern in wunderschöner Umgebung. Mitzpe Abirim Merom Hagalil, Tel. 04/987 01 41, www.habait.com

VERANSTALTUNG

Hula Birds Festival. Alljährlicher Magnet für Vogelbeobachter aus aller Welt im Agamon-Naturschutzpark. Mitte Nov. Agamon Hula Tourism Park, Anfahrt über die Landstraße 90 bis Ramot Naftali. Tel. 04/681 71 37, www.birds.org.il

AKTIVITÄTEN

Hermon Resort. Skilift, Snowboardpisten und Sommerrodelbahn auf 1600 Hektar in über 2000 Metern Höhe. Zufahrt über Straße 98, Tel. 15 99 55 05 60, www.skihermon.co.il

Vered Hagalil Farm. Reiterferien, Spa und Wellness im Wildwest-Charme. Chorazim, Anfahrt über die Route 90, Tel. 04/693 57 85, www.veredhagalil.co

INFORMATION

Golan Magic Visitor's Center. Infos zum Golan sowie zu antiken Ruinen, Ölpressen und einem archäologischen Museum in der Umgebung. Katsrin Shopping Center, Derech HaYain Ecke Derech HaShemen, So–Fr 8–15 Uhr, Tel. 04/696 36 25, www.magic-golan.co.il

Israel National Trail. Informationen zum Wanderweg gibt es auf der Website www.israeltrail.net

Die Galil-Winzerei produziert 15 Weinsorten

OUTDOOR
und Abenteuer

Ein spritziges, sportliches und unvergesslich schönes Vernügen: Rafting

Für Aktivurlauber ist der Golan eine wahre Schatztruhe: Auf Wanderungen und Radtouren, Kanu- oder Kajakausflügen, Ballonfahrten,
beim Reiten, Kletterabenteuern und Rafting ist der Golan ein besonders
wasserreiches und bergiges Naturparadies: schattenreich im Sommer,
angenehm wohltemperiert im Winter. Es sei denn, man reist dem Schnee
hinterher – zum Skifahren auf dem Berg Hermon.

Sogar Skifahren kann man auf dem Golan. Elf Sessellifte transportieren Wintersportler im Dreiländereck zwischen Israel, Libanon und Syrien ganzjährig auf eine Höhe von 2045 Metern. Rund 300 000 Wintersportler kommen pro Jahr hierher. Der Golan ist jedoch vor allem ein Paradies für Wanderer, Wassersportler und Outdoor-Kletterer. In der teils rauhen, teils lieblichen Landschaft kann man Israel nicht nur Schritt für Schritt entdecken, sondern kommt auch zur Ruhe.

Für aktive Entspannung empfehlen sich die Kibbuzim Hagoshrim und Kfar Blum. Beide Dörfer bieten Touren per Kajak, Kanu oder Floß durch die Stromschnellen der Sa'ar- und Banias-Wasserfälle an. Die Kibbuz-Teams halten Ausrüstungen für Wasserrouten verschiedener Schwierigkeitsstufen bereit, Kfar Blum lockt zudem mit einer Kletterwand und einem Hochseilgarten.

Wie im Wilden Westen

Mit seiner Wildwestkulisse ist die Region für Pferdeliebhaber wie geschaffen – ohne dabei auf zivilisatorische Annehmlichkeiten verzichten zu müssen. Auf der Ranch Vered Hagalil kann man Ausritte buchen, je nach Saison ab 30 Euro. Reiterferien inklusive Unterkunft kosten ab ca. 100 Euro pro Tag. Idyllisch, rustikal und familiär – die Ranch mit Reitstall,

Spa und preisgekröntem Restaurant bietet viel Platz in Lodges und Ferienwohnungen.

Dabei bestand der Hügel noch 1961 aus nichts weiter als einer kargen schroffen Basaltfelsgruppe. Yehuda and Yona Avni verwirklichten hier ihren Traum – eine professionelle Pferdefarm mit Gästezimmern. Gut begehbare Wanderwege können zu Pferd, zu Fuß oder per Geländewagen erkundet werden. Im Restaurant serviert Sternekoch Chaim Tibi Steaks und handgemachte Pasta. Die Farm liegt auf dem Weg zum See Genezareth und ist idealer Ausgangspunkt für Erholung in der Natur wie für Abenteuerurlaub.

Israel National Trail

Auf einer Länge von 1100 Kilometern erstreckt sich der blau-orange-weiß gekennzeichnete Wanderweg einmal längs durchs Land: vom Kibbuz Dan im üppig-grünen Norden bis nach Eilat am Roten Meer. Vom ersten Kilometer an windet er sich durch mediterrane Küstenabschnitte und malerische Wüstenlandschaften. Eine abwechslungsreiche Alternative zum Mietwagen! Unterwegs helfen die sogenannten Trail Angels, gastfreundliche Freiwillige, die in der Nähe des Wanderwegs wohnen, mit Wasser, Pflastern – und mitunter auch einem netten Plausch unterwegs.

28 See Genezareth und Umgebung
Viertes Meer und See der Wunder

Wie hoch ist der Wasserstand? So lautet alljährlich die bange Frage aller Israelis. Sie gilt dem größten Wasserreservoir und Binnensee des Landes. Denn der See Genezareth (hebr. Kinneret) ist Israels einziger Süßwassersee. Seine tiefsten Quellen werden von Salzwasser gespeist. Rund um den See findet man Wirkungsstätten von Jesus, heiße Thermalquellen und die ältesten Kibbuzim des Landes mit Badestränden.

Der See wirkt von allen Seiten anders. Schaut man von Norden, glitzert er verheißungsvoll in der Ferne. Aus der Nähe ist er nicht minder beeindruckend. Seine direkte Lage am Fuße der Golanhöhen am Dreiländereck Israel, Syrien, Jordanien verdeutlicht die Verletzlichkeit der Region.

Auch »Galiläisches Meer« oder nach seiner Form *Jam Kinneret* (»Harfenmeer«) genannt, ist der See in der Jordansenke seit der Bronzezeit Schauplatz welthistorischer Ereignisse. Er ist Teil des Großen Afrikanischen Grabenbruchs und liegt an der früheren Römerstraße Via Maris, die Ägypten mit den nördlichen römischen Provinzen verband.

Sein Wasser versorgt über ein Verteilsystem aus Kanälen das ganze Land samt Großstädten und Wüstenregion. Durch das Abpumpen sinkt der Wasserpegel im Sommer pro Tag um einen Zentimeter. Um die Wasserentnahme zu reduzieren und so ein Kippen des Gleichgewichts aus Süß- und Salzwasser zu verhindern, greift man zunehmend

Mitte: Weinberge in Kapernaum am Nordufer des See Genezareth
Unten: Unterwegs auf dem Israel National Trail

Der See Genezareth wird auch »Harfenmeer« genannt

auf Meerentsalzungsanlagen zurück.
Wasser ist rar in der Region. Das zeigt der
Zustand des Kinneret einmal mehr.

Meer der Wunder

Schon die Bibel erwähnt den See. Besondere
Bedeutung erlangte er jedoch vor allem für das
Christentum. Denn an seinen Ufern soll Jesus ge-
wirkt und viele seiner Wunder vollbracht haben,
darunter den Gang über das Wasser, die Speisung
der 5000, die Wandlung von Wasser in Wein, die
Vertreibung der Dämonen im Fischerdorf Kapernaum und den wundersamen Fischfang. Von fast
jedem Ereignis zeugt heute eine Kirche, darunter
die Brotvermehrungskirche und die Kirche der
Seligpreisungen.

Vom legendären Fischreichtum im See ist heute
nicht viel geblieben. Doch was wäre ein Besuch
an seinen Ufern, ohne den berühmten Petersfisch
probiert zu haben? Ein Fleck auf dessen Flanken
soll vom Fingerabdruck des Apostels Petrus zeugen. Legenden wie diese, biblische Geschichten

Geheimtipp

**LECKERE KUCHEN
IM KIBBUZCAFÉ**

Das ist das Gute am
Israel National Trail:
Immer stößt man auf versteckte
Schätze abseits der Touristenpfade.
Auch ohne Wanderstock in der
Hand ist dieses außergewöhnliche
Café leicht zu finden. Es liegt im
Südwesten im Kibbuz Kinneret,
direkt hinter der Route 90, im
Eukalyptushain. Ein kleiner Ein-
Mann-Betrieb, in dem Besitzer Dudi
alles selbst macht: Pasta, Pizza, Ta-
gessuppe, Kuchen, Salate und das
Paradebeispiel eines israelischen
Frühstücks: Tomaten, Schafskäse,
Rührei, *Tabouleh*, Auberginen, Oli-
ven frisch vom Kibbuzfeld. Innen ist
es gemütlich und im heißen Som-
mer angenehm kühl, abends hat die
Veranda ihren Reiz. Unmöglich, bei
der Weiterreise nichts vom leckeren
Kuchen mitzunehmen!

Café Ugata, So–Fr, Kibbuz Kinneret, direkt hinter der Ecke Straße 90/
Straße 767, Tel. 052/266 58 35.

ERHOLUNG IM SPA-HOTEL

Heiße Quelle, Krokodilfarm und Spa-Hotel in einem – ein absolutes Muss! Das Spa liegt etwa acht Kilometer südöstlich des Sees. Die heißen Mineralquellen und ein warmer Wasserfall haben das ganze Jahr über eine Temperatur von 42 °C. Die Römer bauten hier vor 2000 Jahren den zweitgrößten Thermenkomplex landesweit. Neben Spa und Hotel gibt es eine antike Synagoge mit einem beeindruckenden Mosaikfußboden. Der tropische Park drum herum ist ein außergewöhnliches Erholungsgebiet mit Wasserpark, Minisafari, Papageienshow, Restaurants und der größten Krokodilfarm im Nahen Osten. Etwa 200 Reptilien sind hier untergebracht.

Hamat Gader. Mo–Fr 8.30–22, Sa, So 8.30–17 Uhr, Eintritt: 87–98 NIS, Spa-Behandlungen extra, Straße 98 nach Hamat Gader, http://hamat-gader.com

Nicht verpassen

und der Wirkungsgeist Jesu bestimmen Galiläa und seine historische Landschaft wie kaum eine andere Region in Israel. Denn hier nahm das Christentum seinen Anfang – dementsprechend stark ist die Anziehungskraft der Orte.

Tabgha und Kapernaum

Unter dem Altar der Brotvermehrungskirche in Tabgha liegt der Stein, auf dem Jesus mit Fischen und Broten 5000 Menschen gespeist haben soll. Von hier aus führt ein Rundwanderweg von knapp drei Kilometern zum Berg der Seligpreisungen. Auf dem Berg selbst, wo heute eine Kirche und ein Kloster stehen, hielt Jesus laut Matthäus-Evangelium seine berühmte Bergpredigt. Wer hier hinaufwandert, genießt womöglich dieselbe Aussicht wie Jesus und seine Anhänger vor 2000 Jahren.

Im Fischerdorf Kapernaum (hebr. *Kfar Nachum*, »Dorf des Nachum«) lassen die restaurierten Überreste erahnen, wie es hier vor 2000 Jahren ausgesehen haben mag. Mehrere Jünger stammten von hier, darunter der Fischer Simon Petrus. Archäologen fanden in Kapernaum immer wieder Synagogen und Kirchen, darunter eine Synagoge aus dem späten 3. Jahrhundert, verziert mit religiösen Symbolen wie Menora (siebenarmiger Leuchter), Schofar (Widderhorn) und Davidstern.

Ein spektakulärer Fund ist ein Raum unterhalb einer byzantinischen Kirchenruine aus dem 5. Jahrhundert. Hier soll einst Petrus gewohnt haben. Heute schützt Petrus' Wohnhaus eine römisch-katholische Wallfahrtskirche, die moderne achteckige Petruskirche. Der gesamte Ausgrabungsort mitsamt seinen Kirchen und Synagogen untersteht dem Franziskanerorden und ist für Besucher geöffnet.

Rundgang: Tour um den See

Die gut ausgebauten Wanderwege rund um den See wie der Shvil Sovev Kinneret bieten sich fürs Wandern und Radfahren an. Alternativ gibt es eine kostenfreie Buslinie namens »Around the Sea of Galilee«. Sie beginnt in Tiberias und hält an allen wichtigen Sehenswürdigkeiten, Kibbuzdörfern und Stränden.

A Jesusboot-Museum – Das acht Meter lange Jesusboot in Ginosar wurde in den 1980er-Jahren entdeckt, als das Wasser des Kinneret dramatisch sank und das Boot freilegte. Andere Museumsräume stellen Werke arabischer und jüdischer Künstler aus. Ginosar, Tel. 04/672 77 00, www.ginosar.co.il

B Daliyot Stream (Majraseh-Naturpark) – Dort, wo das Flussbett des Daliyot vom Golan in den Kinneret mündet, bildet es eine klare Lagune. Es ist der größte Frischwasser-Naturpark in Israel inklusive Wanderweg, Badestellen und Picknickplätzen mit Duschen. Freier Zugang. Links von der Straße 92, Höhe Ma'ale Gamla.

C Kibbuz Ein Gev – Das Ferienresort ist ein kleines Juwel am See. Zu seinen Gründungsmitgliedern von 1937 gehörte auch Teddy Kollek, der spätere Bürgermeister von Jerusalem. Später fanden hier hochkarätige Konzerte und Festivals statt, u. a. mit Yehudi Menuhin, Leonard Bernstein und Daniel Barenboim. Sie bescherten dem Kibbuz den Beinamen »Salzburg

Im Kibbuz Degania kann man Gewürze kaufen.

des Nahen Ostens«. Eine der Hauptattraktionen ist die »Werkstatt von Großvater Yossi« – mit Piratenschiff und Holzworkshops für Kinder. www.eingev.com

D Naharaim (»Zwei Flüsse«) – Schmaler Landstrich zwischen den Flüssen Jordan und Yarmuk am Südufer des Sees. Er ist Friedenspark, weil hier Israel und Jordanien 1994 Frieden schlossen, und Gedenkstätte, weil hier 1997 ein jordanischer Soldat sieben Schulkinder erschoss. Tel. 04/675 33 36, www.naharayim.co.il

E Kibbuz Degania Aleph – 1909 gegründet, gilt der älteste Kibbuz des Landes als »Mutter der Kibbuzim«. Sein Museum erzählt die Geschichte der Einwanderung aus Russland zwischen 1904 und 1914. www.degania.org.il

Oben: In seinem Museum zeigt der Kibbuz Ginosar das Jesusboot
Mitte: Der jüdische Gelehrte Moses Maimonides wird bis heute verehrt
Unten: Geboren im spanischen Córdoba, wurde der jüdische Arzt und Religionsphilosoph in Tiberias begraben

Tiberias damals

Am Westufer des Sees liegt Tiberias, neben Jerusalem, Hebron und Safed eine der vier heiligen Städte des Judentums – vor allem wegen der Gräber berühmter Rabbiner sowie des Schriftgelehrten und Philosophen Maimonides. Der Arzt aus dem spanischen Córdoba wanderte im Mittelalter über Marokko in den Nahen Osten aus und war zeitweise Leibarzt des ägyptisch-syrischen Sultans Saladin. Seine Grabanlage in der Altstadt zählt zu den Hauptattraktionen der Stadt.

Herodes Antipas erbaute die Stadt im Jahr 17 n. Chr. und benannte sie nach dem neuen römischen Kaiser Tiberius. Viele römische und byzantinische Ausgrabungen sind über die Altstadt verteilt. Neben prächtigen römisch-hellenistischen Bauten wie Marktplätzen, Palästen, Villen, Wasserleitungen, einer Pferderennbahn und einem Amphitheater am Seeufer ließ der Tetrarch in der neuen Stadt auch Bäder und Thermen im römischen Stil errichten. Im 2. Jahrhundert n. Chr. entwickelte sich in Tiberias eine lebhafte jüdische und dann in spätrömischer und byzantinischer Zeit auch eine christliche Gemeinde. Im 7. Jahrhundert eroberten die persischen Sassaniden die Stadt am Seeufer. Kurz darauf wurde ihre Herrschaft von muslimischen Arabern abgelöst, bis im späten Mittelalter die Kreuzritter die Stadt einnahmen. Tiberias' Blütezeit endete mit der Zerstörung durch die Mamelucken.

Tiberias heute

Heute leben in Tiberias etwa 40 000 Einwohner. Die sprudelnden Thermalquellen bieten Erholung in einer modernen Badeanlage südlich der Altstadt. Daneben gilt der Ferienort auch wegen seiner Badestrände, Wassersportaktivitäten und Aquaparks als Badeparadies.

Infos und Adressen

SEHENSWÜRDIGKEITEN

Arbelklippen. 50 m hohe schroffe Felsen im Arbel-Nationalpark. Gut ausgeschilderte Wanderwege von leicht bis schwer. Schönste Aussicht bei den Johannisbrotbäumen. Tgl. Sommer 8–17, Winter 8–16 Uhr, Eintritt: 9–21 NIS, Anfahrt und Parkplatz 3,5 km hinter Kfar Hittim, Tel. 04/673 29 04.

Brotvermehrungskirche. Hier fand vor 2000 Jahren die Speisung der 5000 statt. Mo–Fr 8–17, Sa 8–15 Uhr, So ausschließlich zur Eucharistiefeier um 9 Uhr, Eintritt frei, Straße 87 am Nordwestufer.

Kapernaum mit Peterskiche. Fischerdorf am Nordufer des Sees, in dem Jesus lebte und aus dem Petrus stammte. Heute Nationalpark. Tgl. 8.30–16.30 Uhr, Eintritt: 3 NIS, Parkplatz in der Nähe des Eingangs, Tel. 04/672 05 16.

Kirche und Berg der Seligpreisungen. Imposanter Kirchenbau aus weißem Kalkstein und schwarzem Basalt des italienischen Franziskanermönchs und Architekten Antonio Barluzzi (1884–1960) im Stil der Neorenaissance. Tgl. 8–11.45 und 14.30–17 Uhr, Eintritt: 10 NIS, Anfahrt über Straße 8177.

Migdal (auch Magdala). Geburtsort von Maria Magdalena, an dem eine Synagoge aus der Jesus-Zeit ausgegraben wurde samt Magdala-Stein als Podest zur Thora-Lesung. Tgl. 8–18 Uhr, Magdala Center, Anfahrt über Migdal/Kreuzung Straße 90, Tel. 04/620 99 00, www.magdalacenter.com

Tomb of Maimonides. Grab des berühmten Thora-Kommentators Rambam (Abk. für Rabbi Moshe ben Maimon, 1135–1204). Yochanan Ben Zakai St.

ESSEN UND TRINKEN

Avi's. Hervorragende Auswahl aus vegetarischen und glutenfreien Speisen zusätzlich zu den vielen koscheren Fleischgerichten. HaKishon 4, Tel. 04/679 17 97.

Decks. Riesige Portionen, entspannte Atmosphäre auf den hängenden Docks am Lido über dem See. Derech Gdud Barak, Tel. 04/671 08 00.

ÜBERNACHTEN

Hotel Europa. Ein Prunkstück mit einem Hauch Mandatszeit. Elegante Suiten, Pool, Spa und Gourmetrestaurant. 3 Hapalmach St., Tel. 04/616 99 99, http://europa1917.co.il

Kibbuz Nof Ginosar. In den 1930er-Jahren kollektive Landwirtschaft auf Bananenplantagen und in Orangenhainen, heute zauberhaftes Feriendorf direkt am Strand mit Pool und Museum. Nordwestufer an der Route 90 hinter Migdal. Tel. 04/670 03 00, www.ginosar.co.il

AKTIVITÄTEN

Flyboard. Adrenalinkick für Mutige: Ein Wasserstrahl befördert einen in die Luft, sodass man über dem Wasser schwebt – fast wie Jesus. Nof Kinneret, Vila Melchet, Migdal, Tel. 055/885 28 85, www.flyboardhatsafon.co.il

HaTchelet Beach. Schöner öffentlicher Stadtstrand ohne Eintritt. Tel. 04/672 01 05.

Hot Springs. *Hamei Tveriya*. Gegenüber Rimonim Mineral Tiberias Hotel. So, Mo, Mi 8–20, Di, Do 8–22, Fr 8–15 Uhr, Ha'Marchatzaot Rd., http://english.rimonim.com/mineral-tiberias-hot-springs

Tzemach Beach. Strand am Südufer mit Wasserpark, Rutschen, Pools und Wassersportaktivitäten. Tgl. 9–17 Uhr, Eintritt: 55 NIS, Tel. 04/675 24 40.

INFORMATION

Touristeninformation. Im Archäologischen Park. Kostenlose Stadtführungen. So–Do 9–16, Fr 9–12.30 Uhr, Habanim, Tel. 04/672 56 66.

29 Nazareth
Wiege des Christentums

In Untergaliläa erzählen Kirchen, Berge und Städte von den Ursprüngen des Christentums. So lockt Nazareth im Südwesten als Heimatstadt Jesu mit der Verkündigungsbasilika. Hier soll Maria die Geburt ihres Sohnes angekündigt worden sein. In den engen gepflasterten Straßen verbreiten orientalische Farben, Gerüche und nazarenische Gastfreundschaft einladendes Flair, und der Klang von Kirchenglocken vermischt sich mit den Rufen der Muezzins.

Zu Zeiten des Zweiten Tempels im 6. Jahrhundert v. Chr. war Nazareth ein kleines Dorf. Der Name stammt aus dem Hebräischen und bedeutet entweder »achtgeben«, abgeleitet vom Verb *natsar* und bezugnehmend auf Nazeraths Berglage mit Blick auf das Emek-Tal oder »Abstammung von Netser« – für Christen ein Hinweis auf die Herkunft Jesus' aus dem Hause von König David. Auf Hebräisch heißt Christentum dann auch *Natsrut*. Ausgrabungen legten uralte Eisenzeit-Fundstücke aus dem 13. Jahrhundert v. Chr. sowie Dorf-Überreste aus späthellenistischer Zeit frei.

Altstadt: die Wiege des Christentums

Nazareth gehört zu den wichtigsten christlichen Wallfahrtsorten in Israel. Hier, in einer Grotte, soll Maria vom Erzengel Gabriel ihre bevorstehende Schwangerschaft erfahren und Jesus später die meiste Zeit seines Lebens verbracht haben. Hierher gelangte die heilige Familie auch auf ihrer Flucht nach Ägypten. Franziskaner erbauten die katho-

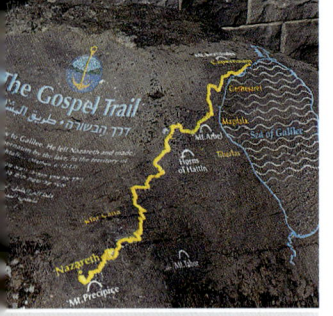

Mitte: In der Altstadt von Nazareth erhebt sich die Verkündigungskirche
Unten: Wiege des Christentums auf 60 Kilometern: der Gospel Trail

lische Verkündigungskirche ab 1730 auf früheren Kirchenruinen über der Grotte. Sie liegt im Marktviertel der Altstadt.

Am besten beginnt man den Rundgang an der Salesianischen Kirche im Westen der Stadt. Die Kirche im neoromanischen Baustil wurde 1923 neben dem salesianischen Waisenhaus erbaut. Heute finden hier gut besuchte Konzerte statt. Über eine schmale Treppe gelangt man hinunter in die engen Altstadtgassen. Am Ende der Treppe erhebt sich linker Hand die katholische Mensa-Christi-Kirche. Hier wird der Steintisch aufbewahrt, an dem Jesus mit seinen Jüngern gespeist haben soll. Sehenswert sind auch die Bilder, die venezianische Restauratoren wiederhergestellt haben.

Miteinander und Konflikte

Mit 75 000 arabischen Einwohnern ist Nazareth die Stadt mit dem höchsten arabischen Bevölkerungsanteil in Israel. Gleichwohl weniger als die Hälfte davon sind Christen. Nazareth beherbergt insgesamt zwölf Kirchen verschiedenster Konfessionen sowie Klöster und Kapellen. Als die muslimische Mehrheit plante, eine Moschee nahe der Verkündigungsbasilika zu bauen, deren Minarett über die Kirchturmspitze hinausragen sollte, hagelte es Proteste christlicher Organisationen und des Vatikans. Das bereits genehmigte Projekt wurde daraufhin gestoppt.

Templer und Gewürze

In Nazareth gründete eine deutsche Templerfamilie im 19. Jahrhundert die Gewürzmühle Mill of Galilee (»El Babour«), eine beliebte Touristenattraktion für Mitbringsel. Eine ehemalige Tochterkolonie der Templer findet man auch in Beit Lechem HaGlilit, dem »Bethlehem in Galiläa«,

Geheimtipp

PURE GAST-FREUNDSCHAFT

Preisgekröntes Hotel der Hotelgruppe Abraham Hostels in einer dreistöckigen arabischen Villa mit handbemaltem Deckengewölbe, türkischem Marmorboden und Innenhof. Das Konzept des Gründers Maoz Inon ist so denkbar einfach wie wirksam, modernen Reisenden echte Gastfreundschaft entgegenzubringen, getreu dem Patriarchen Abraham, der bekannt war für sein offenes Zelt. Mit der preiswerten und zugleich geschmackvollen Unterkunft wollte Inon zugleich Nazareth als Übernachtungsort für Individualreisende wieder attraktiver machen. Das ist ihm offenbar gelungen. Als 2011 der frühere britische Premierminister Tony Blair Nazareth besuchte, übernachtete er hier. Das Fauzi Azar Inn ist das erste Hotel der Abrahamgruppe, das zweite steht in Jerusalem. Weitere Ableger sind für ganz Israel geplant.

Fauzi Azar Inn. 6108 St., Tel. 04/602 04 69 und 054/432 23 28, www.fauziazarinn.com

Oben: Eingang zum farbenfrohen orientalischen Suq an der Al Bishara Street
Unten: In Nazareth leben 75 000 israelische Araber. Die Stadt beherbergt zwölf Kirchen verschiedenster Konfessionen

etwa zehn Kilometer westlich von Nazareth: 1948 begannen jüdische Bauern hier, Gewürze anzubauen, so wie vor ihnen die Templer, heute eine der meistbesuchten Gewürzfarmen Israels.

Gospel Trail – rund um Nazareth

Nicht nur christliche Reisende wissen es zu schätzen, die heiligen Stätten des Christentums zu erwandern. Denn die Wege führen durch abwechslungsreiche Landschaften. Auf einer Strecke von 60 Kilometern Länge bietet etwa der Gospel Trail Gelegenheit, die Wiege des Christentums in Galiläa zu entdecken – zu Fuß oder per Rad. Sein Symbol ist ein gelber Anker auf blauem Mosaik. Wenn man mit Nebenstrecken variieren will, sollte man vier bis fünf Wandertage einplanen, angefangen am »Berg des Abgrunds« am südlichen Stadtrand von Nazareth, weiter über Kafr Kana, ein arabisches Dorf acht Kilometer nordöstlich von Nazareth, wo Jesus laut Johannes-Evangelium Wasser in Wein verwandelt haben soll, zum Berg Tabor mit der Verklärungskirche. Höhepunkt des Gospel Trail ist der Berg der Seligpreisungen als Ort der berühmten Bergpredigt.

Infos und Adressen

SEHENSWÜRDIGKEITEN

El Babour. Gewürzmühle aus der Templerzeit. Mo–Sa 8.30–19.30 Uhr, Al-Bishara, Nazareth, Tel. 04/645 55 96, www.elbabour.com

Mensa-Christi-Kirche. Kleine Franziskanerkirche von 1781. Zugang über schmale Altstadttreppe zur Straße 6126. Den Schlüssel kann man sich gegenüber der Kirche gegen eine kleine Spende abholen.

Salesianische Kirche. Hervorragende Akustik und lichtdurchflutete Atmosphäre für liturgische Konzerte. Mo–Sa 8–12 und 13.30–16 Uhr, Straße 5002, Tel. 04/646 89 54.

Verkündigungskirche. Eine der drei wichtigsten christlichen Kirchen im Heiligen Land. Hier soll der Erzengel Gabriel der Jungfrau Maria die Geburt von Jesus verheißen haben. Oberkirche 8–18 Uhr, Grotte 5.45–21 Uhr, Eintritt frei, Al-Bishara, Nazareth, www.basilicanazareth.org

ESSEN UND TRINKEN

Dewan al Saraya. Kleines Juwel am Gemüsemarkt für *Katayef:* gefüllte Teigtaschen mit gesalzenem Ziegenkäse, Walnüssen und Zimt. Tgl. 9–20.30 Uhr, 6134 Straße 2–8, Nazareth.

Teigtaschen mit Ziegenkäse im Dewan al Saraya

ÜBERNACHTEN

Al Mutran. Wunderschöne Villa mit traumhaften Zimmern, erbaut von der Juweliersfamilie Khattouf. Al Mutran Square, Old City, Nazareth, Tel. 04/645 79 47, www.al-mutran.com

EINKAUFEN

Shababik. Orientalischer Souvenirshop mit Kunsthandwerk, Kacheln und Schmuck. Mo–Mi 10–14, Do–Sa 10–22 Uhr, Al Mutran Square, Altstadt Nazareth, Tel. 04/608 07 47.

Souq. Authentischer arabischer Markt. Eingang Al Bishara St. (Anunciation St.) mit orientalischen Süßigkeitsläden, Nazareth.

Spicy Way. Gewürzfarm 10 km westlich von Nazareth mit Farben und Gerüchen wie aus 1001 Nacht. Beit Lechem Haglilit, Tel. 04/953 34 05, http://thespiceway.com

Gewürzvielfalt im Shababik Oriental Shop

30 Bet She'an und Umgebung
Rendezvous mit alten Römern

Antike Ausgrabungen findet man in Israel fast überall. Doch kaum eine ist so beeindruckend wie Bet She'an. Hier kann man durch eine komplette römische Stadt riesigen Ausmaßes laufen – Geschichte hautnah mit Blick auf das Jordantal. Monumentale Säulen, Wohnhäuser, alles dank eines Erdbebens im Jahr 749 erstaunlich gut erhalten – ein einmaliges Zeugnis römischer Baukunst.

Bet She'an ist ein erstaunlicher Ort. Denn die römische Stadt ist fast genauso groß wie der neuzeitliche Ort selbst. Ein ausgedehnter Rundgang durch den Nationalpark ist wie eine Zeitreise. Wohnhäuser, Villen, Säulen, gesäumte Alleen, Bäder mit Fußbodenheizung, ein Amphitheater in so direkter Nachbarschaft zur Neustadt scheinen das Gestern mit dem Heute zu verbinden.

Bet She'an ist einer der ältesten Orte des Landes. Das Alte Testament erwähnt ihn mehrfach, und Funde hellenistischen, römischen, mameluckischen, Kreuzfahrer-, ägyptischen und ottomanischen Ursprungs zeugen von seiner Besiedlung bereits vor 6000 Jahren. Doch erst die Funde aus der Römerzeit machen das verschlafene Provinznest zu einer der sensationellsten archäologischen Stätten in Israel. Im 1. Jahrhundert lebten hier etwa 50 000 Menschen – dreimal so viele wie heute. Ein Erdbeben begrub die florierende Römerstadt 749. Da ihre Bewohner sie anschließend nicht wieder aufbauten, blieben ihre pompösen Kollonaden, Tempelanlagen und das Amphitheater in einem außergewöhnlich guten Zustand erhalten.

Mitte: Lebendige Geschichte – durch ein Erdbeben blieb die Römerstadt fast komplett erhalten
Unten: Beliebter Picknickort: Berg Gilboa bei Bet She'an

Bet She'an und Umgebung

Aussichten vom Berg Gilboa

500 Meter hoch windet sich die Straße über dem Bet-She'an-Tal, vorbei an hügeligen Teppichen aus Lilien, Tulpen und Anemonen und zahlreichen Wanderwegen und Picknickplätzen. Der bewaldete Gipfel liegt 650 Meter über dem Meeresspiegel. Von hier aus hat man einen unverstellten Panoramablick auf Bet She'an, die fruchtbare Jesreel-Ebene und die rot schimmernden Berge Jordaniens. Auch dieser Berg findet bereits Erwähnung in der Bibel. Hier sollen König Saul und sein Heer im Kampf gegen die Philister gefallen sein.

Israels schönster Naturpool

Am Fuße des Gilboa liegt Gan HaShlosha, arab. *Sachne*. Die warmen Quellen, die sich in drei Pools ergießen, machen das Baden hier bei gleichbleibenden Temperaturen von 28 °C auch im Winter zum Vergnügen. Das weitläufige Gelände beherbergt außerdem die Siedlung Tel Amal aus der britischen Mandatszeit und ein Archäologiemuseum.

Tscherkessendorf Kfar Kama

Die Geschichte verschiedener Zivilisationen, Kulturen und Religionen hat Galiläa zutiefst geprägt. Das friedliche Miteinander – hier in Israels Norden wird es im Alltag gelebt. Bestes Beispiel dafür sind die Tscherkessen, sunnitische Muslime aus dem Kaukasus. Der ethnischen Minderheit gehören etwa 3500 Menschen an, die u. a. in Kfar Kama im Unteren Galiläa leben. Auf der Flucht aus dem russischen Zarenreich gewährte ihnen der osmanische Sultan im 19. Jahrhundert Unterschlupf. 1876 gründeten sie Kfar Kama. Die Bauweise ihrer Häuser unterscheidet sich von denen arabischer Häuser insofern, als die Moschee im Dorfzentrum einen eckigen und keinen runden Turm hat.

Infos und Adressen

SEHENSWÜRDIGKEITEN

Nationalpark. Beeindruckendste Römerstadt in Israel. Okt.–März So–Do 8–17, April–Sept. So–Fr 8–16, Sa 8–17 Uhr, Eintritt: 20–40 NIS, Bet-She'an-Zentrum, Tel. 04/658 71 89.

Wilfrid Israel Museum. Die umfangreiche Ostasien-Sammlung Wilfrid Israels ist ein unerwarteter Kunstgenuss mitten auf dem Land! Mo, Mi–Fr 9–14, Di 12–18, Sa 10–16 Uhr, Kibbuz Hasorea, Route 66 zwischen Yokneam und Meggido, www.wilfrid.org.il/en

ESSEN UND TRINKEN

Dag Dagan. Grandioses Fischrestaurant im Kibbuz Heftziba bei Bet She'an. Mo–Do 12–16 und 19–23, Fr, Sa 12–23 Uhr, Tel. 04/653 43 59.

Shipudey Hakikar. Einfach, urig, köstlich. Gegrillte Hühnchenspieße und 20 leckere Salate. 34 Shaul Hamelekh St., Bet She'an, Tel. 04/606 01 98, www.shipudey-hakikar.co.il

ÜBERNACHTEN

Solomons Sanctuary. Holistisches und veganes Bed & Breakfast am Fuße des Gilboa. 73 Sdei Trumot, direkt an der Route 90, Tel. 053/715 47 57, www.solomonssanctuary.com

AKTIVITÄTEN

Sachne (Gan Hashlosha). Badeerlebnis in Naturseen. Mindestens einen halben Tag einplanen. Anfahrt über Straße 669. Tel. 04/658 62 19, www.gan3.co.il

31 Jesreel-Ebene
Gottes Acker, Galiläas Vielfalt

Das Tal zwischen Mittelmeer und Jordan wird seit Urzeiten Jesreel-Ebene genannt. Auf Deutsch bedeutet der hebräische Name »Gott wird säen« – ein Hinweis auf die Fruchtbarkeit. Heute nennen es viele Israelis einfach nur HaEmek, »das Tal«. Denn jeder weiß, welches Tal damit gemeint ist – das Tal, um das die Prophetin Deborah und der Richter Gideon ebenso kämpften wie die Könige Saul und David. Für alle war es strategisch wichtig.

Erzählt die Bibel ausgiebig von seiner Fruchtbarkeit, so versumpfte das Tal im Laufe der Jahrhunderte. Die Pioniere der ersten zionistischen Siedlungen legten Anfang des 20. Jahrhunderts Sümpfe trocken, um die Felder zur Landwirtschaft zu nutzen. Die Landschaft prägen heute neben Feldern Fischbecken der Kooperativen und die Bergformationen Tabor und Gilboa.

Berg Tabor und Verklärungs-basilika

Schon in der Antike spielte der kegelförmige Berg, der einsam aus der Ebene ragt, eine bedeutende Rolle als Kultstätte. So sollen etwa die Kanaaniter hier ihren Gott Baal verehrt haben. Auch ägyptische Inschriften aus dem 13. Jahrhundert v. Chr. aus der Zeit von Pharao Ramses II. erwähnten den Berg, lange bevor Jesus hier verklärt wurde.

Die von Zypressen flankierte Verklärungskirche auf seinem Gipfel in etwa 558 Metern Höhe stammt aus dem Jahr 1924. Sie wurde auf den Ruinen früherer Kirchen erbaut. Heute wird sie hauptsächlich

Mitte: Blühendes Handelszentrum unter König Salomon: Meggido mit Aussicht aufs Jesreel-Tal
Unten: Die Ausgrabungen von Meggido gehören heute zum UNESCO-Weltkulturerbe

von griechisch-orthodoxen Pilgern angesteuert. Die etwa sechs Kilometer lange Straße führt durch eine liebliche Vegetation aus wilden Pistazienbäumen und Steineichen. Im Frühjahr sind die Berghänge übersät von Lilien und Narzissen.

UNESCO-Welterbe Meggido

In Meggido (hebr. *Har Mageddon*, »Berg von Meggido«) offenbaren mehr als 30 archäologische Schichten historische Epochen der Menschheitsgeschichte, deren früheste Spuren ins 4. Jahrtausend v. Chr. zurückkreichen. Es sind einzigartige Spuren der Zivilisation, darunter eine der ersten Kirchen überhaupt aus einer Zeit, als das Christentum noch verboten war. Die hebräische Bibel erwähnt Meggido an 18 verschiedenen Textstellen. König David eroberte die Stadt, sein Sohn Salomon erweiterte sie zum wichtigsten Handelszentrum seines Nordreichs. Wegen seiner strategischen Bedeutung als Stützpunkt auf der Handelsroute zwischen dem Mittelmeer nach Persien eroberten immer wieder neue Herrscher die Stadt. Gläubige Christen verbinden den Ort symbolisch mit dem Tag des Jüngsten Gerichts.

Umm el-Fahm und Nahalal

Umm el-Fahm ist die größte arabische Stadt im Jesreel-Tal an der Grenze zum Westjordanland. In den letzten Jahren etablierte sich hier eine kreative arabische Kulturszene. Nahalal, ein Reißbrettdorf mitten im Jesreel-Tal, ist der einzige Ort in Israel, der exakt ellipsenförmig um einen Ortskern herumgebaut wurde. Gegründet 1928, ist es Israels erster *Moshav* (»ländliche Kooperative«). Entworfen hat sie der aus Deutschland stammende Architekt Richard Kauffmann; einer seiner berühmtesten Bewohner war der legendäre israelische Verteidigungsminister Mosche Dayan.

Meggido – UNESCO-Nationalpark. Historischer biblischer Hügel mit universeller Bedeutung. Okt.–März tgl. 8–17, April–Sept. tgl. 8–16 Uhr, Eintritt: 13–25 NIS, Tel. 04/659 03 16.

Verklärungskirche. Laut Neuem Testament erschien Jesus seinen Jüngern auf dem Berg Tabor in göttlicher Gestalt. 8–11.45 und 14–17 Uhr, Eintritt frei, Tel. 04/662 07 20.

ESSEN UND TRINKEN
El Baboor. Authentische traditionelle arabische Küche. Umm el-Fahm, Kreuzung Ein Ibrahim, Tel. 04/611 06 91.

Octagon. Eines der besten Restaurants in Israel auf dem Land. Vielseitig und geschmackvoll. Straße 73, Eingang am Kibbuz Ramat David, www.octago.co.il

ÜBERNACHTEN
Kedem. Ferienwohnung auf Bio-Olivenölfarm. Inhaber Ofer kennt die beste Aussicht übers Jesreel-Tal. Amikam, Meshek 81, Tel. 054/635 28 00, www.kedemoil.co.il

Nof Tabor. Einfache Zimmer, zentrale Lage, Pool. Kibbuz Mizra, Tel. 04/640 80 00, www.nof-tavor.com

AKTIVITÄTEN
Umm el-Fahm Galerie. Moderne arabische Kunst seit 1996. So–Do 8–17 Uhr, http://ummelfahemgallery.org

TOTES MEER UND JUDÄISCHE WÜSTE

32 Ein Gedi und Ein Bokek
Größtes Naturspa der Welt

Mit seiner Lage rund 400 Meter unter dem Meeresspiegel gilt das »Salzmeer«, wie es auf Hebräisch heißt, als der tiefste und größte natürliche Kurort der Welt. Zu den vielen Touristenattraktionen der Region zählen unter anderem die Weltkulturerbe-Festung Masada (S. 204), die Naturparks Ein Gedi und Einot Tsukim (S. 194, 201) sowie die antike Siedlung Qumran (S. 200), in deren Nähe die älteste Bibel der Welt entdeckt wurde.

Von wegen tot! Zwar schwimmen wegen des hohen Salzgehalts im Toten Meer außer winzigen Mikroorganismen keine Fische, doch kaum ein Ort liefert so viele lebenswichtige Mineralstoffe wie das Tote Meer. Touristen und Gesundheitsreisende können hier die vielfältigen heilenden Kräfte dieses Naturphänomens erleben.

Totes Meer – Meer des Lebens

So helfen etwa der mineralhaltige Schlamm und die heißen Thermalquellen bei fast allem – sie lindern Muskelverspannungen und Rheuma und fördern die Durchblutung. Und auch die trockene Wüstenluft trägt zur Turbo-Erholung bei. Keine Pollen oder Schadstoffe, dafür jede Menge Brom, Magnesium und Sauerstoff – Elemente also, die nicht nur beruhigen und das Immunsystem ankurbeln, sondern auch Herz-, Asthma- und Lungenbeschwerden lindern.

Seite 188/189: Das Tote Meer gilt als am tiefsten gelegenes Freiluft-Spa der Welt
Mitte: Der Strand von Ein Gedi ist urwüchsig
Unten: Salz, Sonne und Luft: Diese Kombination entfaltet am Toten Meer heilsame Wirkung

Auch geologisch ist die Region einzigartig – und zudem sehr fragil. Mineralindustrie und Landwirt-

Das Restaurant Taj Mahal in Ein Bokek

schaft tragen zum Schrumpfen des Toten Meeres bei. Zudem mündet infolge
verstärkter Wasserentnahme aus dem
Jordan der Hauptzufluss zum Toten Meer
nur noch als Rinnsal in den Salzsee. Die Folge:
Salzwasser weicht zurück, der Meeresspiegel
sinkt – pro Jahr um einen Meter. Geologen und
Umweltexperten warnen vor weiteren Risiken und
setzen derweil auf nachhaltige Landwirtschaft
und strikte Wassersparmaßnahmen in Tourismus
und Industrie.

Der Zulauf zu einer von Israels größten Touristenattraktionen indes ist ungebrochen. Einmal
schwerelos im Wasser schweben, dabei die roten
Berge im Meer spiegeln sehen und die wohltuende
Stille im Ohr – an diesem unvergleichlichen Ort
kann man wirklich zur Ruhe kommen.

Klimatherapie

Ein Bokek am südlichen Meeresabschnitt ist eine
Art *Downtown Dead Sea* – mit Hotels, Einkaufs-
passagen, Cafés und Restaurants, die meisten von
ihnen allerdings restlos überteuert. Wer zum ersten Mal hier badet, sollte darauf gefasst sein, ein
leichtes Brennen auf der Haut zu spüren.

*Einfach
gut !*

TAJ MAHAL
Warum das Restaurant
nach dem berühmten
indischen Palast benannt
ist, erschließt sich nicht
ganz. Denn das Lokal im Beduinenzelt des Leonardo Inn Hotels
serviert klassische Nahostküche.
Man speist, entspannt auf Sitzkissen oder auf der Terrasse bei
atemberaubendem Blick aufs Tote
Meer, vorzüglichem Hummus,
Babaganoush (Auberginencreme),
frischen Salaten, Olivenöl und
gegrilltem Hühnchen. Empfehlenswert ist die gemischte Platte,
die Wirt Hassan, ein Beduine,
auch schon mal selbst zum Tisch
bringt, um mit den Gästen zu
plaudern und von der Wüste zu
erzählen. Eine guter Ort, um mit
anderen Gästen ins Gespräch zu
kommen, und eine echte israe-
lisch-arabische Synthese mit viel
Lokalkolorit.

Taj Mahal. Leonardo Inn Hotel,
Ein Bokek, Tel. 057/650 65 02,
www.2eat.co.il/eng/taj-mahal

191

Seinen Namen verdankt der Ort einer Quelle. Er steht für Erholung pur. Alle Hotels und Kliniken bieten neben Spas und Wellnessbehandlungen auch eine Art Klimatherapie an. Egal, ob beim Baden, Spazierengehen oder Sonnen, der Dreifacheffekt aus Sonne, Luft und Wasser ist ebenso für Haut, Atemwege und Gelenke eine Wohltat wie fürs Immunsystem. Kraft tanken und nachhaltig entspannen – am Toten Meer zeigen sich die Erfolge schon nach einem Tag. Unbedingt einen ganzen Tag einplanen! Auch längere Urlaube sind empfehlenswert: mit Tagesausflügen nach Jerusalem, in die Wüste und nach Galiläa.

Heiße Quellen von Ein Gedi

Die Oase Ein Gedi (»Quelle des Zickleins«) ist urwüchsiger, schöner und naturbelassener als Ein Bokek, dennoch nicht ohne Bequemlichkeiten – sieht man einmal vom steinigen Meerzugang ab. Wichtig: Badeschuhe mitnehmen! Die Oase am nördlichen Meeresabschnitt verfügt über einen öffentlichen kostenfreien Strand, Umkleidekabinen, Toiletten und Duschen. Wer nicht gerade auf dem Wasser treibt, reibt sich an einem der Schlammgruben mit mineralhaltigem Schlamm ein – überall sieht man schlammbadende Menschen in Badehose und Bikini.

Botanischer Garten-Kibbuz

Oben: Der Kibbuz Ein Gedi wurde 1956 gegründet. Zum Strand fährt täglich ein Shuttle
Mitte: Salz überall: An den Ufern des Toten Meeres bilden sich kunstvolle Salzformationen
Unten: 900 verschiedene Pflanzen wachsen im Botanischen Garten

Im weiter oben gelegenen Heilbad gibt es natürliche Mineralquellen, die aus unterirdischen Reservoiren gespeist werden. Gäste des Ein Gedi Kibbuz Hotels genießen daher nicht nur ein Wellness-Spa mit langer Heiltradition, sondern auch einen kostenlosen Shuttle zum Toten Meer, Laufdistanz zum Naturpark Nachal David, Blick auf den Arugot-Fluss und – einen Botanischen Garten, den einzigen weltweit, in dem Menschen wohnen.

Infos und Adressen

ESSEN UND TRINKEN

Aroma. Eine günstige Alternative zum teuren Hotelessen. Gute Auswahl an Sandwiches, Salaten und Snacks. Hervorragende Kaffeeauswahl. Tgl. 8–22 Uhr, Zentrum Ein Bokek, Petra Range St., Tel. 08/995 40 21, http://en.aroma.co.il

ÜBERNACHTEN

Daniel Hotel. Geschmackvolles Hotel mit 302 geräumigen, sauberen Zimmern und großen Fenstern mit herrlicher Aussicht entweder auf die Berge oder das Meer. Der öffentliche Strand liegt 3 Min. zu Fuß entfernt auf der anderen Straßenseite. Ein-Bokek-Süd, Tel. 08/668 99 99, www.tamareshotels.co.il

David Dead Sea. Gutes Hotel mit großer Zimmerauswahl in verschiedenen Preiskategorien, Innen-und Außenpools, drei Restaurants, Sportanlagen. Ein-Bokek-Nord, Tel. 08/659 12 34, www.david-deadsea.com

Herod's Dead Sea. Das ehemalige Leonardo Plaza in neuem Gewand. Im Zentrum von Ein Bokek, Tel. 03/511 00 50, www.herods-hotels.com

Hod Hamidbar Resort and Spa. Vorzügliches Hotel und Spa am Nordabschnitt von Ein Bokek mit Hydrotherapie, Schlammpackungen, Ayurvedabehandlungen, Massagen und Körperpeelings. Tel. 08/668 82 22, www.hodhotel.co.il

Ein Gedi Hotel. Perfekt für Individualisten, die Wüstennähe mit Wellness und Sightseeing verbinden wollen. Idealer Ausgangspunkt in familiärer Kibbuz-Atmosphäre. Ein Gedi, Tel. 08/659 42 22, www.ein-gedi.co.il

Leonardo Inn. Außen klobig, innen frisch und luftig, ist es die preiswerte Variante der Leonardo-Gruppe am Toten Meer. Tolles Restaurant, das beste am Toten Meer. Ein-Bokek-Zentrum, Tel. 08/668 46 66, www.leonardo-hotels.de

Lot Hotel. Preiswertes Mittelklasse-Hotel mit familiärer Atmosphäre, eigenem Strand, Spa und Klinik. Sehr beliebt. Viele Stammgäste. Ein-Bokek-Zentrum, Tel. 08/668 92 00, www.lothotel.com

Wie im Paradies: im Resort des Kibbuz Ein Gedi

33 Oasen Nachal David und Arugot
Zwischen Steinböcken und Klippdachsen

Über Ein Gedi gelangt man in eines der berühmtesten Naturreservate in Israel: den Ein-Gedi-Nationalpark mit seinen zwei Oasen Nachal (Wadi) David und Nachal (Wadi) Arugot – zwei quellwassergespeiste Ströme, die das ganz Jahr über Wasser führen. In einer grandiosen Landschaft bietet der Nationalpark eine Auswahl sowohl an leicht zu bewältigenden Wanderwegen als auch Pfaden für erfahrene Wanderer.

Die beste Zeit für eine Wanderung durchs Nachal David sind die frühen Morgenstunden. Meist ist das Wadi um diese Zeit noch menschenleer. Schulklassen und Reisegruppen bevölkern den Naturpark erst mittags, wenn schon längst die Sonne vom Himmel brennt. Am besten ist es, wenn man zeitig aufbricht, an den Füßen feste Schuhe und im Gepäck eine Wanderkarte, ausreichend Sonnencreme und mindestens vier Liter Wasser. Am Toten Meer muss man viel trinken, auch wenn man nicht durstig ist. Tipp: Nehmen Sie Ihre Badesachen mit. Denn im Park gibt es reichlich Badestellen.

Der Natur ganz nah sein

Nachal heißt auf Hebräisch »Bach«. Die beiden Wasserläufe des Nachal David und Nachal Arugot führen ganzjährig Wasser. Ihnen verdankt die Oase Ein Gedi ihre üppige Vegetation. Der Eingang am Parkplatz ist leicht zu finden. Schon nach den

Mitte: Das Wadi Arugot ist urwüchsiger als das Wadi David
Unten: Wo sich David vor König Saul versteckte, kann man heute bequem wandern: Wadi David

Wadi–Wanderung

INFORMATION

Der Fluss ist nach dem biblischen König David benannt. Denn hier soll er sich vor König Saul versteckt haben. Auch im Hohelied Salomos wird der Ort erwähnt, vor allem bezüglich ihrer Fruchtbarkeit. Insgesamt erstreckt sich der Naturpark auf 14 Quadratkilometern.

An- und Abfahrt: Route 90 am Toten Meer

Ausgangspunkt: Parkplatz am Kibbutz Ein Gedi

Wegbeschaffenheit: Einfach bis mittel

Länge: Je nach Ausdauer 3–6 km; etwa 1,5–3 Stunden Gehzeit, Höhenunterschied von etwa 200 m

Ausrüstung: Wanderschuhe, Sonnencreme, Sonnenhut, Badesachen und Handtuch. Baden erlaubt!

Verpflegung: Nur Wasser. Die Naturschutzbehörde achtet streng darauf, dass keine Müllreste liegen bleiben. Auch Essen ist hier verboten. Daran sollte man sich auf jeden Fall halten.

Variante: Vom Shulamit Pool aus kann man zum urwüchsigeren Wadi Arugot abzweigen.

Immer ausreichend Trinkwasser dabei haben!

WICHTIGE STATIONEN

Ⓐ Ein-Gedi-Naturpark – Los geht's am Parkplatz neben dem Kiosk, am besten frühmorgens vor dem ersten Besucheransturm starten.

Ⓑ Unterer Wasserfall – Erfrischung gefällig? Nach etwa 400 m erreicht man den ersten Wasserfall. Der Weg dorthin ist übrigens auch für Rollstuhlfahrer ausgebaut.

Ⓒ Shulamit-Pool – Was für eine Badestelle! Ein 25 m hoher Wasserfall mit Pool. Abzweig links führt zum David-Wasserfall, rechts zum 3000 Jahre alten Tempel aus der Kupfersteinzeit und zum Wadi Arugot.

Ⓓ David-Wasserfall – Von hier aus stürzt der David-Fluss die Felsen hinunter und speist die unteren Wasserfälle. Nach einem kühlen Bad kann man die herrliche Aussicht aufs Tote Meer genießen, am besten an der »Liebesgrotte«, wegen seiner Lage einer der schönsten Plätze in ganz Israel.

Ⓔ Antike Synagoge Ein Gedi – Eine der Hauptattraktionen des Parks, deren Ausgrabung auf eine frühe Besiedlung der Oase ab dem 3. Jh. schließen lässt. Der Fußboden der Synagoge enthält eine rätselhafte Inschrift. Manche Forscher glauben, sie enthalte das Geheimrezept für ein Parfüm oder eine Salbe.

Im Wadi David leben Klippdachse, eine seltene Murmeltierart

Nicht verpassen

AHAVA-BESUCHER-ZENTRUM

Fabrikanlage der Firma Ahava, die Kosmetika und Schönheitsprodukte vom Toten Meer herstellt, der einzigen übrigens mit Lizenz. Die Firma wurde 1988 gegründet. Sie begann als kleiner Stand, der Schlamm in Flaschen abgefüllt an Touristen verkaufte. Über das Besucherzentrum erhält man Einblick in die Echtzeitproduktion, Labore und Mineralgewinnung, was an sich schon spannend ist. Hier kann man sich aber auch über das fragile Ökosystem Totes Meer und die einzelnen Inhaltsstoffe der Ahava-Serien und ihre Wirkung für Haut und Haar informieren. Auch bekommt man die Markenprodukte hier etwas preiswerter als im Laden. Vorteil: Das Besucherzentrum hat auch am Sabbat geöffnet.

Ahava-Besucherzentrum.
Route 90, Abfahrt Mitzpe Shalem, So–Do 8–17, Fr 8–16, Sa 8.30–17 Uhr, Tel. 08/995 20 73, www.ahavaus.com

ersten Schritten überrascht das Wadi mit viel Grün, Vogelgezwitscher und Wassergeplätscher. Und das mitten in der Wüste! Sobald hier nur ein Tropfen Wasser fließt, beginnt die Wüste zu blühen, während wenige Meter entfernt karge Felsen aufragen.

Mit etwas Glück sieht man Steinböcke und Klippdachse, eine äußerst seltene Murmeltierart. Auch Leoparden, sogenannte Negev-Panther, sollen hier leben. Doch sie gelten als überaus scheu. Mit Gazellen und Füchsen kann man schon eher rechnen.

Wadi David

Der Weg entlang des David-Baches ist gut ausgebaut. Schon nach 400 Metern erreicht man den ersten Wasserfall. Links und rechts wachsen Akazien, Christusdorn und Sodomsapfel, Farne, Schilf und subtropische Pflanzen. Nach einer großen Kurve biegt die Schlucht nach Süden ab und gibt den Blick auf den Shulamit-Wasserfall frei, einen Naturpool mitten in der Wüste. Baden erlaubt!

Ganz in der Nähe des Wasserfalls soll sich der junge David laut 1. Samuel, Kap. 24 vor König

Oasen Nachal David und Arugot

Saul in einer Grotte versteckt haben. Auch den jüdischen Freiheitskämpfern des Bar-Kochba-Aufstands (132–135) dienten die hiesigen Höhlen in der Römerzeit als Unterschlupf.

Unweit der Grotte liegen Steinreste aus dem 4. Jahrtausend v. Chr. – ein »Quellheiligtum« aus der Kupfersteinzeit. Denn die beiden Quellen von Ein Gedi wurden seinerzeit als göttliche Wunder verehrt. Wasser als kostbarstes Gut der Wüste – diese Wertschätzung teilen Wanderer auch noch 6000 Jahre später.

Wadi Arugot

Das südlich von Ein Gedi gelegene Wadi Arugot wird deutlich seltener besucht. Es ist urwüchsiger, aber auch um einiges abenteuerlicher. Absoluter Vorteil: Hier hat man den versteckten Wasserfall ganz für sich. Doch Vorsicht, die beiden Wege dorthin erfordern einige Übung – der eine führt mitten durch den Bach, und den anderen säumen steile Abhänge.

Infos und Adressen

ESSEN UND TRINKEN
Kiosk mit Imbiss und Souvenir-shop. Letzte Gelegenheit für ein Eis, Sandwich oder einen Espresso vor Ort, aber auch um Wasser zu kaufen. Viel trinken ist wichtig, das Essen hingegen im Naturpark verboten. Am Eingang zum Ein-Gedi-Naturpark. Hier gibt es auch eine Umkleidekabine, um die nassen Badesachen zu wechseln.

ÜBERNACHTEN
Jugendherberge. Günstige Alternative zu teuren Hotels. Doppelzimmer, Familienzimmer, Snackbar und einfaches, leckeres Büfett. Ein Gedi, Tel. 02/594 56 00, www.iyha.org.il/eng/eingedi

INFORMATION
Ein-Gedi-Naturpark. Einer der schönsten und meistbesuchten Naturparks Israels. April–Sept. 8–17, Okt.–März 8–16 Uhr, Eintritt: 15–29 NIS, Tel. 08/658 42 85.

Ein-Gedi-Naturpark: In der Grotte am Wasserfall versteckte sich der junge David vor König Saul

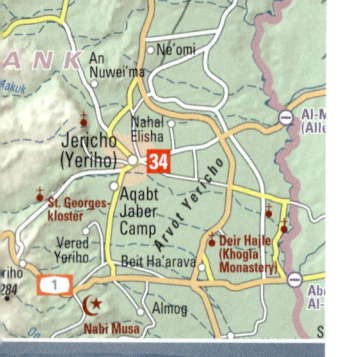

34 Jericho (Palästinensisches Autonomiegebiet)
Stadt der Palmen

Die uralte Karawanenstraße liegt in einem Tal der Jordansenke. Posaunen sollen einst ihre Mauern zum Einstürzen gebracht haben. Mit 260 Metern unter dem Meeresspiegel ist Jericho die am tiefsten gelegene Stadt der Welt. Sie wetteifert zudem mit Damaskus um den Titel als älteste Stadt der Welt.

Nach den Friedensverträgen von Oslo erhielt Jericho 1994 als erste palästinensische Stadt im Westjordanland Autonomie. Dem Abkommen folgten Frieden und wirtschaftlicher Aufschwung. Der Tourismus boomte. Neue Hotels und Restaurants, sogar ein Kasino, eröffneten in Jericho. Die Sehenswürdigkeiten, viele davon bedeutende Orte des Christentums wie der Berg der Versuchung mit dem Kloster Quarantal, erstrahlten in neuem Glanz. So wurde auch die Seilbahn gebaut, die heute das Tal mit dem Bergkloster verbindet.

Beliebter Ausflugsort

Viele Israelis kamen früher nach Jericho. Nach der zweiten Intifada 2000 jedoch brachen die Touristenzahlen ein. Doch in den letzten Jahren hat sich der Tourismus wieder erholt. Heute besuchen vor allem Tagestouristen die »Stadt der Palmen«. Ihr ganz besonderer Reiz rührt dabei nicht nur von dem Ruf her, die älteste Stadt der Welt zu sein.

Mitte: Eine Seilbahn bringt Besucher zum Berg der Versuchung
Unten: Um Elischas Brunnen ranken sich viele Legenden

Die Zufahrt über den israelischen Grenzübergang verläuft meist problemlos. Einmal angekommen gibt es viel zu entdecken. Jericho und Umgebung stecken voller kultureller, archäologischer und re-

ligiöser Schätze. Im Archäologischen Park Jericho
weist ein beschilderter Rundgang den Weg.

Tell es-Sultan

In der historischen Ausgrabungsstätte von Tell
es-Sultan zwei Kilometer nordwestlich vom Stadtzentrum erfährt man, dass Jericho bereits seit
10 000 Jahren durchgängig besiedelt ist. Neben
Funden aus der Bronzezeit und der vorrömischen
Eisenzeit wurden hier Schichten freigelegt, die bis
zur Jungsteinzeit zurückreichen. Von dem Hügel
aus hat man an klaren Tagen eine weite Sicht über
Jericho und das Jordantal bis nach Jordanien. Auf
halbem Weg zwischen Tell es-Sultan und dem
Berg der Versuchung liegen die Zuckermühlen –
ein Hinweis darauf, dass schon im 8. Jahrhundert
in Jericho Zucker hergestellt wurde.

Nicht minder beeindruckend als Tell es-Sultan sind
Elischas Brunnen und der Hisham-Palast. Elischas
Brunnen erinnert an den biblischen Propheten
Elischa: In einer Zeit der Wasserknappheit soll der
Prophet an dieser Stelle das Wasser mit Salz ge-
reinigt und so die Wassernot beendet haben. Eine
der prachtvollsten Attraktionen in Jericho ist der
Hisham-Palast aus dem 8. Jahrhundert mit seinen
Moscheen, Palastgebäuden, Brunnen und bunten
Mosaikfußböden.

Die wohl bedeutendsten Sehenswürdigkeiten sind
der Berg der Versuchung und das dazugehörige
Kloster Quarantal. Die 1330 Meter lange Seilbahn,
die zum Klosterberg führt, ist mittlerweile selbst
eine Attraktion. Per Gondel erreicht man den Berg
in nur fünf Minuten. 40 Tage und Nächte soll
Jesus hier oben gefastet haben. Hungrig bleiben
muss in Jericho heute niemand mehr. Denn in der
Innenstadt laden viele Restaurants und Cafés zum
Verweilen ein, viele von ihnen unter Palmen.

SEHENSWÜRDIGKEITEN

**Hisham-Palast (Khirbet el Maf-
jar).** Eine von Jerichos Hauptattraktionen aus dem 8. Jh.: Ruinen
einer Palastanlage aus der Umay-
yaden-Zeit. Tgl. 8–17 Uhr, Jericho/
PA, Tel. 02/232 25 22.

Quarantal. Kloster auf den Klippen
des Bergs der Versuchung. Im
Namen klingt die Zahl 40 an – so
lange soll Jesus hier mit dem Sa-
tan gerungen haben. Mo–Fr 9–13
und 15–16, Sa 8–14 Uhr, Eintritt
frei. Seilbahn tgl. 8.30–13.30 Uhr,
Tickets 4–7 Euro, Jericho/PA.

Tel es-Sultan. Archäologischer
Park. Zwei Kilometer nordwestlich
der Innenstadt. Tgl. 8–17 Uhr,
Jericho/PA, Tel. 02/232 19 09.

ESSEN UND TRINKEN

Sultan Restaurant. Schönes
Lokal auf der oberen Bergstation
zum Berg der Versuchung. Mit
Terrasse. Nicht nur leckeres Essen
und frisch gepresste Säfte, sondern auch eine grandiose Aussicht
aufs Tote Meer. Jericho/PA,
www.jericho-cablecar.com

ÜBERNACHTEN

Oasis Intercontinental. Bestes
Preis-Leistungs-Verhältnis im ehe-
maligen Kasino von Jericho. Groß-
zügige Zimmer und Ausstattung,
Pools, Sportplätze, reichhaltiges
Frühstücksbüfett. 15 Min. vom
Toten Meer. Jerusalem Road,
Jericho/PA, Tel. 02/231 12 00.

35 Die Höhlen von Qumran
Älteste Zeugnisse der Menschheit

Am Nordwestufer des Toten Meeres, knapp 100 Meter über dem tiefsten Punkt der Erde, liegt Qumran. Der Blick von hier aus ist spektakulär – aufs Tote Meer, die Oasen von Jericho und die Canyons auf der anderen Seite des Felsplateaus. Bis heute wirft die antike Ruinensiedlung Fragen auf – die Rätsel um seine Geschichte hat Qumran noch immer nicht ganz preisgegeben.

Die Siedlung wurde wahrscheinlich um 134 v. Chr. errichtet. Sie diente als Unterschlupf für verschiedene Gruppen, bevor der römische Eroberer Titus nach dem Jerusalemer Tempel im Jahr 70 auch sie zerstörte.

Historischer Hintergrund

Knapp 2000 Jahre später fand an dieser Stelle ein Beduinenjunge 1947 die legendären Schriftrollen vom Toten Meer. Es war die größte archäologische Sensation des 20. Jahrhunderts. Experten diskutieren noch immer, ob die Verfasser der ältesten Bibel der Welt auch wirklich die Menschen waren, die hier vor 2000 Jahren lebten. Möglicherweise versteckten sie lediglich die Texte aus der Jerusalemer Tempelbibliothek vor den Römern.

Mitte: Qumran am Toten Meer: Abgeschiedener Sektenwohnort oder Verkehrsknotenpunkt? **Unten:** An der Route 90 bieten Beduinen Kamelritte an

Steht man hier oben zwischen den alten Ruinen, wird Vergangenheit auf einmal lebendig. Alles scheint denkbar. Das Besucherzentrum – ganz im Baustil der früheren Siedlung – informiert über

Die Höhlen von Qumran

die widersprüchlichen Theorien. Eine jüdische Sekte soll an diesem Ort abgeschieden gelebt haben und dabei um spirituelle Reinheit bemüht gewesen sein. Qumran als Rückzugsort vom priesterlichen Leben in Jerusalem während des Zweiten Tempels?

Doch die Wege ringsum, die strahlenförmig aufs Felsplateau zulaufen, und der strategische Überblick erlauben andere Gedankenspiele. Qumran – ein Verkehrsknotenpunkt? Gut möglich, dass die Oase sehr wohl ans Wegenetz angebunden war. Auch Funde wie Münzen, Getreidemühlen, Keramik, Speerspitzen und Tintenfässer sprechen dafür. Einiges deutet jedenfalls darauf hin, dass die jüdische Sekte, die hier lebte, die ausgelagerte Tempelbibliothek aus Jerusalem hütete. Andere Fundstücke hingegen weisen die Qumran-Bewohner selbst als Verfasser der 2000 Jahre alten Bibeltexte aus.

Das Geheimnis der Qumran-Höhlen

Die Ruinen selbst zeugen von quadratischen Wohnhäusern, Überresten einer Töpferwerkstatt, eines rituellen Bades und eines Speisesaals. Auf dem Bürgersteig sollen die Dorfbewohner Datteln getrocknet haben.

In Sichtweite der Siedlung liegen die legendären Höhlen von Qumran. Plötzlich fragt man sich, ob es vielleicht genau diese Stelle war, von der aus der Beduinenjunge 1947 seiner entlaufenen Ziege nachrannte und statt ihrer in einer Höhle die Schriftrollen entdeckte? Späht man in den Felsspalt hinein, kann man die Enttäuschung des Beduinenjungen nachfühlen: Statt Gold und Silber fand er in 45 sorgsam nebeneinander aufgereihten Tonkrügen nur alte Rollen aus Pergament,

Geheimtipp

QUELLEN AM FELSVORSPRUNG

Wasserfälle und Seen, die von einer tiefgelegenen Süßwasserquelle gespeist werden, sind nicht unbedingt das, was man in der Wüste erwartet, noch dazu an den Ufern des salzhaltigsten Sees der Erde. Doch im am tiefsten gelegenen Naturpark der Welt – Einot Tsukim – kann man nicht nur baden und schwimmen, sondern auch picknicken und archäologische Perlen entdecken. Besonders für Familien ein Riesenspaß, denn je früher man kommt, umso menschenleerer ist es. Der Park mit Ruinen eines Komplexes aus der Zeit von König Herodes – einer Villa, Ställen und Wasserbecken – lässt vermuten, dass sich hier nicht nur die Reichen und Schönen erholten, sondern dass darüber hinaus auch Dattelwein, Honig und Indigo hergestellt wurden.

Einot Tsukim. Anfahrt: 3 km südlich vom Kibbuz Kalia, Busse 421, 444, 486, 487 bis Haltestelle Ein Feshkha Straße 90, April–Sept. 8–17, Okt.– März 8–16 Uhr, Eintritt 15–29 NIS.

Leder und Papyrus. Dass er damals einen uner-
messlich kostbareren Schatz in den Händen hielt,
erfuhr der Beduine erst später.

Die Schriftrollen stammten aus der Zeit ab 300 v.
Chr. Sie gehören damit zu den ältesten Zeugnis-
sen der Menschheit. Die meisten Texte sind auf
Hebräisch verfasst. Sie bieten ebenso wertvolle
Einblicke in die jüdische Geschichte wie in den
Werdegang des Christentums. Auch spätere Funde
hielten die Welt jahrzehntelang in Atem und ent-
fachten einen Wissenschaftskrimi ohnegleichen.
Denn obwohl die Israelische Altertumsbehörde den
Privatverkauf der Schätze bei Strafe untersagte,
tauchen sogar heute noch immer wieder einzelne
Fragmente auf, die weltweit vermarktet werden.

Einige der mühevoll restaurierten Schriftrollen
sind im »Schrein des Buches« im Israel Museum in
Jerusalem (S. 70) zu sehen. Für jeden Museumsbe-
sucher umso eindrücklicher nach einem Abstecher
nach Qumran, dem historischen Ort ihres Fundes
und ihrer abenteuerlichen Geschichte.

Oben: Erholung pur: Erst mit
Schlamm einreiben, dann im
Toten Meer schweben
Unten: Unter den Ausgrabungen
von Qumran befindet sich ein
rituelles Tauchbad

Infos und Adressen

SEHENSWÜRDIGKEITEN

Qumran Nationalpark. Antike Ruinensiedlung am Nordwestufer des Toten Meers und Fundort der ältesten Bibel der Welt. April–Sept. 8–17, Okt.–März 8–16 Uhr, Eintritt: 15–29 NIS, Tel. 02/994 22 35, www.parks.org.il/sites/english/parksandreserves/qumran

ÜBERNACHTEN

Biankini Resort. Ferienanlage mit Bungalows, Suiten, Camping, Pools, Spa, Restaurants, Bars, kostenloser Schlammnutzung und Mini-Markt am Nordufer. Das Lokal im Biankini Resort bietet köstliche marokkanische Gerichte. Individuelle Alternative zu Ein Bokek. Direkter Strandzugang 120 m vom Toten Meer entfernt. Tel. 02/940 02 66, www.biankini1.com

Feriendorf Metzoke Dragot. Grandiose Aussicht von den Klippen am Ufer aufs Moab-Gebirge und die Nahal-Darga-Klippen. Einfache, naturnahe Unterkünfte. Tel. 01/700 70 71 80, www.metzoke.co.il

Kalia Kibbuz Hotel. Der Name des Dorfes leitet sich von Kalium ab, einem der Mineralstoffe am Toten Meer. Heilsam ist auch ein Aufenthalt hier: mit eigenem Strand, palmenumrandetem Pool, in dem man auch mal längere Bahnen schwimmen kann, schönen Zimmern von einfach bis gehoben, Pub und Wellness. Kibbuz Kalia, Tel. 050/402 22 32.

AKTIVITÄTEN

Kalia Beach. Nördlichster Strand am Toten Meer mit Café, Liegestühlen und Spa-Behandlungen. Reizvoll, da nicht so überlaufen wie die Touristenhochburg Ein Bokek, allerdings mit Eintritt. Tgl. 8–17 Uhr, Eintritt: 35–45 NIS, Tel. 02/994 23 91.

INFORMATION

Schriftrollen. Seit 2012 sind fünf der Schriftrollen sogar im Internet zugänglich, samt Transkriptionen, englischer Übersetzung und Literaturhinweisen.
http://dss.collections.imj.org.il

In Ein Bokek überwiegen Sandstrände, in Ein Gedi ist der Zugang zum Toten Meer eher steinig

36 Masada
Römische Baukunst und Festung mit Symbolkraft

Majestätisch und geheimnisvoll thront die Festung auf ihrem Felsplateau, umgeben von der Judäischen Wüste auf der einen und dem Toten Meer auf der anderen Seite. Uneinnehmbar einst für die Römer, bequem zu erreichen für Touristen – entweder per Wanderung auf dem Schlangenpfad oder per Seilbahn, die Besucher innerhalb weniger Minuten hinauf in luftige 440 Meter Höhe bringt.

Für die Festung auf dem Felsplateau sollte man am besten einen halben Tag einplanen. Masada ist ein absolutes Muss: 2002 wurde es von der UNESCO als erste Stätte Israels zum Weltkulturerbe erklärt. Für Israelis hat die Festung großen historischen Symbolwert. Nach der Zerstörung des Zweiten Tempels in Jerusalem im Jahr 70 durch die Römer verschanzten sich hier etwa 1000 jüdische Zeloten,

GUT ZU WISSEN

SALZATTRAKTIONEN
Der Salzgehalt im Toten Meer ist zehnmal höher als im Ozean. Um möglichst viel Heilwirkung zu ergattern, kann der Strand jedoch manchmal restlos überfüllt sein. Doch zum Glück gibt es noch andere Salzattraktionen rund ums Tote Meer. Schließlich kann man nicht die ganze Zeit im Wasser schweben. Eine gute Alternative sind zum Beispiel die Salzformationen rund ums Tote Meer, darunter auch die von »Lots Frau«. Mit genug Fantasie entdeckt man sie unter den steil aufragenden Salzsäulen am Mount Sodom, dem Namen nach die Stelle der biblischen Städte Sodom und Gomorra.

Mitte: Herdodes' Westpalast mit Thronsal und Innenhof
Unten: Mit der Seilbahn geht es schneller hinauf nach Masada als zu Fuß auf dem Schlangenpfad

Masada

eine Widerstandsbewegung gegen die römische Besatzung. Drei Jahre hielten sie der Belagerung stand. Im Jahr 73 begingen die Männer, Frauen und Kinder hier lieber kollektiven Selbstmord als in die Hände der römischen Belagerer zu fallen. Masada wurde zum Mythos und Symbol für jüdischen Heldenmut – wobei jüngste archäologische Untersuchungen neue Fragen aufwerfen. Dennoch, im Schulunterricht wird dieses Kapitel jüdischer Geschichte ausführlich behandelt. Im Ausflugsprogramm von Schulklassen ist es ebenso obligatorisch wie bei der Vereidigung junger Rekruten.

Der Souvenirshop im Besucherzentrum weist darauf hin, dass es oben auf der Festung kein Wasser gibt. Stimmt nicht ganz: An einem Wasserhahn oben kann man seine Trinkflasche mit frischem klaren Wasser auffüllen. Für den Aufenthalt in der brütenden Sonne sind Wasser, feste Schuhe und Sonnenschutz unerlässlich.

Schlangenpfad oder Seilbahn

Es führen zwei Wege zum Felsplateau. Für Aktive empfiehlt sich der Schlangenpfad, besonders frühmorgens vor Sonnenaufgang. Um diese Uhrzeit ist es noch angenehm kühl, vor allem während der Sommermonate. Der schmale Wanderweg zur Festung ist etwa zwei Kilometer lang und ist mit seinen 700 Stufen in 30 bis 45 Minuten gut zu bewältigen. Schneller geht es mit der Seilbahn, auch wegen der Hitze tagsüber durchaus angenehmer. Gleichwohl hat der Schlangenpfad mehr Abenteuerkitzel und landschaftliche Gänsehautmomente zu bieten.

Wer die Anlage auf eigene Faust erkunden will, sollte sich den Einführungsfilm vorab im Besucherzentrum, dem Yigal Yadin Masada Museum,

Nicht verpassen

ZU GAST BEI BEDUINEN

Zwischen Arad und Masada im Kanaim-Tal gelegen, bietet das Beduinendorf Kfar Hanokdim mit seinen Hütten aus Naturstein, Salzkristalllampen und farbenfrohen Teppichen eine große Auswahl an Unterkünften wie aus 1001 Nacht. Ob Stein-Lodges, Holzhütten mit Patio oder Veranda, Familienzelte, die im Winter beheizt werden, oder prachtvolle Wüstenzelte namens »Sheherezade« oder »Prinz von Arabien« – an diesem Ort fühlt man sich wirklich mittendrin in der Wüste, nur einen Katzensprung entfernt vom tiefsten Punkt der Erde. Erlebnisse rund ums Kamel- oder Eselreiten gehören zum Aktivitäten-Repertoire der Anlage, ebenso wie Yoga, Trommelworkshops oder Halbtagestrecks in die Umgebung, alles geleitet von erfahrenen Beduinen, die die Wüste kennen wie ihre Westentasche.

Beduinendorf Kfar Hanokdim.
Arad, Tel. 08/995 00 97,
www.hanokdim.com

Einfach gut!

OPERNFESTIVAL UNTER FREIEM HIMMEL

Das Israelische Kulturministerium hätte sich für sein alljährliches Opernfestival unter freiem Himmel keinen symbolträchtigeren Ort aussuchen können. Masada, die legendäre Festung am Toten Meer – Palast von König Herodes, Schauplatz römischer Belagerung, Fluchtort jüdischer Rebellen, UNESCO-Weltkulturerbe – wird alljährlich zur Bühne für eines der aufsehenerregendsten Opernspektakel der Welt. Am Fuße des historischen Felsplateaus verkörpert die Kulisse eine einmalige Verbindung aus Geschichte und Moderne, aus grandioser Natur und dynamischer Kultur. Die Inszenierungen der vergangenen Jahre von *Nabucco, Aida, Carmen, La Traviata, Tosca* oder *Carmina Burana* mit ihrer gigantischen Bühne und 7500 Zuschauerplätzen sind wahrlich eine logistische Meisterleistung bei überragender Akustik.

Israeli Opera Festival. Seit 2010 jedes Jahr im Juni. www.israel-opera.co.il

anschauen – er liefert einen guten Überblick über Geschichte und Archäologie. Oben in 440 Metern Höhe über dem Meeresspiegel angekommen, ist es zunächst die traumhafte Aussicht, die man von nahezu jedem Punkt des 4000 Quadratmeter großen Areals genießt – auf die Judäische Wüste, das Tote Meer, Jordanien. Jede schilfüberdachte Pergola ist zudem ein willkommener Schattenspender.

Herodes' Winterresidenz

36 bis 30 v. Chr. errichtete König Herodes hier seine Winterresidenz. Den Ort hatte er aus strategischen Gründen gewählt: als Zufluchtsort sowohl vor seinen jüdischen Feinden als auch vor Kleopatra. Dabei kam es weder zur einen noch zur anderen Bedrohung. Es heißt, Herodes war nur ein einziges Mal dort. Dass die Festung rund 100 Jahre später als Fluchtort und Bollwerk vor römischen Truppen dienen würde, ahnte der Herrscher damals wohl kaum. Vielleicht hoffte er immerhin, seine geniale Baukunst würde die Zeit überdauern und auch 2000 Jahre später noch die Besucher begeistern.

Neben dem Tempelberg in Jerusalem und dem Herodium südlich davon ist Masada das dritte Zeugnis römischer Monumental-Baukunst. Besonders die gut erhaltenen Zisternen, Bäder, Thermen, Mosaiken, Wandmalereien und Reliefs sind faszinierende, formvollendete Zeugnisse antiker Kultur und Ingenieurskunst, ebenso wie der Nordpalast samt Synagoge, rituellem Bad und Wachttürmen. Nach Herodes' Tod richteten die Römer auf der Festung eine kleine Garnison ein. Nach der Zerstörung des Zweiten Tempels im Jahr 70 durch Titus wurde Masada zur letzten Zuflucht der Juden in ihrem aussichtslosen Kampf um Souveränität.

Rundgang über die Festungsanlage

Für die Anlage mindestens drei Stunden einplanen und vor allem während der Sommersaison viel trinken. Schatten gibt es nur in Herodes' Thermen und Palastruinen! April–Sept. 8–17, Okt.–März 8–16 Uhr, Eintritt Schlangenpfad: 13–25 NIS, Eintritt Seilbahn: 38–67 NIS, Sa–Do 8–16, Fr 8–14 Uhr, Reservierung Sound- und Lightshow: Tel. 08/995 93 33.

🅐 **Westpalast –** Ringsherum erkennt man die Grundrisse der verschiedenen Räume und eines Thronsaales. In der Mitte breitet sich ein gepflasterter Innenhof aus. Vom nördlichen Innenhof führt eine Treppe in den zweiten Stock. Von dort aus kann man Thermen mit Mosaiken und Stuckreliefs sowie eine Empfangshalle besonders gut erkennen, auch sie ist mit einem weiteren farbenprächtigen Mosaik ausgestattet. Faszinierend ist der Einblick in die Wasserversorgung der Bäder und Wasserbecken – der Kanal auf dem Innenhof ist gut erhalten.

🅑 **Byzantinische Kirche –** Über eine Vorhalle mit weißem Mosaikfußboden betritt man das ursprüngliche Kirchenschiff. In diesem Raum sind die Mosaikfußböden bunt und die Wände mit farbigen Ornamenten geschmückt.

🅒 **Synagoge –** Eine der wenigen frühen Synagogen aus der Zeit nach der Tempelzerstörung. In zwei Vertiefungen fanden Archäologen Pergamentfragmente biblischer Texte. Im Fußboden besagt eine Inschrift »Priester-Zehntabgabe«.

🅓 **Thermen –** Paradebeispiel antiker Lebenskultur. Das Wasser für die Thermen speicherte man in Zisternen. Erst betritt man das Tepidarium (lauwarmer Raum), dann das Frigidarium (kaltes Bad), zum Schluss das Kaldarium (heißes Bad). Unter dem Fußboden des Kaldariums verlaufen kurze Säulen aus Stein und Ton. Zwischen ihnen strömte von außen heiße Luft

hinein, stieg durch Tonrohre in den Wänden empor und heizte so den Raum.

🅔 **Nordpalast –** Prunkvoller Palast auf drei Felsterrassen mit einem Höhenunterschied von insgesamt 30 Metern mit Empfangsbereich und Gemächern des Königs mit vier Räumen, Zisterne und Thermalbad. Auch hier sind die Fußböden mit prächtigen Mosaiken ausgelegt, die Wände mit Fresken bemalt. Auf dem Rückweg von der oberen zur mittleren Terrasse kommt man an einer Felszisterne und einem Ritualbad vorbei.

UNESCO-Weltkulturerbe

Die gut erhaltenen und großflächigen römischen Festungsanlagen rund um das Felsplateau zeugen von vier Jahren römischer Belagerung, nach der die als uneinnehmbar geltende Festung am 2. Mai 73 schließlich fiel – der Römerwall, die Lager der Zehnten Römischen Legion und die Römerrampe im Westen. Vor allem ihretwegen wurde Masada 2001 ins UNESCO-Weltkulturerbe aufgenommen.

Der Geschichtsschreiber Flavius Josephus war zwar selbst kein Augenzeuge der Kämpfe, aber er überlieferte den kollektiven Selbstmord der 950 Männer, Frauen und Kinder, die vor 15 000 römischen Soldaten nicht kapitulieren wollten. Sie hatten sich nur so lange halten können, so Josephus, wie die Landwirtschaft sie ernährte. Tatsächlich zeugen Funde von der landwirtschaftlichen Nutzung. Andere archäologische Funde ziehen den Bericht in Zweifel. Licht ins Dunkel brachten umfangreiche Ausgrabungen, mit denen die Israel Exploration Society 1955 begann und die der Wissenschaftler Yigal Yadin 1963 bis 1965 fortsetzte. Unter seiner Leitung wurde eine Ruine nach der anderen freigelegt, darunter der Nordpalast, Herodes' Privatresidenz und der Westpalast. Der Mosaikboden in den Empfangsräumen ist der älteste in ganz Israel. Beeindruckend sind auch die Speicher, Bäder und Heißwasserräume. Das Zisternensystem zeugt von ausgefeilter römischer Ingenieurskunst.

Oben: Blick von Masada in die Judäische Wüste
Mitte: Hohe Ingenieurskunst: Der Speicher fasste 4000 Kubikmeter Regenwasser
Unten: Das Yigal Yadin Museum dokumentiert Masadas Ausgrabungsgeschichte

Infos und Adressen

SEHENSWÜRDIGKEITEN

Yigal Yadin Masada Museum. Masadas Geschichte bis zur Ausgrabung durch den Archäologen Yigal Yadin. Siehe Masada-Nationalpark. Tel. 08/658 42 07.

Masada-Nationalpark. UNESCO-Festung auf dem Felsplateau am Toten Meer. Mit Cafeteria, Selbstbedienungsrestaurant, Snackbar und Aussicht aufs Tote Meer. Ganzjährig geöffnet, April–Sept. 8–17, Okt.–März 8–16 Uhr, Eintritt über Schlangenpfad: 15–29 NIS, Eintritt mit Seilbahn: 29–76 NIS, www.parks.org.il/sites/english/parksandreserves/masada

ÜBERNACHTEN

Belfer's Dead Sea Cabins. Drei originelle Holzhütten mit je zwei Etagen und Veranda für Selbstversorger. Vermieterin Michal Belfer kennt viele Tipps. Ne'ot Hakikar, Tel. 052/545 09 70.

Gordon's Guest Rooms. Zauberhafte Bungalows unter Dattelpalmen, für deren Herstellung der Moshav berühmt ist. Ne'ot Hakikar, Tel. 054/588 35 66.

Leonardo Privilege Hotel. All-inclusive-Hotel am Toten Meer in Neve Zohar, wo Hotelgäste die natürlichen Thermalquellen im Spa nutzen. Meerespool, Außenpool, Mineralthermen, Naturschlamm-Behandlungen, Sauna. Neve Zohar, Tel. 08/955 33 33, www.leonardo-hotels.de

Masada Guest House. Wunderschöne Unterkunft in Wüstenfarben am Fuße des Plateaus. Mit Außenpool. Einfache, sehr saubere Doppelzimmer mit Bad. Preiswerte Alternative zu Hotels, außerdem entscheidender Lagevorteil für Wüstentouren. Masada, D.N. Yam Hamelah, Tel. 02/594 56 23, www.iyha.org.il

AKTIVITÄTEN

Hammei Zohar Spa. Öffentlicher kostenloser Strand, schön schattig und breiter Sandstreifen mit zwei Indoor-Mineralbecken, Jacuzzi, Massagen und Naturschlamm. Liegestühle gegen Gebühr. Neve Zohar.

Preiswert am Plateau: Masada Guest House

37 Wüstenklöster
Jeder Stein eine Geschichte

Die Judäische Wüste ist ein erstaunlich lebendiger Ort: Noch immer leben hier Einsiedler in Höhlen, suchen Mönche in Klöstern die Nähe zu Gott und begeben sich Wanderer auf spirituelle Entdeckungsreise. Neben Einsamkeit, Naturschönheit und zeitloser Lebendigkeit jahrtausendealter Geschichte rund ums Tote Meer fasziniert die Wüste auch durch ihre reizvolle Lage. Denn Jerusalem ist nah und fern zugleich.

Christliche Pilger und Mönche wussten die Wüste schon immer als Ort der Stille zu schätzen. Mit zunehmender Bedeutung des Christentums siedelten sie sich hier verstärkt seit dem 4. Jahrhundert an.

Bibelgeschichten und Klöster

Auf ihrer Suche nach reinigender Einfachheit folgten byzantinische Mönche, Einsiedler und christliche Pilger den Spuren des ursprünglichen Christentums: Sie begaben sich an dieselben Orte rund ums Tote Meer wie vor ihnen die biblischen Propheten, Johannes der Täufer und Jesus.

Bei Bedarf konnten sie sich mit Proviant im nahe gelegenen Jerusalem versorgen, dem Trubel der Stadt aber auch schnell wieder entfliehen – hinaus zu ihren Höhlen und Klöstern in den kargen, oft schwer zugänglichen Wüstenfelsen. Mehr als 60 Klöster entstanden auf diese Weise in der byzantinischen Epoche. Einige von ihnen sind noch immer bewohnt, zum Beispiel das St. Georgskloster (S. 216) und Mar Elias, während andere

Seit Jahrhunderten bewohnt: Kloster Mar Elias bei Jerusalem

Im Wüstenkloster Mar Elias wurde der Bischof von Bethlehem begraben

Klöster wie Mar Martyrius und Euthymius nur noch als Ruinen erhalten sind.

Auf der Strecke zwischen Jerusalem und Bethlehem soll der Prophet Elias sich auf der Flucht vor Königin Jezebel ausgeruht haben. Heute erinnert das griechisch-orthodoxe Kloster Mar Elias an diese Begebenheit. Das Kloster gehört zu den wenigen noch bewohnten Wüstenklöstern. Errichtet im 12. Jahrhundert auf den Ruinen einer byzantinischen Kirche, diente es zunächst als Pilgerunterkunft. 1345 wurde hier zudem der griechisch-orthodoxe Bischof von Bethlehem begraben, der ebenfalls Elias hieß. Die hier lebenden Mönche bauen seit Urzeiten Wein und Oliven an. Auch das benachbarte Kloster Mar Saba ist noch immer in Betrieb. Erbaut vor etwa 1500 Jahren, gehört es zu den ältesten und schönsten bewohnten Klöstern in Israel.

Barmherziger Samariter

Überliefert vom Lukas-Evangelium, erzählt das Gleichnis die Geschichte eines Reisenden, den Räuber ausplündern und schwer verletzt liegen lassen. Sowohl ein Priester als auch ein Levit

Nicht verpassen

PARADIES FÜR VOGELFREUNDE

Viele Vögel wie die Wüstenlerche, Adler- oder Bussardarten bevorzugen die extreme Wüstenumgebung mit ihren vielen Oasen, beeindruckenden Klippen, gewundenen Canyons, Hochland- und Wildnisgebieten. Die Region bietet eine große Vielfalt an Lebensräumen für vor Ort verbleibende Tiere und Wandervögel und wirklich gute Beobachtungsposten, um Vogelwanderungen zu sichten. Diese Umstände machen die Region des Toten Meeres und der Judäischen Wüste zu einem einzigartigen Standort für Forschung, Bildung und den Tourismus, mit dem Schwerpunkt auf der Vogelwanderung und Beobachtung von Wüstenvögeln.

Ein Gedi Birdwatching Center. Ein Gedi Field School, an Kilometermarkierung 245 von Straße 90 abbiegen, Tel. 08/658 42 88, www.birds.org.il

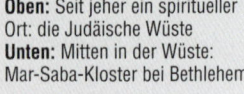

ignorieren den Verletzten, während sich ein Samaritaner seiner erbarmt – er bringt den verletzten Mann in ein Gasthaus und zahlt sogar für seine Pflege, ehe er selbst seine Reise fortsetzt. Heute gibt es an dieser Stelle unweit der Route 1 nach Jerusalem das Museum vom Barmherzigen Samariter – als Symbol religionsübergreifender Verantwortung. Denn zu jeder Zeit behielt der Ort offenbar seine Tradition der Gastlichkeit bei, sei es als *Khan* (Karawanserei) oder einfache Raststätte. Reisende fanden hier Unterschlupf, ob in der byzantinischen Periode, zur Zeit der Kreuzzüge oder im Osmanischen Reich. Aus diesen verschiedenen Epochen stammt auch die Mosaiksammlung – sie wurde aus dem ganzen Land zusammengetragen und unterstreicht die religionshistorische Dimension des Ortes.

Seine Bedeutung als Wallfahrtsort für christliche Pilger und Mönche erlangte die Stätte insbesondere während der byzantinischen Zeit dank einer Kirche im Basilika-Stil. Neben den Mosaiken mit ihren geometrischen Mustern, verspielten Blumenmotiven und Inschriften auf Griechisch, Hebräisch und Samaritanisch kann man auch eine Töpferei, Münzen und einen Steinsarg aus dem 1. Jahrhundert v. Chr. besichtigen. Aus der byzantinischen Periode sind eine geschnitzte Kanzel, ein Reliquiengefäß und ein Tisch erhalten.

Ganz in der Nähe liegen in der Siedlung Ma'ale Adumim die Klöster Euthymius und Martyrius mit ihren Mosaiken und Zisternen. Mar Martyrius wurde im 5. Jahrhundert vom Jerusalemer Patriarchen Martyrius auf einer Fläche von 10 000 Quadratmetern gegründet. Die Anlage ist gut erhalten samt Kirche, Kapellen und reich verzierten Mosaiken. Eine Besichtigung ist nur nach Voranmeldung beim Museum vom Barmherzigen Samariter möglich.

Oben: Seit jeher ein spiritueller Ort: die Judäische Wüste
Unten: Mitten in der Wüste: Mar-Saba-Kloster bei Bethlehem

Infos und Adressen

SEHENSWÜRDIGKEITEN

Euthymius. Kloster unweit von Mar Martyrius mit einer Kirche und einer beeindruckenden unterirdischen Wasseranlage. Ma'ale-Adumim Industriepark. Nach der Abfahrt von der Route 1 ist der Weg ausgeschildert.

Mar Elias. Gut erhaltenes und bewohntes griechisch-orthodoxes Kloster aus dem 6. Jh. Derech Hebron, Tel. 054/234 14 69, tgl. durchgehend geöffnet.

Mar Martyrius. Byzantinerkloster auf einem Hügel 2 km südlich der Route 1. Eintritt frei. Ma'ale-Adumim, Midbar Yehuda St.

Mar Saba. Wunderschönes griechisch-orthodoxes Kloster, 15 km östlich von Jerusalem und Bethlehem. Sehr abgelegen. Eintritt für Frauen nur über den Frauenturm. Sa–Di, Do 8–16 Uhr, Tel. 02/277 31 35.

Museum vom Barmherzigen Samariter. April–Sept. 8–17, Okt.–März 8–16 Uhr, Fr und am Vorabend von Feiertagen schließt das Museum eine Stunde früher, Eintritt: 22 NIS, erm. 10 NIS, Tel. 02/500 62 61, aus Jerusalem kommend rechts direkt an der Route 1, hinter Abfahrt Kfar Adumim.

ESSEN UND TRINKEN

Walls of Jericho. Im Beduinenstil-Restaurant neben der Talstation und dem Touristenzentrum werden mediterrane Küche und Erfrischungen serviert. Elisha's Spring Street, Jericho/PA, www.jericho-cablecar.com

ÜBERNACHTEN

Feriendorf Pninat Vered. Voll ausgestattete Selbstverpfleger-Apartments in traumhafter Gartenanlage vor den Toren von Jericho mit Whirlpool, WLAN und Wüstenblick. Moshav Vered, Tel. 02/994 27 63.

Im Feriendorf Pninat Vered gibt es zahlreiche Zimmer mit Bergblick

38 Wadi Kelt
Durch die Wüste auf den Spuren der Bibel

Bereits der Prophet Hesekiel beschreibt die Vision eines Flusses von Jerusalem zum Toten Meer, wo das Süß- in Salzwasser übergeht. Die passende Bibelstelle im Land der Bibel selbst zu rezitieren, kann für viele Gläubige ein unvergessliches Erlebnis sein. Aber auch für weniger bibelfeste Reisende hält das Wadi Kelt eine Vielzahl reizvoller Erlebnisse bereit: Abenteuer, Natur und Entspannung – mit einem spektakulären Kloster am Ende des Weges.

Wer auf seiner Wanderung durch das Wadi Kelt mitten in der schattenlosen Einöde plötzlich eine Oase entdeckt, wird möglicherweise Gott preisen als den, »der zur Quelle frischen Wassers führt« – so wie Psalm 23. Vielleicht war es die gleiche Quelle, an der Johannes der Täufer während seines asketischen Lebens in der Wüste zu predigen begann?

Wüstenwanderungen

Heute verbinden viele Reisende die biblische Spurensuche mit Momenten der Selbsterfahrung. Stille, Entspannung und Rückbesinnung auf das Wesentliche – die Wüste ist als vielseitiger Erlebnisort zeitloser Spiritualität und intensiver Wahrnehmung erfahrbar. Das gilt ganz besonders für eine ausgedehnte Wanderung durchs Wadi Kelt.

Mitte: Wie eine Bienenwabe an den Fels geschmiegt: St. Georgskloster bei Jericho
Unten: Israelisch-palästinensisches Gemeinschaftsprojekt: die neue Straße zum Kloster

Schon immer verband die Route Jerusalem und das Jordantal: So soll sich auf ihrer Strecke das Gleichnis vom barmherzigen Samariter zugetragen haben. Auch Jesus soll auf seinem Weg von Galiläa nach Jerusalem durch das Wadi gelaufen sein.

Wanderung durchs Wadi Kelt

INFORMATION

Das ausgetrocknete Flussbett ist eine außergewöhnliche Wegstrecke in Israel und daher sehr beliebt bei Wanderern. Denn sie hat viel Abwechslung zu bieten.

An- und Abfahrt: Route 1 zwischen Jerusalem und Totem Meer hinter Mitzpe Jericho

Ausgangspunkt: Mitzpe Jericho. Der kleine Parkplatz ist rasch überfüllt, man kann den Mietwagen aber auch in einer Seitenstraße abstellen, die von der Route 1 zum Wadi Kelt abzweigt.

Wegbeschaffenheit: Der Weg ist leicht zu laufen und zudem gut ausgeschildert.

Länge: Ca. 15 km, etwa 4 Std. Gehzeit. Vorsicht während der Regenzeit von Januar bis März! Dann füllt sich der sonst staubtrockene Flusslauf mit Wasser.

Ausrüstung: Wanderschuhe, Sonnenschutz

Verpflegung: Mindestens 3 Liter Wasser

Varianten: Zwei Abzweige: Einer führt zur Fawwar-Quelle, der andere zum St. Georgskloster

STATIONEN

Ⓐ Mitzpe Yericho – Kurz hinter dem Ausgangspunkt zweimal links abbiegen. Von hier aus hat man den ersten herrlichen Blick über das Wadi.

Ⓑ Ein al-Kelt – Nach etwa 450 m kommt man an eine Holzbrücke, die über den Prat-Fluss führt. Links dahinter hört man schon das Wasserplätschern der Quelle Ein al-Kelt. Hier teilt sich der Weg. Folgt man dem Flussbett nach Westen, erreicht man die anderen Quellen des Prat-Flusses und das Aquädukt. Geht man weiter nach rechts, erreicht man nach etwa 2 km das St. Georgskloster.

Ⓒ Ein Fawwar – Oase und eine der drei natürlichen Quellen, die das Wadi speisen.

Ⓓ St. Georgskloster – Höhepunkt der Wanderung: bienenwabenartiges Kloster in den steilen Felsen der Judäischen Wüste. Von hier aus kann man entweder zurückwandern oder einen Abstecher nach Jericho machen.

Mindestens einen halben Tag sollte man für den Ausflug einplanen

OASE EIN FAWWAR

Geheimtipp

Eine von drei Naturquellen, die das Wadi Kelt speisen. Pünktlich alle 20 Minuten ergießt sich frisches Wasser in einen kleinen See. Der Legende nach wohnen unter der Quelle zwei Dämonen, die miteinander im Dauerstreit liegen: Immer wenn der gute Dämon die Oberhand hat, sprudelt die Quelle, gewinnt der böse Dämon, hört das Sprudeln auf. Die wissenschaftliche Erklärung ist nicht weniger faszinierend: Gespeist vom Regen in den Judäischen Bergen tröpfelt das Wasser das ganze Jahr über durch den Kalkstein und sammelt sich in einem unterirdischen Becken. Ist das Becken voll, fließt das Wasser in den See – dieser Vorgang wiederholt sich in periodischen Abständen. Ein verstecktes kleines Juwel abseits der ausgetretenen Touristenpfade. Weniger besucht als der östliche Wanderweg durchs Wadi Kelt Richtung Jericho.

Eindrucksvoll: St. Georgskloster

Das Flussbett erstreckt sich vom Norden Jerusalems bis zum Jordantal. Das Wasser hat sich in Millionen von Jahren in die Felsschichten gegraben und Kalksteinkrusten freigelegt. Entlang der Strecke kann man steile Canyons bestaunen, die durch Erosion entstanden sind und mal schmal, mal weit in die Landschaft hineinragen. Das Wadi führt ganzjährig Wasser. Es gibt zwei Wanderwege durchs Wadi – der westliche führt nahe der Route 458 vorbei an einem Aquädukt, das König Herodes hier vor 2000 Jahren erbauen ließ, um das Quellwasser zu seinen Festungen und Palästen in der Wüste zu leiten. An den Überresten der Wasserleitung bilden sich heute zauberhafte kleine Wasserfälle. Eine weitere Quelle sprudelt in Ein al-Kelt. Sie erreicht man über den spektakuläreren der beiden Wanderwege Richtung Jericho im Osten. Mit etwas Glück erkennt man hier noch Reste einer römischen Straße.

St. Georgskloster

Doch der schönste Ausblick wartet am Ende des Weges: An die Felsen schmiegt sich das griechisch-orthodoxe St. Georgskloster, das Kloster des heiligen Georg von Khoziba, gegründet von fünf syrischen Einsiedlermönchen um 420. Etwa 100 Jahre später ergänzten die Mönche einen Glockenturm, eine Kuppelkapelle und Räume rings um einen offenen Innenhof. Zwischenzeitlich immer wieder zerstört und wieder aufgebaut, entstand das Kloster in seiner heutigen Form zu Beginn des 20. Jahrhunderts. Sogar heute noch leben in Klosternähe Eremiten in Höhlen – dank der Frischwasserversorgung durch die Quelle sowie durch den Obst- und Gemüseanbau. Durch Sturzfluten und ein Erdbeben war das Kloster jahrelang nahezu abgeschnitten. Mit dem Bau einer neuen Straße ist die Anlage seit 2010 wieder bequem zugänglich – auch ohne Wüstenwanderung.

Infos und Adressen

SEHENSWÜRDIGKEITEN

St. Georgskloster. Seit 1500 Jahren bewohntes Kloster. Wanderung durch das Wadi Kelt oder Anfahrt über eine befestigte Straße. Tel. 050/25 99 49 49, So–Fr 8–11 und 15–17, Sa 9–12 Uhr, Morgenandacht Do 5 Uhr.

ESSEN UND TRINKEN

Abu Omar Shaabi. Etwas abseits vom Touristentrubel gelegenes Lokal mit köstlicher *baklava* und anderen arabischen Süßspeisen und Gebäcksorten. Unbedingt zum Dessert das *bourma* kosten, eine Art Zuckerfaden und Pistazien im Teigmantel. Eine ideale Ergänzung zum starken arabischen Mokka! Aber nicht, ohne vorher das gegrillte Lamm oder Hühnchen probiert zu haben, dazu frischen Salat und Hummus. Arrasheed Street, Jericho/PA.

Temptation. Trotz seiner unmittelbaren Nähe zum Touristenzentrum im Tel Jericho ist das Essen hier von ausgesprochen guter Qualität. Besonders die Mittagsangebote sind zu empfehlen, allen voran die große Vielfalt an arabischen Vorspeisen. Ain as-Sultan Street, Jericho/PA, Tel. 02/232 26 14.

ÜBERNACHTEN

Almog Ferienhaus. Zum Toten Meer fährt man ca. 10 Min. per Auto. Dafür wohnt man am Hang der Judäischen Berge in 77 geschmackvollen Zimmern. Ideal für Leute, die Erholung abseits vom Trubel suchen. Tel. 02/994 52 01, www.almog.org.il

Jericho Inn. Günstiges Bed & Breakfast im Moshav Vered Jericho westlich von Jericho. Die Lage nahe dem Wadi Kelt bietet sich als Ausgangspunkt für Wüstenwanderungen an. Moshav Vered Jericho, Tel. 02/994 15 99.

Resort Bab Al-Shams. Apartment-Hotel in Jericho mit Unterkünften zur Selbstverpflegung, kostenfreiem WLAN, Außenpool, Restaurant und Bar. Reitclub in zehn Autominuten Entfernung. Al Maghtas Street (Baptism Main Street), 2 km vom Stadtzentrum Jericho entfernt.

Das St. Georgskloster liegt am Ende des Wadi Kelt

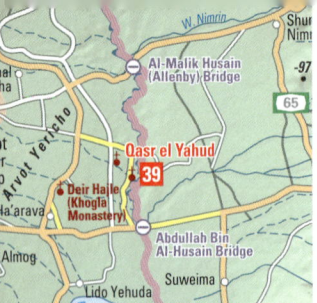

39 Qasr el Yahud
Vom ursprünglichen Taufplatz zur Pilgerstätte

Unweit vom Toten Meer und von Jericho befindet sich Qasr el Yahud (»Palast der Juden«), der ursprüngliche Taufplatz Jesu am Jordan. Hier soll Jesus von Johannes dem Täufer getauft worden sein, er wird in der christlichen Welt als die drittheiligste Stätte verehrt.

Nach christlicher Überlieferung sind die Wasser des Jordan heilig. Bereits seit den Anfängen des Christentums kommen Pilger hierher, um selbst an genau der Stelle ins Wasser zu tauchen, wo Johannes der Täufer nach der Überlieferung Jesus getauft haben soll. Von der Taufstätte aus erblickt man auch das Kloster von Johannes dem Täufer. Die Klosterkirche ist die drittwichtigste Kirche in Israel für orthodoxe Christen nach der Kirche der Geburt Christi in Bethlehem und der Kirche des Heiligen Grabes in Jerusalem.

Taufe im Jordan-Wasser

Die zweite Taufstelle, Yardenit, wurde später dort errichtet, wo der Jordan dem See Genezareth entspringt. Von vielen Pilgern wird sie häufiger angesteuert als das ursprüngliche Qasr el Yahud. Das liegt auch daran, dass die Taufstelle samt Kloster lange Zeit im Niemandsland zwischen Israel und Jordanien lag.

Im Jahr 2010 wurde das Terrain in Qasr el Yahud nach aufwendigen Sanierungsarbeiten wiedereröffnet und ist seitdem täglich frei zugänglich. Die Taufstelle Jesu wird von der Israel Nature And Parks Authority verwaltet.

Der ursprüngliche Taufplatz ist seit 2010 wieder zugänglich

Souvenir vom Jordan: abgefülltes Taufwasser

Christliche Taufe

Auf der israelischen Seite wurde hier am westlichen Jordanufer eine große hölzerne Plattform errichtet, um den Besuchern den Zugang zu erleichtern, die in den Gewässern des Jordan getauft werden möchten. Auch Umkleidemöglichkeiten sind vorhanden. Marmorstufen und hölzerne Rampen erleichtern den Pilgern den Weg ins Wasser. Es gibt zudem schattige Plätze zum Gebet, Duschen sowie ein Informationszentrum. Insbesondere an den beiden Hauptzeiten für Taufzeremonien – Ostern und Dreikönigstag (Epiphanie, 6. Januar) – ist die Stätte gut besucht, vor allem um Tauf- und Epiphanie-Zeremonien (Fest der »Erscheinung des Herrn«) vor Ort zu erleben.

Israels Weg nach Kanaan

Nach biblischer Überlieferung ist hier überdies auch der Ort, an dem das Volk Israel den Jordan nach Kanaan überschritt und von wo aus der Prophet Elias zum Himmel aufstieg. Seine religiöse Bedeutung spiegelt sich auch in den zahlreichen Kirchen, Kapellen und Klöstern wider. Sie wurden hier im Laufe der Jahrhunderte an beiden Ufern des Jordan errichtet, vor allem in byzantinischer und Kreuzfahrerzeit – viele von ihnen zu Ehren Johannes des Täufers.

Infos und Adressen

SEHENSWÜRDIGKEITEN
Qasr al-Yahud. Taufplatz Jesu. Mehrfachbesuchern ist die Green Card zu empfehlen. Für umgerechnet rund 30 Euro ermöglicht sie 14 Tage lang Zutritt zu allen Stätten. Winter 8–16, Sommer 8–17 Uhr, Tel. 02/650 48 44, www.parks.org.il

ESSEN UND TRINKEN
Jabal Quruntul Restaurant. Spezialitätenrestaurant mit herrlicher Aussicht. Auf dem Berg der Versuchung in Jericho. Jericho/PA, Tel. 02/232 26 14.

Limoneh. Orientalische *mezze*, gegrillter Fisch, Minzlimonade und *baklava* unter riesigem Zitronenbaum und Palmen in Jerichos Zentrum. Jericho/PA, Muntazahat St., Tel. 02/231 29 77.

ÜBERNACHTEN
Gästehaus Auja Environmental Centre. Grüne Alternative zu Hotels etwas außerhalb von Jericho, nahe Qasr el Yahud. Die Zimmer sind einfach, aber sauber und gepflegt. Al Auja Village, Jericho/PA, Tel. 02/31 04 24, www.aujaecocenter.org

219

WÜSTE NEGEV UND ARAVA-EBENE

40 Beer Sheva
Hauptstadt der Negev-Wüste

Der Ortsname geht zurück auf Abraham. Laut Genesis soll der biblische Stammvater hier einen Brunnen gegraben und mit dem Philisterkönig Abimelech einen Bund zur Nutzung geschlossen haben: »Darum nannte er den Ort Beer Scheva – Siebenbrunn oder Eidbrunn. Denn dort leisteten beide einen Eid.« Doch Israels sechstgrößte Metropole hat heute auch jenseits der biblischen Orte ihren ganz eigenen Charme.

Galt Beer Sheva nach der Staatsgründung Israels lange als verschlafenes Provinznest, hat sich die Stadt in den letzten Jahrzehnten zur würdigen Wüstenmetropole gemausert. Als Israels sechstgrößte Stadt ist sie nicht nur der wichtigste Verkehrsknotenpunkt im südlichen Israel in Richtung Wüste und Eilat am Roten Meer, sondern hat heute selbst viele Attraktionen zu bieten.

Altstadt und Abrahamsbrunnen

Zu den Attraktionen gehört der traditionelle Beduinenmarkt, der jeden Donnerstag stattfindet, ebenso die ottomanisch geprägte Altstadt mit dem Negev Museum of Art. Während der ottomanischen Herrschaft residierte hier der türkische Gouverneur. Während der britischen Mandatszeit diente das Haus als Mädchenschule. Kleiner als seine Gegenstücke in Tel Aviv oder Jerusalem, hat dieses kleine Museum dennoch viel zu bieten: moderne israelische Gegenwartskunst, darunter von äthiopischen Juden, und im Sommer Konzerte und Kunstevents. Ein paar Schritte entfernt lohnt ein Besuch in Beer Shevas einstiger Moschee, die heute das Museum of Islamic and Near Eastern

Seite 220/221: Majestätisch: Der Ramon-Krater im Negev ist der größte Erosionskrater der Welt
Mitte: Ben-Gurion-Universität
Unten: Der Name von Beer Sheva geht auf Abrahams Brunnen zurück

Schwelgen bei Sonnenuntergang: Das kann
man auf der Kornmehl Farm

Culture beherbergt. Neben den Sehenswürdigkeiten der Neuzeit punktet Beer
Sheva vor allem mit biblischer Geschichte:
Hier grub Abraham einen Brunnen, und es kam
zum Streit um das Wasser. Abrahams Brunnen
liegt in einem winzigen Park in der Altstadt. Er ist
knapp vier Meter breit und 15 Meter tief. Einst
wurde er vom Flutwasser des Hebronflusses gespeist und gilt als wahres Meisterwerk biblischer
Baukunst. Er war der Grund, weshalb es Menschen
schon vor 3700 Jahren hierherzog. Denn wo es
in der Wüste Wasser gab, erblühte das Leben –
damals wie heute. Nicht ohne Grund wählte die
Stadtverwaltung das Motto »Beer Sheva – Stadt
des Wassers« für ihre neue Tourismuskampagne.

UNESCO-Weltkulturerbe
Tel Beer Sheva

Außerhalb der Stadtmauern gruben Archäologen
weitere Überreste einer städtischen Siedlung
aus, deren Anfänge bis ins vierte vorchristliche
Jahrtausend zurückreichen: Tel Beer Sheva. Das
UNESCO-Weltkulturerbe ist nicht irgendeine Ausgrabungsstätte in Israel. Denn insbesondere das
akribisch geplante Wasserversorgungssystem ist für

historische Studien zur damaligen Städteplanung und Ingenieurskunst von unschätzbarem Wert. Zu Zeiten des israelitischen Königreichs entwickelte sich Beer Sheva zum wichtigen Handelszentrum. Später erlangte die Stadt zunehmend strategische Bedeutung: Römer und Byzantiner bauten sie zur Garnisonsstadt um. Von hier aus kontrollierten sie die Handelsrouten der Karawanen zwischen Afrika, dem Mittelmeer und Ägypten.

Nach der arabischen Eroberung im 7. Jahrhundert versank die Stadt in Bedeutungslosigkeit. Erst Anfang des 20. Jahrhunderts brachten die neuen türkischen Herrscher Aufschwung – mit vielen neuen Bauten, für die sie deutsche Architekten beauftragten, und dem Anschluss ans türkische Eisenbahnnetz. Viele der Originalhäuser sind immer noch intakt.

Architektur und Hightech

Neben seinen historischen Facetten zeigt sich Beer Sheva ultramodern: Die Forschungsinstitute der Ben-Gurion-Universität zählen zu den renommiertesten der Welt. Doch vor allem architektonisch ist die Wüstenhauptstadt Kleinod und Experimentierfeld zugleich – nirgends in Israel kann man so viele ungewöhnliche Gebäudekonzepte auf einmal bestaunen: Innenhöfe und Häuserschluchten sind so konstruiert, dass sie vor Sandstürmen schützen und Schatten spenden.

Wer früher hierherzog, kam überwiegend aus Idealismus. Heute prägen neben Alteingesessenen und Beduinen vor allem Studenten das Stadtbild. Damit steigt auch in Beer Sheva die Nachfrage nach guten Restaurants, Snackbars und Cafés. So findet man heute nicht nur in der Altstadt und in modernen City-Malls hervorragende Lokale, sondern auch am Stadtrand und in Industriegebieten.

Oben: Beer Shevas Stadtplaner experimentieren mit vielen kreativen Gebäudekonzepten
Mitte: Archäologisch aufschlussreich: die Wasseranlagen
Unten: Durch Wadis, Steinformationen und Kraterlandschaften: Radfahren im Negev

Infos und Adressen

SEHENSWÜRDIGKEITEN

Beduinenmuseum Joe Alon Center. Authentische Einblicke in die Geschichte, Kultur und Gesellschaftsstruktur der Beduinen abseits der Touristenpfade. Kibbuz Lahav, Mo–Do 9–17, Fr 9–14, Sa, Feiertage 9–17 Uhr, Tel. 08/991 85 97.

Ben-Gurion-Universität. Renommierte Top-Universität in der Wüste. Sderot David Ben Gurion, Tel. 08/646 16 00, http://in.bgu.ac.il

Museum of Islamic and Near Eastern Cultures. Interkulturelle Erfahrungen in historischem Gebäude. Mo, Di, Do 10–16, Mi 12–19, Fr, Sa 10–14 Uhr, 60 Ha'atzmaut St., Tel. 08/699 35 35, www.ine-museum.org.il

Negev Museum of Art. Moderne israelische Kunst in ottomanischer Villa. 60 Ha'atzmaut St. Mo, Di, Do 10–16, Mi 12–19, Fr, Sa 10–14 Uhr, www.negev-museum.org.il

Tel Beer Sheva. Tiefste antike Zisterne in Israel, Aussichtsturm, UNESCO-Weltkulturerbe. April–Sept. 8–17, Okt.–März 8–16 Uhr, Eintritt: 7–15 NIS, Tel. 08/646 72 86.

ESSEN UND TRINKEN

Pasta Basta. Handgemachte Pasta, dazu Weine aus der Wüste. Beer Sheva, 19 Ringelblum St., Tel. 08/940 04 01, www.pastabasta.co.il

Smilansky Tapas Bar. Elegantes Altstadt-Lokal mit Innenhof. Tgl. 18–1, Fr, Sa ab 12 Uhr, Tel. 08/665 48 54, 23 Smilansky St.

Yakuta. Institution seit 1965, exzellente marokkanische Küche. Mordei Hagetaot 27, Ecke 18 Anilevich. Tel. 08/623 26 89.

ÜBERNACHTEN

Leonardo Hotel Hanegev. Über 250 elegante und geräumige Zimmer im Herzen Beer Shevas. Großer Wellnessbereich mit Pool und türkischem Bad. Beer Sheva, 4 Henrietta Sold St., www.leonardo-hotels.de

EINKAUFEN

Beduinenmarkt (Shuk HaBedui). Traditioneller Wochenmarkt der Beduinen. Do 8–16 Uhr, Anfahrt mit dem Bus 48, an der Station David Hacham/Shuk HaBedui aussteigen, David Hacham Boulevard.

Urbanes Design wie ein Space Shuttle: Andre Minkoff Auditorium an der Universität

41 Sde Boker
Wo Visionen wahr werden

Die Wüste Negev strahlt in Sattgold und Hellbeige. Die Landschaft ist schroff und lieblich zugleich. Grandiose Mondlandschaften, sanfte Dünen, antike Ruinen und der größte Erosionskrater der Welt laden zum Wandern, Klettern und Radfahren ein. Die Wüsten-Bewohner sind kreative Farmer, die mit Wüsten-Lodges, Wein und Landwirtschaft nachhaltigen Tourismus ankurbeln.

Je weiter man nach Süden kommt, desto weniger Autos begegnet man. Noch immer ist die Wüstenregion Israels spärlich besiedelt. Nur ein Zehntel der Bevölkerung lebt hier. Dabei bedeckt die Wüste (»Midbar«) mehr als 60 Prozent des ohnehin kleinen Landes. Sie beginnt direkt hinter Beer Sheva, dem »Tor zum Negev«, mit wechselnden Landschaften aus rotbraunen Felsplateaus und steil abfallenden Wadis. Hier gibt eindeutig die Natur das Tempo vor. Ruhe und Entspannung pur für gestresste Großstädter.

Im Frühjahr blüht hier alles in den prächtigsten Farben. Blütenteppiche in Rot, Orange, Blau und Lila überziehen dann für wenige Wochen die sonst karge Landschaft. Mehr als tausend verschiedene Wildpflanzen haben sich mit ihren kleinen, Wasser speichernden Blättern dem Lebensraum angepasst.

Mitte: Kakteen und Wüstenzoo im Kibbuz Revivim
Unten: Auf den Spuren von Ben Gurions Visionen: Wohnhaus des Staatsgründers in Sde Boker

Ben Gurions Blockhaus

Staatsgründer David Ben Gurion (1886–1973) wollte die Wüste zum Blühen zu bringen. Ob er Weinberge, Tomatenplantagen und Olivenhaine vor Augen hatte, kann man am besten in Sde Boker erkunden. Israels erstem Premierminister ging es darum, den Negev fruchtbar zu machen, um ihn als Wohnort zu erschließen. Die Abgeschiedenheit in der Wüste zog Ben Gurion dem Jerusalemer Politikbetrieb stets vor. In seinem einfachen Kibbuz-Bungalow geben interaktive Touchscreens Einblick in Ben Gurions Briefe, ein animierter Film beschreibt seinen Lebenslauf. Für den Politiker lagen technischer Fortschritt in Sde Boker und ein florierendes Leben im Negev stets nah beieinander. Sde Boker scheint dennoch aus der Zeit gefallen – hier leben die Bewohner noch kollektiven Kibbuz-Sozialismus, entgegen dem Privatisierungstrend von Gemeinschaftseigentum in den meisten anderen dörflichen Kooperativen des Landes.

Oxford in der Wüste

Fünf Kilometer südlich von Sde Boker fanden der Staatsgründer und seine Frau Paula ihre letzte Ruhestätte in Midreshet Ben Gurion, auf Deutsch »Ben-Gurion-Akademie« – heute Dorf, Park und Universität in einem. Hier lassen sich zahme Steinböcke aus der Nähe bewundern, genießen Besucher eine atemberaubende Aussicht auf das Zin-Tal, und hier ist Ben Gurions Traum von einem »Oxford in der Wüste« wahr geworden. 1963 als Lehrzentrum für Jugendliche gegründet, widmen sich Laboratorien und Institute heute der modernen Wüstenforschung. Ihre Experten sind weltweit gefragt bei landwirtschaftlichen Feldversuchen und innovativen Wassertechnologien.

Wo die Wüste lebt, überrascht sie mit kreativen Technologien, sinnlichen Genüssen, unvergesslichen Abenteuertouren und wunderbarer Entspannung. In Sde Boker zum Beispiel wird das fossile, leicht salzhaltige Brackwasser für Fischzüchtung, Obstplantagen und Gemüsefelder aus den Tiefen des Negev hochgepumpt.

Einfach gut!

SCHLAFEN WIE DER KLEINE PRINZ

Die rustikalen ökologischen Hütten namens Kseini, Nubi, Tristan und Mantur sind aus Lehm und Stein. So muss sich der kleine Prinz gefühlt haben, als er in der Wüste strandete. Kaum zu glauben, dass diese Oase nur zwei Autostunden von Tel Aviv entfernt liegt. Das Baumaterial der Unterkünfte stammt aus der Natur. Ihre runde, wellige Form hat Architekt Rodney Hirsch den Sanddünen nachempfunden. Außen laden eine schattige Veranda und Hängematten zum Entspannen ein. Drinnen bieten die wunderbar kühlen Hütten erstaunlich viel Platz für Doppelbett, Küchenecke, Bad und Salon. Wer nicht selbst kochen will, kann im Lodge-Restaurant essen – familiär und gastfreundlich mit der Hirsch-Familie. Eine direktere Begegnung mit der Wüste gibt es kaum.

Makman Dunes. Reservierung unter hirscht@zahav.net.il, Makman Dunes, Route 40, Tel. 052/236 81 75, http://makman-dunes.awardspace.com

Wein- und Gewürzroute

Rund um Sde Boker ist vor allem die Route 40 regierungsgefördertes Prestigeprojekt. Einst gehörte die antike Wein- und Gewürzstraße zu den ältesten Handelsrouten der Welt, auf der Karawanen Parfüm, Seide und Gewürze aus dem Jemen zu den Mittelmeerhäfen brachten. Nach der Staatsgründung Israels 1948 bepflanzten Pioniere die trockene Einöde.

Seit 20 Jahren wohnen entlang der wiederbelebten Gewürzstraße neue Visionäre. Das unwirtliche Klima mit seiner extremen Hitze nehmen sie in Kauf. Die meisten wollen zurück zur Natur. Dass man dabei auf Komfort nicht verzichten muss, zeigen Wüstenlokale, Lodges und Öko-Farmen.

Daneben lockt die Wüste mit Beduinengastlichkeit und Abenteuern: beim Wandern und Klettern, auf Touren mit Kamelen, Pferden und Jeeps, Rappelling (Abseiling) und Mountainbiking, Vogelbeobachtung und Meditation, Übernachtungen in traditionellen Beduinenzelten. Sogar ein Natur-Spa gibt es in der Wüste – Neve Midbar wird von den unterirdischen Quellen des Negev gespeist.

Gerade in den heißen Sommermonaten ist jedes noch so kleine Fleckchen Grün in der kargen Wüstenlandschaft ungewohnt fürs Auge und daher umso kostbarer, so wie der Golda Park, nur einen Katzensprung entfernt vom Naturspa Neve Midbar. Der Golda Park mit seinen Wiesen und schattigen Bäumen ist bei Einheimischen ein beliebtes Picknick-Ausflugsziel, auch wenn der tümpelartige See nicht ganz den europäischen Vorstellungen entsprechen mag. Benannt ist er nach Israels vierter Premierministerin Golda Meir (1898–1978), die es wie Ben Gurion in die Wüste zog. Im Kibbuz Revivim lebte sie in einer bescheidenen Hütte, wohin sie sich nach ihrem Amtsende zurückzog.

Oben: Wie vor 4000 Jahren: Moderne Weinbauern beleben alte Traditionen neu
Mitte: Einladend und herzlich: Moshe und Hilda Zohar auf ihrer Farm
Unten: Moderne Forschung im »Oxford der Wüste«

Infos und Adressen

SEHENSWÜRDIGKEITEN

Ben Gurions Hütte. Ben Gurions liebster Rück-
zugsort vom Politikbetrieb. So–Do 8–16.30 Uhr,
Fr und an Vorabenden von Feiertagen 8.30–14,
So und feiertags 10–16 Uhr, Kibbuz Sde Boker,
Tel. 08/656 04 69, www.bgh.org.il

Midreshet Ben Gurion. Letzte Ruhestätte des
israelischen Staatsgründers und seiner Frau
Paula und Akademie-Dorf. Tel. 08/653 28 01.

ÜBERNACHTEN

Boker Farm. Route 40, 10 km rechts hinter
Kreuzung Tlalim, Tel. 052/578 68 63 oder
052/682 29 30, www.bokerfarm.com

Zait HaMidbar. Unterkünfte in Tipis, Lodges
oder Suiten mit eigenem Pool und Heizung im
Winter. Haluza, Tel. 052/558 30 65,
www.zaithamidbar.co.il

AKTIVITÄTEN

Dror Hamidbar. Sandsurfen in den Negev-
dünen und private Jeeptouren. Ashalim,

D.N. Halutza, Tel. 057/789 22 51,
www.drorbamidbar.co.il

Matnat Midbar. Workshops auf Kräuterfarm
mit liebevoll ausgestatteten Unterkünften. Im
November strahlen die Lavendel- und Safran-
felder in Lila und Goldgelb. Tel. 054/486 23 11,
Tlalim, www.matnatmidbar.co.il

Neve Midbar Spa. Wellness-Resort auf
8000 Quadratmetern mit drei Mineralpools,
einer Sauna und Spa-Behandlungen. Open-
Air-Becken und überdachte Pools. Koscheres
Restaurant. Sa–Mi 9–18, Do 9–22, Fr 9–
16 Uhr, Eintritt: 70 NIS, erm. 39 NIS, 20 km
südlich von Beer Sheva entfernt,
www.neve-midbar.co.il

Sfinat Hamidbar (»Wüstenschiff«). Besonderes Angebot: Kamelausritte im Beduinencamp.
Übernachtung in Zelten oder Hütten. Kaffee,
Tee und Essen nach Beduinenart. Gegenüber
vom Golda Park gelegen. Tel. 08/655 73 18,
www.sfinat-hamidbar.com

B&Bs, Lodges und Apartments in der Wüste

Wein, Oliven, Käse und haute cuisine à la Mittelmeer – dass all das einmal kulinarisches Aushängeschild in einem Land sein würde, dessen Gebiet zu zwei Dritteln aus Wüste besteht, hätten sich Israelis vor ein paar Jahrzehnten nicht träumen lassen. Doch die israelischen Farmer, Winzer und Küchenchefs haben rasant aufgeholt. Allein zum Essen sollte man nach Israel reisen! Und dabei auch in den Gourmetlokalen im Negev einkehren.

Im ganzen Land findet man hervorragende Lokale für jedes Budget. Ob schickes Soul-Food-Restaurant, unscheinbarer Marktimbiss, abgelegenes Ausflugslokal oder familiäre Bäckerei – serviert wird Frisches und Regionales, oft in Bio-Qualität. Fast jede Unterkunft kann man mit Frühstück buchen – das sollten Sie sich nicht entgehen lassen (falls Sie die erste Mahlzeit des Tages nicht in einem der weit verbreiteten Frühstückslokale einnehmen). Im Inn Sense, einem hervorragenden Bed & Breakfast in Mitzpe Ramon (S. 246) nahe der antiken Gewürzroute zum Beispiel stehen regionale Ziegenkäsesorten neben frischgebackenem Brot.

Auf keinem Büfett in Israel fehlen frische Salatvariationen, darunter *Salat Katsuts* (minigeraspelte Tomaten, Gurken, Petersilie, Olivenöl, Zitrone) sowie *Labneh* (Frischkäse mit *Za'atar* – Yssop). Außerdem werden saisonales Obst, *Burekas* (gefüllte Filoteigtaschen), frischgepresste Säfte – und natürlich auch Kaffee – serviert.

Kaffee und Shakshuka

Gerade, was Kaffee angeht, stehen israelische Baristas den italienischen in nichts nach. Wussten Sie zum Beispiel, dass Starbucks seine Filialen in Israel bereits nach zwei Jahren schließen musste? Das Unternehmen konnte in dem kleinen Land einfach nicht Fuß fassen. Neben *Caffè latte* und *Café turki* (türkischem Mokka) bestellt man in Israel am besten *Caffè hafuch* – Kaffee verkehrt, die israelische Variante des Milchkaffees auf Espressobasis.

Oben: Kaffee im Café Brenner in Tel Aviv
Links: Von Hummus über Oliven bis zu Käse: Israelische Vorspeisen sind ein Genuss

Viele Lokale sind so populär, dass sie aus der Gastroszene nicht mehr wegzudenken sind – so wie etwa das Fischlokal von Uri Buri an der malerischen Hafenpromenade von Akko (S. 150), das Adom in der First Station in Jerusalem (S. 59) oder das Toto im Tel Aviver Museumsviertel (S. 131). Nicht zu vergessen der Klassiker Dr. Shakshuka in Jaffa (S. 105), wo der Inhaber das ursprünglich nordafrikanische Frühstückspotpourri aus pochierten Eiern, Tomaten, Chilischoten und Zwiebeln variantenreich serviert, darunter mit Merguez, Pilzen und Auberginen.

Lecker ohne Etikett

Zu den besuchenswerten Neueröffnungen der letzten Jahre gehören das Yume in Binyamina (S. 139) bei Caesarea, ein

Handgepflückt, selbstgemacht, beste Qualität: Oliven und Käse

koscheres Sushi-Restaurant (ohne Garnelen, die sind nicht koscher!), das Habait (S. 145) in dem arabischen Dorf Ein Hud im Carmelgebirge, das sich auf authentische arabische Familienrezepte wie *Sinniya* spezialisiert hat – ein Gericht mit gegrilltem Gemüse und Fleisch, das in einer heißen Pfanne serviert wird –, und das Aluma in Galiläa – ein eher rustikal-familiäres Bistro zwischen Pinienhainen auf dem Weg zum Golan.

Noch immer ein Geheimtipp hingegen ist das Ausflugslokal von Hans Sternbach in den Jerusalemer Bergen (S. 87), wahrscheinlich weil es nur freitags und samstags geöffnet hat und der Weg dorthin nicht leicht zu finden ist. Hier gibt es weder Käse aus Frankreich noch Muscheln aus Neuseeland. Stattdessen servieren der Winzer und seine Frau, die auf das Etikett »Gourmet« gut verzichten können, neben ihren selbstgekelterten Weinen so einfache wie köstliche hausgemachte Gerichte nach alten Familienrezepten mit Zutaten aus der Region, »real food« eben und dabei nicht weniger Gourmet als Tel Avivs Sterneküchen.

Wein, Käse und Oliven

Apropos edle Tropfen: Besuche auf kleinen Weingütern sind unbedingt zu empfehlen, ob in der Negev-Wüste, den Judäischen Bergen, am Carmelgebirge in Galiläa oder auf dem Golan (S. 169). Oft bieten die Winzer auch Übernachtungen an. Kleinere Boutique-Weingüter geben Einblicke in die Herstellung lokaler Weine (oft auch spontan ohne Anmel-

Gegrillte Spezialitäten werden unter anderem in der Altstadt von Jaffa serviert

dung), wie zum Beispiel die Farm Boker Valley in Sde Boker (S. 229), wo die Traubensorten Cabernet Sauvignon und Merlot dank der Wüstenbedingungen ideal gedeihen. Winzerin Hilda Zohar, die ursprünglich aus Holland kommt, bietet neben fünf geräumigen Lodges mit Espressomaschine, Outdoor- Whirlpool und Hängematte auch Weinverkostungen, Ausritte, Kletterpartien, Jeep- und Kameltouren an.

Inmitten kahler Hügel und silbrig-grüner Wüstenpflanzen haben Hildas Nachbarn Leah und Gadi Nachimov 2003 die Naot-Farm aus dem Boden gestampft. Sie haben ihr Käse-Handwerk in Israel, Frankreich und Spanien gelernt und bereiten Joghurts und Ziegenkäsesorten her – würzig, mild, mit Thymian und Sesam, aromatisch und zartschmelzend.

Am liebsten möchte man von jedem ein Stückchen nach Hause mitnehmen – bei Käse allerdings etwas schwierig, den sollten Sie also am besten direkt vor Ort genießen! Ein originelles Mitbringsel hingegen sind Olivenöl aus dem Land des Ölzweigs – neben der Menora, dem siebenarmigen Leuchter, eines der beiden Staatssymbole Israels – und: Gewürze. Immerhin dürfen die an der Spice Route, der antiken Gewürzstraße, nicht fehlen! Farmerpionier Golan Cohen etwa baut auf seiner Biokräuter-Plantage Shirat Hamidbar (»Lied der Wüste«) im Moschav Beer Milka (S. 239) unter anderem Thymian, Zitronengras und Paprika an und verarbeitet die Pflanzen zu aromatischen Tees und Gewürzmischungen – den intensiven Geschmack verdanken die Heilkräuter laut Cohen der prallen Wüstensonne.

42 UNESCO-Weltkultur-erbe Avdat
Wilde Canyons, geheimnis-volle Wadis und antike Ruinen

Sie siedelten dort, wo vor ihnen noch niemand wohnte: das antike Wüstenvolk der Nabatäer. Während sich die Israeliten nicht südlich von Beer Sheva nieder-ließen, bewiesen die Nabatäer, dass auch mitten in der Wüste Leben entstehen kann. Heute gehören ihre Ruinen zum UNESCO-Weltkulturerbe, während sich moderne Farmer in der Region von den alten Traditionen des antiken Weinbaus inspirieren lassen.

Sie kannten den Weg wie ihre Westentasche: Das Wüstenvolk der Nabatäer handelte 400 v. Chr. mit Gewürzen aus Indien, Elfenbein aus Afrika und Perlen vom Roten Meer, die es mit seinen Karawanen auf der antiken Wein- und Gewürzstraße von der Arabischen Halbinsel zum Mittelmeer brachte.

Nabatäerstadt

Etwa 400 Jahre lang herrschten die Nabatäer über ein Königreich, das sich zu seiner Blütezeit von Nordarabien über die Sinai-Halbinsel bis nach Bosra in Syrien erstreckte, mit der Hauptstadt Petra im heutigen Jordanien. Überall entlang der antiken Gewürzstraße gründete das Wüstenvolk Raststationen, drei davon in der Wüste Negev: Shivta, Mamshit und die größte von ihnen, Avdat, sind heute UNESCO-Weltkulturerbe.

Benannt nach dem Nabatäerkönig Avdat (Oboda), bauten die Nabatäer hier ab 300 v. Chr. Handel

Familienausflug: Wanderungen durch das Zin-Tal bei Midreshet Ben Gurion

und Landwirtschaft aus, konstruierten ausgeklügelte Systeme von Dämmen und Terrassen, um die knappen Niederschläge für die Bewässerung der Felder zu stauen und zu speichern – für die damalige Zeit geradezu bahnbrechende Erfindungen. So entwickelte sich der Karawanen-Halteplatz Avdat auf der kalksteinhaltigen Anhöhe knapp 600 Meter über dem Meeresspiegel rasch zur größten Nabatäerstadt im Negev.

Antike Weinpressen

Von der faszinierenden Erfindungsgabe der Nabatäer zeugen heute noch Reste von Weinhängen, Rundbögen, Kirchen, Wassersystemen, Grabsteinen, Farmresten sowie vier antike Weinpressen. Ringsherum gab es kleine Lagerräume – hierher brachten die Weinbauern ihre Trauben, die nach dem Pressen in einer zentralen Sammelgrube aufgefangen wurden. Besucher haben von Avdat aus herrlich freie Sicht über die Wüste, so wie einst seine Erbauer.

Die Stadt bestand mehr als 1000 Jahre lang: Ab dem ersten Jahrhundert gehörte sie zum Römischen Reich. Ihre Blütezeit erlebte die Wüstenstadt in der byzantinischen Epoche zwischen dem 4. und 7. Jahrhundert, nachdem die Nabatäer zum Christentum übergetreten waren. Zwei byzantinische Kirchen sind aus dieser Zeit erhalten geblieben. Erst mit der Eroberung der Region durch die Perser 614 wurde Avdat zerstört.

Wadi Zin und Nationalpark Ein Avdat

Heute führen zwei Wege nach Avdat. Der direkte Weg ist kürzer und beginnt bequem am Parkplatz, der etwa fünf Kilometer lange Wanderweg führt

Einfach gut!

WEINGUT AUF NABATÄER-FARM

Mit dem Weingut erfüllten sich Hanna und Eyal Izrael vor 20 Jahren einen Traum. Sie gründeten ihre Farm in dem versteckten Flussbett mit den Überresten einer alten Nabatäer-Farm und einem Weinberg, wo schon vor über 2000 Jahren das antike Wüstenvolk Wein presste. Jede der Mini-Villen verfügt über Hängematte und Pool. Schönste Villa ist das Haus auf dem Hügel mit wunderbarer Aussicht von der überdachten Terrasse aufs Tal. Ringsumher wachsen Pflaumen, Aprikosen und Granatäpfel, nicht nur wunderschön anzusehen, sondern auch zum Pflücken da. Die Wüste verleiht den trockenen Avdat-Rebsorten ein schweres, volles Aroma. Es werden Führungen durch den Weinberg, Weinverkostungen und üppiges Frühstück unterm Baldachin bei Pfannkuchen, frischem Obst, Joghurt und Omeletts angeboten.

Carmey Avdat. Route 40 hinter Sde Boker, Tel. 08/653 51 77, www.carmey-avdat.co.il

quer durch das Wadi Zin und den darin verborgenen Ein Avdat – ein absolutes Muss für Wüstenwanderer. Denn der Nationalpark hat neben steilen Schluchten, Wasserpools und Pistazienbäumen jede Menge Abenteuer und Naturschönheit zu bieten. Über Jahrtausende hat das Wasser eine tiefe Schlucht in den Kalkstein gekerbt. Es ist der engste Canyon in ganz Israel. Der Weg hinauf beginnt bequem, die schmalen weißen Felswände lassen genügend Platz zum Wandern, auch dort, wo sie in steile Steinstufen übergehen. Der Aufstieg lohnt sich, denn nicht nur die Aussicht ist grandios: Die Felsen werden von unsichtbaren Rinnsalen gespeist, die ein riesiges Wasserbecken füllen, das plötzlich wie aus dem Nichts auf dem Wanderpfad auftaucht und die schroffen Felsen in eine liebliche Oase verwandelt.

In der Wüste Zin soll Moses mit seinem Stock gegen einen Felsen geschlagen haben, aus dem dann Wasser für die durstigen Israeliten auf ihrer Wüstenwanderung floss. Durchquert man den Canyon von Ein Avdat, wird die biblische Geschichte greifbar, denn hier und da entdeckt man tatsächlich Rinnsale, die aus den Felsen tröpfeln.

Nicht weit entfernt eifern moderne Öko-Farmer auf der Orlyya-Farm den alten Nabatäern nach. Erbaut auf dem Gelände einer ehemaligen Nabatäerfarm, bieten die Hütten Stille, Abgeschiedenheit und grandiose Sonnenuntergänge.

Oben: Avdat war die größte Nabatäerstadt der Wüste
Mitte: Die Funde in Avdat sind heute UNESCO-Weltkulturerbe
Unten: Auf der antiken Gewürzstraße brachten Karawanen Gewürze aus dem Orient zum Mittelmeer

Infos und Adressen

SEHENSWÜRDIGKEITEN

Nationalpark Ein Avdat. April–Sept. 8–17, Okt.–März 8–16 Uhr, Kombiticket mit Nabatäerstadt Avdat 22–43 NIS, Anfahrt: Abzweig links nach Midreshet Ben Gurion, Tel. 08/655 56 84.

ESSEN UND TRINKEN

Knaaniya. Bio-Deli, gesunde Snacks, Kaffee, Bier, Wein und leckere Sandwiches im Naturpark bei fantastischer Aussicht aufs Zin-Tal. Mo, Di 8–15, Mi, Do 8–19, Fr 8–14 Uhr, Midreshet Ben Gurion, Tel. 054/768 94 64.

ÜBERNACHTEN

Khan Shayarot. Modernes Camp, das Beduinengastlichkeit mit Naturaktivitäten wie Kamelreiten, Yoga, Abseiling und Safaris verbindet. Anfahrt zwischen Sde Boker und Avdat, Har Hanegev, Tel. 08/653 57 77, www.shayarot.com

Orlyya Farm. Abgeschiedene Öko-Farm auf altem Nabatäer-Gelände. Midreshet Ben Gurion, Tel. 050/980 00 69.

AKTIVITÄTEN

Deep Desert Israel. Experten und erfahrene Tourguides zeigen die Wüste für jedes Tempo und jeden Geschmack. Von leichten Wanderungen und Trekking über Mountainbiking, Abenteuertouren wie Klettern, Abseilen, Jeep bis hin zu Naturcamping und Yoga. 5 Ein Mor, Mitzpe Ramon, Tel. 052/220 17 76, www.deepdesertisrael.com

Naturpool Ein Akev. Die Wasserfälle liegen in unmittelbarer Umgebung vom Nationalpark Ein Avdat. Sie sind nur per Wanderweg zu erreichen und unbedingt einen Abstecher wert. Vor allem das Baden im Naturpool ist ein einmaliges Erlebnis. Die Oase ist übrigens eine Station des Israel National Trail. Ein Avdat, 4 km langer Wanderweg.

Ramat Hanegev Birdwatching. Faszinierende Aktivität für die ganze Familie entlang der Route der Zugvögel. Anmeldung bei Meidad Goren, Midreshet Ben Gurion, Tel. 052/368 96 08, meidadgoren@gmail.com

Gilad und Maria betreiben den Bio-Deli Knaaniya in Midreshet Ben Gurion

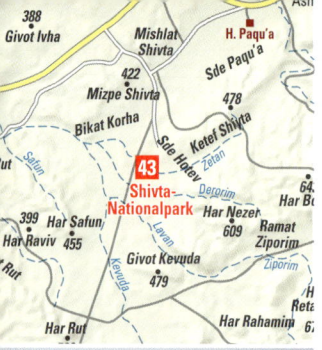

43 Shivta-Nationalpark
Einst Karawanen-Oase, heute UNESCO-Park

Man muss nicht unbedingt Archäologe sein, um sich für Shivta zu begeistern. Die alte Nabatäersiedlung liegt buchstäblich im Nirgendwo. Dennoch ist sie ein Magnet, schon rein landschaftlich: Sie wird von mehreren Wadis durchkreuzt; der Weg hierher ist besonders schön. Dabei gehören unbedingt ein Sonnenhut, ausreichend Wasser und feste Schuhe zur Ausrüstung.

Anders als Avdat, weithin sichtbar auf dem Hügel, ist Shivta fast zu übersehen, so versteckt liegt die antike Siedlung. Dabei war es einst eine der größten Nabatäersiedlungen in Israel. Ihren Status als UNESCO-Weltkulturerbe verdankt Shivta, in der Antike Subeita genannt, vor allem seiner beeindruckenden Nabatäer-Vergangenheit als Teil der antiken Gewürzroute. Im 5. und 6. Jahrhundert blühte die Siedlung unter byzantinischer Herrschaft aufs Neue auf. Die meisten Ruinen stammen aus dieser Zeit.

Mitte: Beduinen mit ihrer Schafherde an der Straße 211 am Shivta-Nationalpark
Unten: Neben Avdat und Mamshit die dritte UNESCO-Nabatäerstadt: Nationalpark Shivta im südlichen Negev

GUT ZU WISSEN

BEDUINEN
Die ärmlichen Siedlungen und Wellblechhütten der Beduinen sind eine missglückte Folge staatlicher Hilfsprogramme, um die traditionellen Nomaden sesshaft zu machen. Eine Begegnung mit ihnen ist immer ein besonderes Erlebnis, schon allein wegen ihrer unglaublichen Naturverbundenheit und Wüstenkenntnis. Drei Tage und Nächte soll man einen Gast bewirten, so eine Beduinenregel. Zudem sind viele Beduinen Israel eng verbunden: Sie dienen in der israelischen Armee und arbeiten im Tourismus.

Shivta-Nationalpark

Neben erholsamer Ruhe bietet der Ort weitaus mehr als freigelegte Steine. Das liegt an den gut erhaltenen Funden, die das große Können der Nabatäer offenbaren, die Wüste in eine blühende Oase zu verwandeln.

Wiederbelebte Traditionen

Im Gegensatz zu den fahrenden Händlern und ihren Karawanen waren die Bewohner von Shivta hauptsächlich Bauern, die Obstplantagen anlegten, Gemüse pflanzten und Kräuter züchteten – nicht ohne dabei jeden raren Regentropfen mit Sorgfalt aufzufangen und zu speichern. Nach der Christianisierung wurden die gut erhaltenen Reste der drei byzantinischen Kirchen rasch zu Wallfahrtsorten für Pilger, die die Einöde als Ort der Besinnung aufs Wesentliche zu schätzen wussten.

Modernen Besuchern geht es da nicht anders. Gerade die stille Abgeschiedenheit von Shivta übt einen ganz besonderen Reiz aus. Daher erstaunt es kaum, dass auch heute hier Menschen leben: So wie einst die Wüstenbewohner vor 3000 Jahren bauen sie Obst und Gewürze an und gewinnen Wüstenblumen-Honig. Die Shivta Farm grenzt direkt an die alten Ruinen; ihre Besitzer können viel über das UNESCO-Weltkulturerbe erzählen. Zurück zur Natur, sich von den alten Wüstenvölkern inspirieren lassen – das ist das Credo vieler moderner Erlebnisfarmen in der Region: Die Stille ist nahezu mystisch, die Luft sauber und die Nächte kühl und sternenklar. Ruhe und Weite statt Fernsehen und Internet.

Kadesh Barnea und Nitzana

Auch im nahe gelegenen Kadesh Barnea an der Grenze zu Ägypten, das schon in *Numeri*, dem Vierten Buch Mose, erwähnt wird, bleiben die Be-

Geheimtipp

KRÄUTERFARM IN DER WÜSTE

Der Name Shirat Hamidbar bedeutet »Lied der Wüste«. Die Idee dahinter klingt unglaublich – eine organische Kräuterfarm unter glühender Wüstensonne. Kräuterpionier Golan Cohen serviert in einem Beduinenzelt selbst gemixte Tees aus Zitronengras, Thymian und Eisenkraut. Zu jeder Heilpflanze kennt der Pflanzenexperte die Wirkung. Neben Gewürzen, Trauben und Zitronen baut er auf seinen kilometerlangen Kräuterbeeten vor allem medizinische Heilpflanzen an, alles Bio. Der Geschmack der hier wachsenden Minze, des Oregano und Salbei, aber auch spezieller Wüstenkräuter, deren heilsame Geheimnisse schon die Beduinen kannten, wird durch die heiße Wüstensonne und den leicht salzigen Boden noch intensiver. Alle Tee- und Gewürzmischungen, Naturkosmetik und Öle mit Heileffekt sind handverlesen.

Shirat Hamidbar. Beer Milka, Tel. 052/702 16 50, www.shirathamidbar.co.il

wohner der Geschichte des Ortes treu. In der Bibel beschwerten sich die Israeliten gegenüber Moses über den Wassermangel. Verdursten muss heute in Kadesh Barnea niemand mehr. Mit einer Honigmanufaktur und Weinanbau beleben die modernen Landwirte die alten Nabatäer-Traditionen neu. Die Weine von Kadesh Barnea gehören zu den besten in ganz Israel.

Rund 17 Kilometer südöstlich von Shivta und Kadesh Barnea überrascht Nitzana, ebenfalls eine alte Nabatäerstadt, die unter byzantinischer und arabischer Herrschaft bis ins 9. Jahrhundert hinein existierte, mit Mosaikfunden. In Kadesh Barnea, in Sichtweite zum ägyptischen Grenzzaun, stellt Eduard Philipov Wüstenhonig her – auch das eine wiederbelebte Tradition im Land, wo Milch und Honig fließen sollen.

Ezuz

Nicht weit entfernt von hier, etwa zwölf Kilometer weiter südlich nahe der ägyptischen Grenze, ist Ezuz einen Besuch wert. Gegründet 1985 auf dem Gelände eines ehemaligen Kibbuz und gelegen auf dem Negev-Berg, dem höchsten in der ganzen Negev-Wüste, leben hier Künstler und Bio-Farmer aus Israel und aller Welt in einer Art Öko-Kommune. Sie stellen Ziegenkäse, Joghurt und Naturkosmetik her. Außerdem veranstalten sie Art-Workshops mit Naturmaterialien.

Oben: Viele Farmer waren früher Künstler oder Architekten. Heute leben sie von Tourismus und Landwirtschaft
Mitte: Weit und breit keine Zivilisation, nur Stille und Öko-Lodges
Unten: Im Einklang mit der Natur: Künstlerkommune Ezuz

Infos und Adressen

SEHENSWÜRDIGKEITEN

Shivta-Nationalpark. UNESCO-Weltkulturerbe aus der Antike und Byzantinerzeit. Ganzjährig geöffnet, Anfahrt: Von Route 40 auf Straße Nr. 211 abbiegen. Dem Straßenverlauf 15 km folgen. Nahe der Tankstelle nach Süden abbiegen und 10 Min. fahren. www.parks.org.il

ESSEN UND TRINKEN

Ezuz Künstlerdorf. Am Ende der Welt macht Celia Friede den köstlichsten Ziegenjoghurt im ganzen Negev. Einfach nach Dror und Celia Friede fragen. cfriede@yahoo.com

Khan Beerotayim. Neben exotischen Unterkünften in Beduinenzelten bietet die Oase Kameltouren und Wüstenwanderungen an. Abends entspannt man auf Bodenkissen bei Lamm, Huhn und Brot nach Beduinenart. Beerotayim Ecotourism, Nitzana, Mizpe Oz, Tel. 08/655 57 88, www.beerotayim.co.il

Celia Friedes Ziegenjoghurt am Ende der Wüste

ÜBERNACHTEN

Shivta Farm. Bauernhof direkt neben dem gleichnamigen UNESCO-Weltkulturerbe. Traditionelle Wüsten-Steinhäuser mit Gästezimmern und Restaurant. Geführte Touren durch die antiken Ruinen auf Anfrage bei Ami and Dina Oach, Tel. 050/738 38 02, www.nabato.co.il

Zimmerbus. Eine der ungewöhnlichsten B&B-Unterkünfte in ganz Israel – Symbol für nachhaltigen Ökotourismus im Einklang mit Natur und Familienanschluss. Eyal und Avigail Hirshfeld, Ezuz, Tel. 052/529 27 15, www.thewellbnb.com/zimmerbus

AKTIVITÄTEN

Boutique Weingut Ramat Negev. Weingut der Zadok-Familie seit 1995, das preisgekrönte koschere Wüstenweine produziert. Weinproben und Moshav Kadesh Barnea, Haluza, Tel. 08/655 58 49, www.rnwinery.co.il

House of Honey. Bienenstöcke, Workshops und Honigverkostung. Voranmeldung unter Tel. 052/392 70 85, Kadesh Barnea, edidvash@bezeqintnet

Avigails Zimmerbus ist nachhaltiger Tourismus

44 Arava-Ebene
Hightech, Bienen und die süßesten Datteln der Welt

»Israelisches Silicon Valley der Landwirtschaft«, Hotspot für Wüstenforschung, Vorreiter im nachhaltigen Tourismus – das alles ist die Arava-Ebene. Attribute wie diese sind nicht untertrieben. Denn was Landwirte und Wissenschaftler hier aufgebaut haben, ist eine Meisterleistung. Rund 60 Prozent des israelischen Exports stammen von hier.

Datteln, Gewürze, Paprika, Melonen und Feigen kommen von hier, ebenso der Exportschlager Cherry-Tomaten, eine israelische Erfindung, denen ausgerechnet das salzhaltige unterirdische Brackwasser der Wüste eine besondere Süße verleiht. Doch neben technologischen Entdeckungen und traumhaften Landschaften bietet die Arava auch Erkundungen kultureller Schätze: Der Besuch von Naturparks und Ruinen antiker Städte und Siedlungen, zum Beispiel per Jeep oder Kamel, sind so die perfekte Ergänzung zum Urlaub in der Negev-Wüste, der sich per Tagesausflug auch gut mit einem Schwebebad im Toten Meer verbinden lässt.

Kraterlandschaft und Kino

Das lang gestreckte Flussbett der Arava, ein Ausläufer des Großen Afrikanischen Grabensystems, dehnt sich von der Südspitze des Toten Meeres bis nach Eilat. Von der Negev-Wüste aus ist das Tal gut zu erreichen. Nimmt man die schnellere Route 25, passiert man auf dem Weg dorthin das antike UNESCO-Weltkulturerbe Mamshit. Angekommen an der Route 90, die am Toten Meer entlang bis hoch nach Galiläa führt, lässt man

Mitte: *Medjoul* und *Deglet Noor* schmecken besonders süß: Kostprobe in Ein Tamar (»Dattelquelle«)
Unten: Land von Milch und Honig: Bienenzüchterin Cha Cha Porat im Bumblebee Museum

Arava-Ebene: Teil des Großen Afrikanischen Grabenbruchs

rechter Hand das Tote Meer mit seinen Salzanlagen und Pottasche-Fabriken hinter sich und fährt weiter Richtung Süden.

Es gibt aber auch einen anderen Weg über die teilweise steilen und sehr kurvenreichen Landstraßen 204, 225 und 227. Vorbei am Großen und Kleinen Krater, zwei von insgesamt drei Erosionskratern in der Wüste, an Kamelfarmen und Wellblech-Beduinendörfern, dauert die Fahrt durch die östliche Negev-Wüste gut eine Stunde. Der Weg ist eindeutig holpriger, dafür belohnt er Wagemutige mit Aussichten über die Wüste, bei klarem Wetter sogar bis zum Toten Meer und den rot schimmernden jordanischen Bergen. Inmitten dieser Stille, im Nirgendwo auf dem Weg zwischen Totem Meer und Eilat, können Filmfans im November das wohl ungewöhnlichste Kinofestival erleben: das Arava International Film Festival – eingehüllt in Decken, Open Air unter Sternen.

Dattelparadies

In Ein Tamar, dem nördlichsten Zipfel der Arava, bieten verschiedene private Agrarbetriebe (*Moshavim*) Touren durch die Plantagen inklusive Ver-

Geheimtipp

EIN MUSEUM FÜR BIENEN

Tausende summende Bienen, durchsichtige Bienenkörbe und vielfarbige Skulpturen erwecken den Eindruck, man befinde sich mittendrin im Reich der Bienen. Das kleine Museum im Dorf Ein Yahav zeigt nicht nur die täglichen Wege verschiedener Bienenarten per Kunst, Fotos und Film, sondern gewährt auch einen faszinierenden Einblick in das Leben in der Wüste. Künstlerin und Imkerin Cha Cha Porat hat nicht nur Bienenarten gezüchtet, die in der Hitze der Wüste gedeihen, sondern nebenbei das Museum liebevoll aufgebaut. Ihr Lebenswerk ist Symbol für ein einträchtiges Miteinander von Mensch und Natur, Abenteuer und Kultur, nachhaltiger Landwirtschaft und Umgang mit Ressourcen, Kunst und Pioniergeist. Nebenan gibt's den Honig zum Probieren.

Bumblebee Museum. Moshav Ein Yahav, Arava, Tel. 08/671 54 96, www.45c.co.il

kostungen an. Einige von ihnen teilen ihre Plantagen mit den jordanischen Nachbarn. Ein Tamar heißt so viel wie »Dattelquelle«. Der Name könnte treffender nicht sein: Hier erwarten den Besucher schattige Dattelwälder, riesige Palmen und süße Datteln der Sorten Medjoul und Deglet Noor.

Nachhaltigkeit

Immer mehr Arava-Landwirte haben sich in den letzten Jahren auf ökologischen Anbau spezialisiert. Der bewusste Umgang mit Ressourcen sichert in der Wüste das Überleben, diese Erfahrung teilen sie mit ihren Nachbarn auf der jordanischen Seite. Sensibilität für »grüne Landwirtschaft« ist daher sehr wichtig, und das Teilen von Wissen.

Genau das ist bei Israels Wüstentechnologen oberstes Gebot. »Natur kennt keine Grenzen«, unter diesem Motto forschen Menschen aus Israel, den Palästinensischen Autonomiegebieten und Jordanien gemeinsam am Arava Institut für Ökologische Studien im Herzen der südlichen Arava. Sie erforschen computergesteuerte Tropfbewässerung, ökologische Landwirtschaft, Solartechnologien und erneuerbare Energien. Es sind brisante Themen in einer Region, die größtenteils von Wüste bedeckt ist und wo Wasserressourcen begrenzt sind – zumal bei wachsender Bevölkerung.

Im Süden zeigt die Wüste wieder ein anderes Gesicht. Kakteen und Pflanzen in zartem Grün und leuchtendem Orange und Pink bieten einen farbenprächtigen Kontrast zu staubigen Wüstenfarben. Etwa 40 Kilometer vor Eilat, am Südzipfel der Arava, steht vor allem der Kibbuz Lotan für nachhaltige Landwirtschaft und Öko-Tourismus. Seine ökologische Ausrichtung macht den Ort nicht nur zu einem idealen Zwischenstopp für Zugvögel, sondern auch für naturbewusste Reisende.

Oben: Der Große Krater bei Dimona ist einer von drei Erosionskratern im Negev
Mitte: Dattelernte im Moshav Ein Tamar
Unten: Individuell oder mit geführten Touren: Wandern in der Wüste

Infos und Adressen

SEHENSWÜRDIGKEITEN

Großer Krater. Einer von insgesamt drei Erosionskratern im Negev. Südlich der Straße 225.

Kleiner Krater. Klein, aber genauso beeindruckend wie seine beiden größeren Geschwister. Südlich der Route 25 im nördlichen Negev, östlich von Mamshit.

Mamshit. Dritte bedeutende und nördlichste Nabatäer-Stadt im Negev aus dem 5. Jh. v. Chr. So wie Mamshit und Avdat UNESCO-Weltkulturerbe. Mosaike mit geometrischen Mustern, Vögeln und Früchten. April–Sept. 8–17, Okt.–März 8–16 Uhr.

ÜBERNACHTEN

Desert Days Ecolodges. Erde, Sternen, Wind und Natur nah zu sein, das ist die Vision von Grafikdesignerin Rinat und Manager Yair, einem Aussteigerpaar im Negev. Mit ihren Hütten aus Lehmziegeln und Stroh setzen sie ganz auf ökologisch bewusstes Tourismus. Zuqim, Tel. 052/617 00 28, www.desert-days.com

AKTIVITÄTEN

Arava International Film Festival. Open-Air-Kino mitten in der Wüste. November, www.aravaff.co.il/en

Cameland. Kamelranch nahe Mamshit mit geführten Touren, 1–4 Std. Übernachtung möglich. Tel. 08/655 28 29, www.cameland.co.il

Elias Tent. Jeder Gast ist gottgesandt, lautet eine alte nomadische Weisheit. Atia and Naame öffnen ihr Zuhause im Beduinendorf von Hashem Zaneh, inklusive Bewirtung, traditionellen Geschichten, Rundgang durchs Dorf und Touren in die Wüste. Anfahrt: Route 25 Richtung Dimona, nahe Moshav Nevatim. Tel. 054/748 70 05, www.bedouinhospitality.com

Kibbuz Lotan. Ganzheitliche Wellness wie Reiki oder Wasser-Shiatsu neben Vogelbeobachtung und Öko-Workshops. Hevel Eilot, Tel. 08/635 69 35, www.kibbutzlotan.com

Cameland bieten Kameltouren durch die Wüste an.

45 Mitzpe Ramon
Land der Genesis

Kupferrot und bernsteingelb, so weit das Auge reicht. Wie eine sagenhafte Mondlandschaft breitet sich der Ramon-Krater aus. 220 Millionen Jahre alte Felsschichten haben den größten Erosionskrater der Welt geschaffen. Ein einzigartiges geologisches Phänomen, das Aktivurlauber und Naturfreunde ebenso anlockt wie Wüstentiere, darunter Gazellen, Steinböcke und Leoparden.

Mitzpe Ramon war einmal das Ende der Welt. Ein Ort, wo abends die Bürgersteige hochgeklappt wurden und man auf der Durchreise nach Eilat oder ans Tote Meer allenthalben einen Zwischenstopp einlegte. Nur wegen des Kraters natürlich.

Aussteigeroase

Doch dann siedelten sich hier immer mehr Kreative an. Erst kamen Künstler, später Aussteiger, deren Auffassung von Wachstum über Börsen-

GUT ZU WISSEN

ISROTEL RAMON INN
Lange Zeit das einzig brauchbare Hotel in Mitzpe Ramon, haben mittlerweile viele Gästezimmer, Bio-Farmen und das schicke Beresheet Hotel dem in die Jahre gekommenen Haus den Rang abgelaufen. Dennoch ist man hier gut aufgehoben. Insbesondere für Radfahrer und ihr Equipment gibt es kostenlose Unterstellmöglichkeiten. Zumal die Lage am Rande des Ramon-Kraters sich ideal als Startpunkt für Ausflüge und Entdeckungstouren eignet. www.isrotel.co.il/isrotel_pundak_ramon

Mitte: Die Hauptattraktion in Mitzpe Ramon: Der Krater gleicht einer Mondlandschaft
Unten: Sonnenaufgang am Ramon-Krater bei Mitzpe Ramon

kurse hinausgeht, und schließlich Hightech-Firmen, deren Ethos eher von Nachhaltigkeit und Lebensqualität bestimmt ist als von schnellem Profit. Alle fühlen sich von der Magie des Ortes angezogen. So kommt es, dass Mitzpe Ramon sich innerhalb der letzten Jahre zu einer florierenden Kleinstadt entwickelt hat, mit einer großen Auswahl an Privatzimmern, Bed & Breakfasts und Hotels, darunter zwei ausgesprochen Radfahrer-freundlichen Unterkünften und dem extravaganten Fünf-Sterne-Neuling Beresheet.

Viele Neu-Einwohner fangen hier noch einmal ganz von vorne an. Ehemalige Architekten und Künstler aus der Stadt, aber auch Landwirte und Winzer haben hier *in the middle of nowhere* ihre Erfüllung gefunden. Das extreme Wüstenklima mit Hitze im Sommer und Kälte im Winter nehmen sie gern in Kauf. Denn trotz der Hitze ist die Luft trocken und eine Wohltat für die Atemwege. Zudem weht an den Sommerabenden immer eine kühle Brise – anders als am Mittelmeer. Dann erwacht Mitzpe Ramon zum Leben – die Lokale füllen sich, in den Bars trifft man Einwohner und kommt schnell ins Gespräch. Jeder kennt hier jeden. Besucher werden warmherzig aufgenommen. Bei einem Glas Wüstenwein oder einem kühlen Bier kommt man mit den Einheimischen schnell ins Gespräch. Viele von ihnen legen viel Wert auf Nähe zur Natur. Der Krater bestimmt das Tempo.

Sehenswertes und Kultur

Die Kleinstadt an sich ist schnell durchquert. Dennoch sollte man es nicht versäumen, sich Zeit für ihre kleinen, aber sehr feinen Attraktionen zu nehmen – das Gewürzviertel mit Öko-Läden, eine Alpakafarm, das Besucherzentrum, den Chai-Ramon-Tierpark und am Abend den Jazzclub.

Einfach gut!

IN DIE STERNE SCHAUEN

Einer der vielen Vorteile der Kleinstadt mitten in der Wüste ist nachts der pechschwarze Himmel – ein wahres Paradies für Sternengucker. Astronomie-Guide Ira Machefsky bringt Hobbyastronomen zu einem Plateau am Ramon-Krater, wo schon Teleskope auf einen Blick in den prächtigen Sternenhimmel warten. Wenn man irgendwo die Oberfläche des Mondes klar erkennen kann, dann hier. Der Tourguide versteht es auf unterhaltsame Weise, selbst unerfahrene Sternenbeobachter zu begeistern – zu jeder Konstellation kennt er eine Geschichte, die Basics wie tiefer greifendes Astro-Wissen vermittelt er leicht verständlich und spannend. Auch für Kinder ein tolles Abenteuer, zumal der Guide in den kühlen Sommernächten leichte Decken und warmen Tee bereithält. Echtes Nachtwanderungsfeeling und Naturerlebnis!

Astronomy Israel. Anmeldung unter Tel. 052/544 97 89, www.astronomyisrael.com

Liat Dror und Nir Ben Gal, die beiden Gründer des Tanzensembles Adama, sind das beste Beispiel dafür, dass auch in der Wüste Kultur und Kunst gedeihen können. Ihre Vision: Durch natürliche Bewegung im Einklang mit Wildnis und Natur mehr Lebensfreude und Freiheit zu erfahren. Das Konzept scheint aufzugehen, denn seit 15 Jahren bieten die beiden Tänzer aus Tel Aviv Tanzabende, Kunst, Musik, Konzerte, Festivals, Workshops und Kurse unter einem Dach an. Die Magie des Ortes hat sich mittlerweile herumgesprochen. Denn immer mehr Aussteiger wie Liat und Nir zieht es in die Abgeschiedenheit der Wüste, auf der Suche nach neuen ganzheitlichen Erfahrungen. Ein sich gegenseitig bedingender Effekt: je mehr Publikum, desto vielseitiger das Kulturangebot, je mehr hochklassige Kultur, Festivals und Kurse, desto mehr Publikum. Gut für die Stadt, ihre Einwohner und den Tourismus.

Der Ramon-Krater

Steil abfallende Felsen und tiefe, von Wasser ausgehöhlte Canyons ziehen sich kilometerweit durch die steinige Landschaft. Der Sonnenaufgang überzieht den Krater mit sämtlichen Rottönen. Wenn die Sonne untergeht, legt sich eine nahezu mysti-

Oben: Passend zur biblischen Landschaft: Der Hotelname Beresheet bedeutet »Im Anfang«
Mitte: Highlight für Kinder: Alpakafarm bei Mitzpe Ramon
Unten: Natur pur: Desert Shade Eco Lodge in Mitzpe Ramon

Mitzpe Ramon

sche Stimmung über die Kleinstadt. Der Ramon-Krater mit 40 Kilometern Länge und neun Kilometern Breite der größte Erosionskrater der Welt, ist ebenso ideal zum Wandern, Klettern und Mountainbiking wie zum Entspannen und Sternegucken.

Die 220 Millionen Jahre alten Felsschichten sind ein einzigartiges geologisches Naturphänomen. Radfahrer und Naturfreunde schätzen den *Makhtesch* Ramon ebenso sehr wie Wüstentiere – über 40 verschiedene Arten leben in dem Biotop, darunter Gazellen, Steinböcke und Leoparden.

Aktiv durch den Krater

Wagemutige Kletterer seilen sich vom Rand des Kraters ab, während Mountainbiker rasant die weitläufigen Abhänge herabsausen und Wanderer Pfade zu biblischen Orten erklimmen, wie zum Beispiel der Stelle, wo die Söhne Jakobs ihren Bruder Josef einst an eine Karawane nach Ägypten verkauft haben sollen und prähistorische Felskunst von vergangenen Zivilisationen zeugt.

Der Krater ist ein Magnet für Aktivitäten aller Art. Neben Wanderungen bieten einige Wüstenkenner Golf, Workshops und Bogenschießen an. Andere haben sich auf Klettertouren im Krater, Kamelwanderungen, Campingausflüge, Nachtsafaris, Touren per Jeep und Mountainbike, Öko-Touren und Besuche bei Beduinen spezialisiert. Natürlich dürfen in solch einer spirituell inspirierenden Umgebung auch ganzheitliche Aktivitäten wie Yoga und Meditation nicht fehlen.

Handfester und flauschiger geht es nordwestlich von Mitzpe Ramon zu: Auf der Alpakafarm können Kinder Alpakas in exotischer Umgebung streicheln, nebst Pferden, Eseln und Angoraziegen.

Nicht verpassen

DER WEG DES FRIEDENS

Die Skulptur *Way of Peace* des israelischen Bildhauers Dani Karavan (geb. 1930) steht nahe Nitzana und zieht sich auf einer Strecke von drei Kilometern entlang der Grenze zu Ägypten. 1996–2000 erbaut, sind die 100 Sandsteinsäulen eine Reminiszenz an den langen Weg zum Frieden zwischen Israel und Ägypten, der mit dem Friedensvertrag von 1979 eine neue Ära in den gegenseitigen Beziehungen einläutete. Auf jeder einzelnen Säule steht das Wort »Frieden« in allen Sprachen der Welt sowie sämtliche Völker, die die Wüste im Laufe der Geschichte jemals durchquert haben – von Sumerisch bis antikem Ägyptisch. Die jeweils ersten Säulen enthalten das Wort Frieden auf Hebräisch und Arabisch. Berühmt wurde der Künstler, der in Jerusalem, Florenz und Paris Kunst studierte, zudem durch seine zahlreichen Holocaust-Gedenkskulpturen weltweit.

Dani Karavans Way of Peace. Skulptur auf 3 km Länge von Nitzana zur ägyptischen Grenze, www.danikaravan.com

Biotop für Wüstentiere

Mitten im Krater hüpfen Bergziegen elegant über klippenartige Felsvorsprünge, vorbei an verborgenen Wasserstellen und Zisternen, von deren Vorhandensein hinter silbergrauem Gestrüpp inmitten des ockerroten Gesteins nur die Tierwelt des Negev und ein paar erfahrene Tourguides wissen. Alljährlich durchqueren hier Scharen von Zugvögeln die Wüste.

Wanderwege und Gipfel

Durch den östlichen Krater führt der Fluss Nahal Ardon. Einer der zahlreichen Wanderwege erreicht die geologische Formation Ardon Dike, andere verlaufen entlang der antiken römischen Straße im Krater. Südlich vom Krater kann man bis zur Spitze des Mount Karkom mit seinen einzigartigen Felsenmalereien aus der Bronzezeit wandern.

Am Hang des Kraters thront majestätisch das Fünf-Sterne-Hotel Beresheet: Zimmer und Pool mit Kraterblick. Biblischer könnte der Name nicht sein. Er bedeutet übersetzt »Im Anfang«. Ein wenig pathetisch, aber passend. Denn schließlich ist das hier das Land der Bibel. Etwas prosaischer geht es in der Stadt zu: Ob bewusst gewählt oder nicht, der Name des Restaurants Hakatze bedeutet übersetzt »Das Ende« – ein passendes Äquivalent zum Beresheet.

Oben: Erinnert an eine Mondlandschaft: Ramon-Krater in der Wüste Negev
Mitte: Im Krater kann man verborgene Wasserstellen und Zisternen entdecken
Unten: Man trifft sich im Café Hadasaar im Gewürzviertel

Infos und Adressen

SEHENSWÜRDIGKEITEN

Alpakafarm. Hochgebirgs-Alpakas in exotischer Umgebung, nebst Pferden, Eseln und Angoraziegen. Auch Gästezimmer. Im Sommer tgl. 8.30–18.30, im Winter tgl. 8.30–16.30 Uhr, Tel. 08/658 80 47, www.alpaca.co.il

Chai-Ramon-Tierpark. Schlangen, Stachelschweine und Eidechsen am Ramon-Krater, Mitzpe Ramon, Tel. 08/658 87 55, bio-ramon@npa.org.il

ESSEN UND TRINKEN

Hadasaar. Gemütliches vegetarisches Laden-Café mit lokalen Produkten von Müsli bis Wein. Sa–Mi 8–20, Do, Fr 8–23 Uhr, 23 Har Arif St., Mitzpe Ramon, Tel. 08/940 84 73.

Lasha Desert Bakery. Vollkornbrote und Gebäck mit ausschließlich natürlichen Inhaltsstoffen. 8/5 Har Boker St.

ÜBERNACHTEN

Beresheet. Fünf-Sterne-Luxus. 1 Derech Beresheet, Mitzpe Ramon, www.isrotelexclusivecollection.com

Desert Shade Eco Lodge. Farm auf Kraterklippe mit Boutique-Weingut und Fahrradverleih. Tel. 08/658 62 29, Mitzpe Ramon, www.desert-shade.com

Zimmer im Desert Shade Eco Lodge

IBEX Desert Inn. Auf die Bedürfnisse von Radfahrern zugeschnitten. Har Ardon 4, Mitzpe Ramon, Tel. 052/436 78 78, www.ibexhotel.co.il

Inn Sense. Bed & Breakfast an der Gewürzroute mit geschmackvollen Zimmern und leckerem Frühstück. 8 Har Ardon St., Spice Route Quarter, Mitzpe Ramon, Tel. 08/653 95 95, www.innsense.co.il

Noam Bamidbar. Mehr Wüste geht nicht: Nördlich der Stadt baut die Harari-Familie Bio-Wein und Oliven an und vermietet außerdem Steinhäuser – außen antik, innen modern. Tel. 052/465 18 88, www.noam.lanegev.co.il

EINKAUFEN

Faran Naturkosmetik. 100 Prozent Bio, inspiriert von der Wüste. Gewürzviertel, 12 Har Ardon, Mitzpe Ramon.

AKTIVITÄTEN

Adama. Im Einklang mit der Welt, dem Krater und der Wüste durch Kultur, Kunst und Workshops. Gewürzviertel, Hangar Adama, 8 Har Boker St., Mitzpe Ramon, Tel. 08/659 51 90, www.adama.org.il

Adam Sela Tours. Klettertouren im Krater, Kamelwanderungen, Campingausflüge und Nachtsafaris. Mitzpe Ramon, Anmeldung unter Tel. 050/530 82 72 oder www.adamsela.com

Desert Archery. Wanderungen, Golf, Workshops und Bogenschießen in grandioser Natur. Tel. 050/534 45 98, www.desertarchery.co.il

Jazz Club. Klein, intim und sehr angesagt – Jamsessions israelischer Musiker in der Wüste. 8/2 Har Boker St., Mitzpe Ramon, Tel. 050/526 56 28.

INFORMATION

Mitzpe Ramon Visitor Centre. Alle Infos zum Krater, direkt am Kraterrand gelegen. Mitzpe Ramon, Tel. 08/658 86 91.

ROTES MEER UND EILAT

46 Eilat
Badeparadies am Roten Meer

Ein schmaler Küstenstreifen, zwei Kilometer im Norden, zwölf im Süden – hier ist es immer warm, man kann baden, tauchen und jeden Tag ausgehen. Aus den geografischen Ressourcen am Dreiländereck Israel, Ägypten, Jordanien das Maximum an Muße herauszuholen – das ist Eilat, Israels südlichste Stadt am Roten Meer, Badeort und Taucherparadies in einem.

Die Berge Jordaniens leuchten so kupferrot, dass sich ihr Ton schillernd im Wasser spiegelt – ein Farbspiel, das die Sonne noch verstärkt. Ob der Name Rotes Meer daher rührt? Schon die Perser jedenfalls nannten das Meer rot, weil sie zu dieser Zeit Himmelsrichtungen mit Farben bezeichneten (Rot für Süden). Die griechische und römische Antike kannte es als Erythräisches Meer – auch hier bedeutet *erythros* »Rot«, wohl wegen des roten Sandsteins überall. Die antiken Übersetzer der hebräischen Bibel verorteten gar das Schilfmeer, das Gott laut Überlieferung zur Rettung der Israeliten nach dem Auszug aus Ägypten teilte, am Roten Meer.

360 Sonnentage im Jahr

Das Rote Meer ist ein Nebenmeer des Indischen Ozeans und Teil des Großen Afrikanischen Grabenbruchs. Eigentlich beginnt es erst so richtig hinter dem Golf von Eilat. Es ist wahrlich nur ein Zipfel, der zu Israel gehört – der einzige Zugang des Landes zum Indischen Ozean. Doch er reicht, um die 50 000-Einwohner-Stadt ganzjährig zum Urlaubsziel zu machen – dank Wüstenklima und milden Wintern.

Seite 252/253: Israels südlichste Stadt: Bade- und Tauchparadies Eilat am Roten Meer
Mitte: Die Bucht von Eilat grenzt an den Golf von Aqaba
Unten: Shoppen in der Mall an der Strandpromenade

Tagsüber Strandpromenade, abends Party-
meile mit Bars

Selbst im Februar herrschen hier an-
genehme 23 °C. Im Sommer steigen die
Temperaturen bis auf 40 °C. Doch die Hitze
ist erträglich, denn die Luft ist trocken und das
Meer erfrischt mit angenehmen 25 °C. Mitte der
1990er-Jahre galt Eilat als hippste Partystadt unter jungen Israelis. Mittlerweile ist die Partywelle
etwas abgeebbt. Die Urlauber kommen von über-
allher, aus Israel, Europa, Nordamerika, darunter
viele Familien, ältere Paare und Individualreisende.
Wer hier Urlaub macht, tut es ganz bewusst wegen der individuellen Vorzüge, die Eilat zu bieten
hat. Pauschaltouristen findet man in den Ferien-
resorts eher selten.

Baden, shoppen, schlemmen

Eilat ist ein Bade- und Taucherparadies zwischen
Asien und Afrika, das sich am besten so beschrei-
ben lässt: international, bunt, fröhlich und maritim.
Nach Eilat kommt man, um zu baden. Dennoch
verfügt die Innenstadt über eine Galerie und ein
durchaus lohnenswertes Museum. Im August zieht
das internationale Red Sea Jazzfestival Zehntau-
sende Musikliebhaber an. Entlang des Nordstrands
laden das ganze Jahr über Stände und Läden zum

Nicht verpassen

ISRAELS GRÖSSTES JAZZFESTIVAL

Das Red Sea Jazz
Festival am Roten Meer
ist eine Institution. Seit seiner
Gründung 1987 hat es unter der
Leitung von Dan Gottfried und
später Avishai Cohen internationale
Aufmerksamkeit auf sich gezogen.
Vier Tage Musik unter freiem Him-
mel auf vier Bühnen, bis zu zwölf
Konzerte pro Abend, Jamsessions,
Workshops und musikalische
Begegnungen mit internationalen
Musikern – bei so viel Strahlkraft
sind 70 000 Zuhörer jährlich kein
Wunder. Wegen des großen Er-
folgs des Festivals, das Eilat auch
kulturell ankurbelt, findet es seit
2011 zusätzlich auch im Winter
statt – bei milden 23 °C ein echter
Konzertmagnet.

Red Sea Jazz. Jedes Jahr an
den letzten vier Tagen im August,
Hafen von Eilat, Infos unter Tel.
08/634 02 53,
www.redseajazzeilat.com/en

Shoppen, Cafés und Restaurants zum Genießen, Sonnenschirme und Liegestühle zum Sonnenbaden und die Strandpromenade zum Flanieren ein. Sie endet kurz vor der jordanischen Grenze, die man seit dem Friedensabkommen zwischen Israel und Jordanien 1994 ohne Weiteres passieren kann, allerdings muss man mit einiger Wartezeit rechnen. Tipp: Für einen Tagesausflug nach Aqaba und Petra am besten vorab ein Visum besorgen.

Eilats Ursprünge

Eilats Anfänge reichen gut 12 000 Jahre bis in die Kupfersteinzeit zurück. Insbesondere wegen der Minen von Timna (S. 264), deren Kupfer von Eilat aus übers Meer verschifft wurde, war der Hafen seit 4000 v. Chr. gefragt. Kupferhandel war ein florierender Wirtschaftszweig – im altertümlichen Ägypten ebenso wie in der Antike. Eilats erste Besiedlung wird auf ca. 1400 v. Chr. datiert – hauptsächlich rund um das heutige Aqaba. Seitdem lebten in der Region fast ununterbrochen Menschen, darunter eine kleine jüdische Gemeinde. Später nutzten Römer und Byzantiner den Hafen. 325 war Eilat sogar Sitz eines christlichen Bischofs.

Moderne City

Das moderne Eilat besteht seit 1950. Es gehört seit dem UN-Teilungsplan von 1947 zu Israel. Dank seines anfänglichen Status als Entwicklungsstadt baute man Flughafen und Hafenanlagen für Verbindungen zur Außenwelt. Nach dem Sechstagekrieg, in dem Israel den Sinai eroberte, ließen sich an Israels Südzipfel Einwanderer aus Rumänien, Südafrika und Marokko nieder, ab den 1990er-Jahren auch aus der ehemaligen Sowjetunion. Nach der Rückgabe des Sinai an Ägypten 1979 erlebte Eilat einen wirtschaftlichen Aufschwung und wurde zu einem beliebten Urlaubsziel.

Oben: Die Sonne scheint das ganze Jahr über. Auch im Winter ist es hier warm
Unten: Wüstenwind und Brise vom Roten Meer: Urlaub unter Palmen sogar im Februar

Infos und Adressen

SEHENSWÜRDIGKEITEN

Eilat Art Gallery. Bilder und Skulpturen von regionalen Künstlern. 1 Derech Yotam, Tel. 08/634 07 54.

Stadtmuseum Eilat. Von Eilats Gründung 1949 und Stadtentwicklung bis heute. 2 Derech Yotam, Tel. 08/634 07 54.

ESSEN UND TRINKEN

Ginger Asian Kitchen. Fernöstliche Kreativküche mit mediterranen Zutaten. 9 Derech Yotam, Tel. 08/637 25 17, http://gingereilat.com

Gulf Restaurant. Einfaches einheimisches Lokal unter Palmen mit Plastikstühlen draußen, aber das Essen ist himmlisch, besonders die gegrillten Spieße. Marina Hafen, Beth Hagesher, nahe der Brücke zum Hilton Hotel.

ÜBERNACHTEN

Caesar Premier. Sehr gutes Mittelklassehotel, das auch Einheimische lieben. HaMayim Street, North Beach, Tel. 08/630 55 55, www.caesar hotels.co.il/en/caesar-premier-hotel-eilat

Taucherausrüstung: Marina Divers Tauchzentrum

Ginger Asian Kitchen serviert fernöstliche Kreativküche

Soleil Boutique Hotel. 73 Luxussuiten zwischen Nordstrand und Lagune. 12 Tarshish St., Tel. 08/633 40 04, www.soleil-hoteleilat.com

U Suites. Ehemaliges Meridien Hotel am North Beach, alle Zimmer mit Blick aufs Meer. Derech ha-Arava, Tel. 08/638 33 33, www.fattal-hotels. com/eilat-hotels/u-suites-eilat

EINKAUFEN

Mall »Hayam«. Einkaufszentrum direkt am Nordstrand. So–Do 9.30–23.30, Fr bis 13 Uhr, Sa ab Sabbatende, Tel. 08/634 00 06.

AUSGEHEN

Bardak. Bar, Musik und Tanz ab 22 Uhr, Derech Yotam, Tel. 073/758 12 19.

INFORMATION

Eilat Tourist Information. Auch Informationen zu Tauchstationen und Ausrüstung. So–Do 8.30–17, Fr 8–13 Uhr, 8 Bridge House, North Beach Promenade, Eilat, Tel. 08/630 91 11.

47 Unterwasser-Observatorium
Korallen und Haie hautnah

Etwa fünf Kilometer südlich von Eilat liegt der Coral Beach, ein Komplex mit Aquarium und Unterwasser-Observatorium. Es ist ein lebendiges Museum und die größte Anlage dieser Art im Nahen Osten. In den Wasserbecken im Marina Park leben Haie, Meeresschildkröten und Rochen.

Wie ein filigranes weißes Raumschiff ragt das Unterwasser-Observatorium aus dem Meer empor. Das Aquarium von Coral World liegt mitten im Meer. Man erreicht es von Land aus über einen etwa 100 Meter langen Steg. Vor Ort steigt man knapp zehn Meter hinab in die Tiefen des Roten Meeres und taucht ein in seine bunte Unterwasserwelt.

Tauchen, ohne nass zu werden

Ringsum ist fast alles aus Glas, die Fenster, ein Tunnel, sogar der Boden. Dahinter schwimmen farbenprächtige Tropenfische, Seepferdchen und Anemonen aller Art. Manchmal taucht sogar ein Delfin oder Hai auf. Das Wasser hier ist außergewöhnlich klar, der Einblick in die Korallenwelt daher nahezu unverstellt. Die Idee zum Unterwasser-Observatorium entstand vor etwa 30 Jahren. Ziel war es damals, die Unterwasserwelt des Roten Meeres für Besucher zugänglich zu machen und zugleich das Korallenriff und seinen Artenreichtum zu bewahren – damals ein bahnbrechendes Konzept, das mittlerweile weltweit anderen Korallen-Parks als Vorbild dient. An Land wird das Konzept ergänzt von einem Marina Park mit Becken für Haie, Schildkröten und Rochen. Um die Korallen auch weiterhin zu schützen, siedeln Meeresfor-

Mitte: Mitten im Roten Meer: Unterwasser-Observatorium Coral World
Unten: Geregelte Tauchzeiten sollen die bunte Unterwasserwelt in den Korallen schützen

scher sie seit Jahren an künstlichen Riffen an – mit Erfolg.

Israels einziges Korallenriff

Das Korallenriff nimmt etwa 1,2 Kilometer von Eilats Küste ein. Es zählt zu den am nördlichsten gelegenen Riffen der Welt. Weil es Israels einziges Korallenriff ist, steht es unter Naturschutz. Wegen des warmen Wassers mit seinen ganzjährig wenig schwankenden Temperaturen zwischen 20 und 30 °C konnte sich hier ein ausgesprochen großer Artenreichtum entfalten. Mehr als 270 verschiedene Korallenarten und 1270 verschiedene Fischarten leben in diesem einzigartigen Ökosystem aus bunten Korallen. Die Korallenwand senkt sich etwa vier Meter steil hinunter in die Tiefe – für Taucher und Schnorchler ein Paradies. Dahinter erhebt sich eine Sandbank, unter der zwei große Felsen abfallen (S. 260). Meerwärts schließt eine 35 Meter tiefe Korallenwand das Ökosystem ab.

Eine weitere Attraktion im Unterwasserpark ist das Ozeanarium, ein kleines Theater, in dem Tauchgänge simuliert werden. Auch wenn man selbst nicht taucht, bekommt man hier einen hautnahen Eindruck davon, wie sich ein Tauchgang anfühlen mag. Wer seine Eindrücke vom Unterwasser-Observatorium vertiefen möchte, ohne selbst zu tauchen, kann ein Glasbodenboot oder U-Boot besteigen – entweder direkt in Coral World oder am Hafen von Eilat.

Umweltschutz

Meeresbiologen und die israelische Naturschutzbehörde achten streng auf die Bewahrung dieser einzigartigen bedrohten Unterwasser-Vielfalt. So ist Coral World ein eindrucksvolles Beispiel für die Verbindung von Tourismus und Umweltbewusstsein.

SEHENSWÜRDIGKEITEN

Coral World. Mindestens 3 Std. bis halben Tag einplanen. Tgl. 8.30–16 Uhr, Eintritt: 99 NIS, erm. 79 NIS. Zusätzlich dazu kann man ein »Coral 2000 Cruise« mit einem Glasbodenboot buchen, Kosten: 35 NIS, erm. 29 NIS, Tel. 08/636 42 00, www.coralworld.co.il

ESSEN UND TRINKEN

The Last Refuge. Sehr gute Fischgerichte in leicht kitschigem, aber gemütlichem Seefahrerambiente. Immer gut besucht, am besten vorher reservieren. Tgl. 12.30–23 Uhr, Almog Beach, Tel. 08/637 24 37, www.rol.co.il/sites/eng/hamiflat

ÜBERNACHTEN

Club Hotel Eilat. Hotel in Form eines Kreuzfahrtschiffes. Haarava Rd., Tel. 08/636 16 66, www.clubhotels-israel.com

AKTIVITÄTEN

Glasbodenboot. Anbieter außerhalb des Observatoriums ist zum Beispiel Israel Yam. Die Tour dauert etwa 2 Std. und kostet 17 Euro, erm. 13 Euro, www.israel-yam.co.il

Einzigartiges Ökosystem mit 270 Korallenarten und 1270 Fischarten

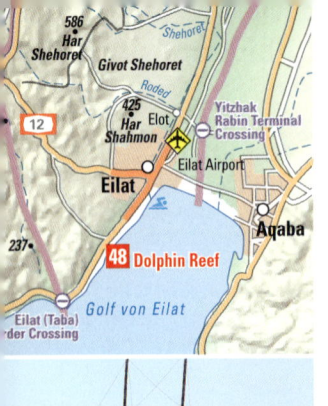

48 Dolphin Reef
Mit Delfinen schwimmen

Seit seiner Gründung 1990 gehört das Dolphin Reef oder auch Delfinarium zu den Hauptattraktionen von Eilat – eine ganze ökologische Lagune am offenen Meer, wo man Delfine nicht nur sehen, sondern auch berühren und mit ihnen schwimmen kann. Die Delfine der Tursiops-Gattung erkennen das Dolphin Reef als ihre Heimat an. Die Menschen sind hier nur zu Gast.

Es ist ein kleines Paradies mit Katzen, Hühnern, Pfauen – und Delfinen. Doch die Oase, halb versteckt hinter hohen Oleanderbüschen, Akazien und Palmen, ist schon lange kein Geheimtipp mehr. Dazu ist der Delfinstrand einfach zu schön. Vor allem am Wochenende, wenn auch israelische Familien frei haben, platzt die kleine Öko-Lagune aus allen Nähten.

Lauschige Lagune

Dabei ist das Delfinarium, wie die Lagune auch genannt wird, erstaunlich geräumig. Ein großzügiger Strandabschnitt mit Liegen, Sonnenschirmen, Stühlen und kleinen Tischen, zwischen denen junge Kellner schlendern und Bestellungen aufnehmen. Manche bringen eigene Picknicktaschen mit. Andere nutzen die Speisekarte des guten, aber nicht ganz billigen Restaurants. Eilig hat es hier niemand. Zumal der Strand jede Menge Abwechslung bietet.

Da ist zum einen das kristallklare Wasser zum Baden, Schwimmen, allerdings nur bis zur Absperrung Richtung offenes Meer. Auch der Ausblick ist

Mitte: Steginseln mit Sitzkissen: Meeresrauschen und Delfingesang am Dolphin Reef
Unten: Im Einklang mit der Natur: zahme Delfine in natürlicher Umgebung

Infos und Adressen

phänomenal. Die rötlichen Edom-Berge gegenüber auf der jordanischen Seite und Glasbodenboote auf ihrer Tour durch den Golf von Eilat; bei guter Sicht kann man sogar Saudi-Arabien sehen. Außerdem gibt es ein Spa mit Wellnesspools und Relax-Lounge, eine Forschungsstation, Workshops und Kurse wie etwa den »Umarme den Delfin«-Kurs zum richtigen Umgang mit den Meeressäugern.

Natürliche Umgebung

Der Glanzpunkt dieser außergewöhnlichen Strandanlage sind die Delfine. Keine Show, kein Kommerz. Auf einem Geflecht aus Holzstegen sind, überdacht und mit gemütlichen Sitzkissen ausgepolstert, kleine Beobachtungsinseln eingerichtet. Von dort aus kann man den Delfinen zuschauen – bei der Fütterung, beim Schwimmen und beim Spielen mit ihren Kameraden. Manchmal kommen sie ganz nahe, strecken ihre glatte Schnauze aus dem Wasser, »unterhalten« sich mit ihren Betreuern vom Delfinarium und springen zum Entzücken aller Urlauber meterhoch durch die Lagune, bevor sie wieder ins geschützte Gehege schwimmen. Mit 12 000 Quadratmetern und gut 25 Metern Tiefe ist es das größte Meeresgehege weltweit.

Schwimmen, Tauchen und Schnorcheln mit Delfinen

Bei den gemeinsamen Tauch-, Schnorchel- oder Schwimmgängen mit den Delfinen, immer unter Anleitung eines Trainers, gesellen sich die Tiere freiwillig zum Menschen. Sie müssen nicht erst über Futter geködert werden. Zu jedem Bewohner des Geheges gibt es einen Steckbrief. Einige von ihnen wurden in Eilat geboren, andere stammen aus Sewastopol am Schwarzen Meer – Militärdelfine als erste Bewohner des Dolphin Reefs, als die Anlage im Jahr 1990 entstand.

SEHENSWÜRDIGKEITEN

Dolphin Reef Beach. Lagune am Almog Beach. Tauchen und Schnorcheln mit Delfinen. Mit Duschen, Umkleidekabinen, Souvenirshop, Restaurant, Spa und Badestrand. Für Delfintherapie und Schwimmen mit Delfinen sollte man sich rechtzeitig online anmelden, die Warteliste ist lang! So–Do 9–17, Fr, Sa 9–16.30 Uhr, Eintritt: 67 NIS, erm. 46 NIS. Schwimmen mit Delfinen pro Person 290 NIS, Tauchen 339 NIS, Dolphin Reef, Eilat, an der Straße 90, Tel. 08/630 00 01 01, www.dolphinreef.co.il

ESSEN UND TRINKEN

Beach Bar Restaurant. Snacks, Salate, Sandwiches, Hamburger, Eis und Kaffee. Einmal im Monat Tanz am Strand. Restaurant tgl. 8.30–16, Fr bis 22 Uhr, Dolphin Reef, Eilat.

ÜBERNACHTEN

Orchid Reef. Hotel abseits vom Trubel. Kostenloser Verleih von Schnorchel-Ausrüstungen für Hotelgäste. Almog Beach, Tel. 08/636 03 60, www.orchidhotels.co.il

Bereit zum Tauchen mit Delfinen: am besten rechtzeitig buchen

49 Almog und Coral Beach
Felsklippen und Farbenpracht unter Wasser

Das Korallenriff ist ein hochempfindliches Ökosystem. Tauchgänge und Zahl der Taucher werden daher reguliert. Zudem gelten in dem Naturschutzgebiet besondere Vorsichtsmaßnahmen. Hält man sich daran, kann man unter Wasser die farbenprächtige Welt des roten Korallenriffs erkunden und genießen. Neben anderen Tauchzentren und autorisierten Tauchschulen entlang der Südküste bietet der Almog Beach die besten Einstiegsmöglichkeiten.

Zu den beliebtesten Tauchplätzen gehören zwei Felsen namens Jehoschua und Mosche im nördlichen Riffbereich. Die beiden Felsen werden von einer Sandbank bedeckt und sind über eine Brücke erreichbar. Im Süden ähnelt das Korallenriff japanischen Gärten – der gleichnamige Tauchplatz breitet sich auf zwei Höhenstufen von jeweils 500 Metern Länge aus und ist damit der größte Tauchplatz in Eilat.

Tauchattraktionen

Überall am Almog und Coral Beach kann man Tauchausrüstungen mieten, zum Beispiel im Manta Diving Center, dem Tauchzentrum des Hotels Isrotel Yam Suf, in der Marina-Divers-Tauchschule und im Aqua-Sport-Tauchclub. Neben dem Korallenriff gibt es weitere Tauchplätze, die von hier aus angesteuert werden, immer unter kundiger Anleitung erfahrener und zertifizierter Tauchguides. Da sind zum einen zwei Schiffwracks, die

Tauchen für Einsteiger – Almog Beach an der Südküste von Eilat

Almog und Coral Beach

gern betaucht werden – *Satil* (»Raketenboot«)
ist das Wrack eines 45 Meter langen Raketen-
schnellboots. Das Schiffswrack *Soufa* hat eine
abenteuerliche Vergangenheit: Als Frankreich
sich nach dem Sechstagekrieg weigerte, die be-
stellten und bereits bezahlten Schiffe an Israel
zu liefern, wurden sie kurzerhand aus dem Hafen
von Cherbourg entführt, darunter die *Soufa*.
Nach gut 20 Jahren Dienst im Roten Meer wurde
sie 80 Meter vor der Küste von Eilat in rund
25 Meter Tiefe versenkt. Ihre Maschinenräume
samt Bewohnern, darunter Zackenbarsche und
Rotfeuerfische, können seitdem von Tauchtouris-
ten erkundet werden.

Unmittelbar dahinter kann man zum Paradiesriff
tauchen – dort ist der Meeresboden fast komplett
mit Korallen bedeckt. Weiter südlich kurz vor Taba
gelangt man unter Wasser zu den Tauchhöhlen
(hebr. *Atar Hamearot*). Sie bestehen aus zwei Un-
terwasserdurchgängen. Fast beiläufig passiert man
auf dem Weg dorthin den Aalgarten, einen leuch-
tenden Wald aus aufrecht stehenden Aalen.

Wadiwanderungen, Camel Ranch und Kitesurfen

Auch wenn das Rote Meer vorrangig als Bade-
und Tauchparadies gilt, kann man sich auch an der
Wasseroberfläche den warmen Wüstenwind um
die Nase wehen lassen, der sich mit einer frischen
Meeresbrise vermischt: bestens geeignet für Wind-
und Kitesurfen. An Land hat die Umgebung rund
um Almog und Coral Beach weitere Aktivitäten zu
bieten. Von der Eilat Field School aus zum Beispiel
kann man geführte Wanderungen ins nahe gelegene Wadi Shlomo unternehmen. Die Eilat Camel
Ranch ist Abenteuerpark und Kamelfarm in einem
– von kurzen Runden bis zu ausgedehnten Touren
durchs Wadi Shlomo reicht das Angebot.

Infos und Adressen

ESSEN UND TRINKEN
Barbeach. Entspanntes Speisen
am Pier. Orientalisch-mediterran.
Vor dem Isrotel Yam Suf,
Tel. 08/632 50 58.

ÜBERNACHTEN
Villa Custo. Villa mit fünf gemütlichen Gästezimmern und Pool,
benannt nach dem französischen
Meeresforscher Jacques-Yves
Cousteau. Es werden auch Tauchgänge organisiert. 2 Mish'ol Sho-
shan, Tel. 054/257 60 17,
www.guesthousecusto.wix.com/
custo

AKTIVITÄTEN
Aqua Sport. Einer der ältesten
Tauchclubs in Eilat am Aqua
Beach. Tel. 08/633 44 04.

Camel Ranch. Kamelausritte ins
Wadi Shlomo. Shlomo River, Eilat,
Tel. 08/637 00 22,
www.camel-ranch.co.il

Manta Diving Center. Tauch-
schule im Isrotel Yam Suf Hotel,
mit Komplettausrüstung und Übernachtung am Südstrand. Isrotel
Yam Suf Hotel, Coral Beach,
Tel. 08/633 36 66,
www.divemanta.com

Marina Divers. Tauchzentrum
nahe Reef Hotel.
Tel. 08/637 67 87,
marina@scuba.co.il

SPNI Field School. Wanderungen
durchs Wadi Shlomo hinter dem
Almog Beach. Tel. 08/637 20 21,
www.natureisrael.org/eilat

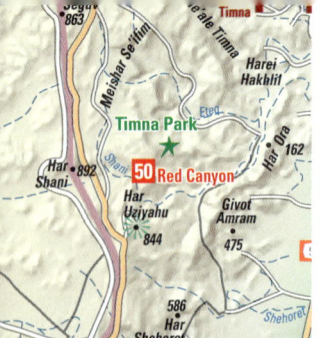

50 Timna-Park und Red Canyon
Kupfergöttin, Salomons Säulen und Pastellfelsen

Am Rand der Negev-Wüste laden die faszinierenden Naturparks Timna und Red Canyon mit ihren geologisch beeindruckenden Felsformationen zum Wandern, Klettern und Radfahren ein. Timna ist ein geheimnisvoller Ort. Er birgt Spuren, die bis in die Kupfersteinzeit zurückreichen, darunter die erste Kupfermine der Welt. Im benachbarten Red-Canyon-Naturpark leuchten die Rottöne von Korallenrot bis Pastellrosa.

25 Kilometer nördlich von Eilat erhebt sich Timna, ein hufeisenförmiges Tal auf knapp 450 Metern Höhe, das sich auf rund 6000 Hektar ausbreitet. Der Nationalpark beherbergt historische Kupferminen, die Säulen Salomons, die Ruinen der antiken Stadt Hurvat Timna und mittendrin einen smaragdgrünen See.

Erste Kupfermine der Welt

Tausende von Minenschächten verteilen sich über das ganze Tal, ebenso Schmelzöfen, mit denen das wertvolle Kupfererz vor Tausenden von Jahren gleich an Ort und Stelle weiterverarbeitet wurde. Kupfer war bereits für die alten Ägypter ein begehrter Rohstoff. Es diente zur Herstellung von Geräten, Schmuck und Waffen. Im Nationalpark erzählen anschauliche Multimediashows die Geschichte dieses Ortes – von ägyptischen Göttinnen und Pharaonen, aber auch vom biblischen König Salomon und den Römern. Zu jeder dieser Zeitperioden wurde hier Kupfererz abgebaut.

Mitte: Timna: antike Stadt und erste Kupfermine der Welt nördlich von Eilat
Unten: Die sogenannte Pilzformation: Die roten Felsen von Timna regen die Fantasie an

Rundgang im Timna-Park

Für den Timna-Park sollte man mindestens einen halben Tag einplanen, besser einen ganzen. Neben den Sehenswürdigkeiten gibt es auf dem 6000 ha großen Gelände einen See, auf dem man sogar Boot fahren kann. Besonders beliebt sind die Sand-Workshops für Kinder, denn die verschiedenen Sandarten ergeben vielfarbige Mischungen. Beste Zeit zum Wandern oder Radfahren ist von Oktober bis März.

Ⓐ Eingang – Direkt hinter dem Eingang erhebt sich der 453 m hohe Mount Timna.

Ⓑ Solomons Säulen – Unmittelbar dahinter ragen Solomons Säulen aus dem Gestein. Ihre vollendete Form verdanken die säulenförmigen Gesteinsformationen erkaltetem Magma. Eine Inschrift weist auf Opfergaben des ägyptischen Pharaos Ramses III. an die Göttin Hathor hin.

Ⓒ Hathors Tempel – Die ägyptische Göttin der Liebe hieß Hathor. Minenarbeiter im 13. Jh. v. Chr. weihten der von ihr angebeteten Schutzpatronin diesen Tempel. Archäologen fanden im Tempel etliche Kunstgegenstände und Schmuck, auf denen Hathor abgebildet ist.

Ⓓ Mushroom – Wer rechts abbiegt, kommt zu einem pilzförmigen Steingiganten aus Sand- und Kalkstein, geformt von Wind und Erosion. Links entlang führt der Weg zum Timna-See.

Ⓔ Kupferminen – Die älteste Kupfermine der Welt liegt vor einem Felsen, der »Bogen« genannt wird. Hier kann man auch die ägyptischen Wandmalereien bewundern, auf denen Streitwagen, Jäger und Steinböcke abgebildet sind. Besonders eindrucksvoll sind die wöchentlichen Lichtershows. Mit etwas Fantasie fühlt man sich an diesem besonderen Ort um mehrere Tausend Jahre in der Zeit zurückversetzt.

Ⓕ Timna-See – Die Tretboote für eine kleine Bootsfahrt auf dem See sind im Eintrittspreis enthalten. Am See gibt es auch ein Restaurant, einen Campingplatz und Workshops für Kinder mit vielfarbigen Sandvariationen.

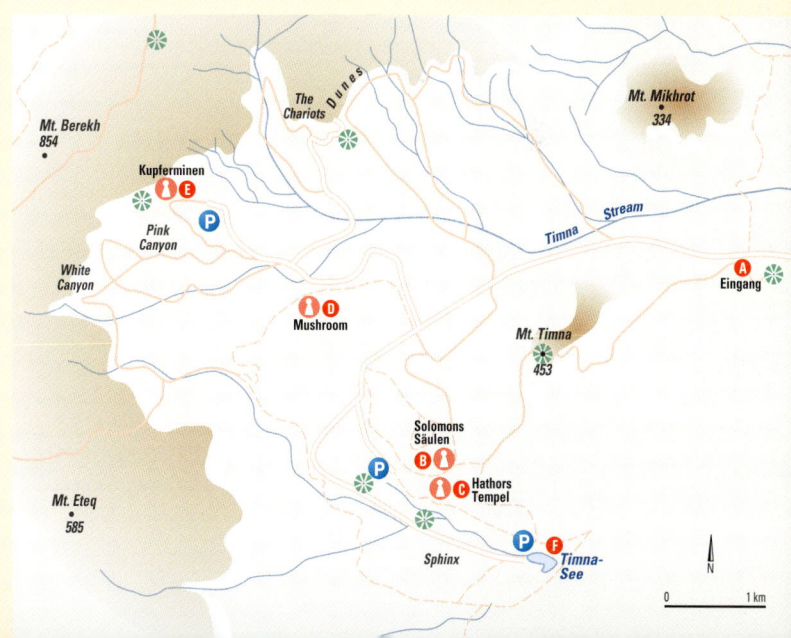

Amram-Säulen und Red Canyon

22 SORTEN EIS
Als die Yotvata Farm Anfang der 1960er-Jahre als einer der ersten Kibbuzim des Landes in großem Stil Milch zu produzieren begann, ausgerechnet an Israels Südzipfel, und damit das ganze Land versorgte, war das eine kleine Revolution. Heute gehören die Milchanlagen zum Milchkonzern Strauss. Im kleinen Yotvata Inn, einem Selbstbedienungscafé mit Laden, werden alle Milchprodukte aufgetischt, die die Farm zu bieten hat, darunter Kuchen, Milchshakes und Joghurts. Viele der Produkte aus dem Farmladen gibt es landesweit in israelischen Supermärkten, einige von ihnen jedoch nur vor Ort, darunter 22 Eissorten wie etwa *Dulce de Leche*, Lemon Sorbet und Käsekuchen.

Yotvata Inn. Kibbuz Yotvata, etwa 40 km nördlich von Eilat. Informationszentrum Mo–Mi 9.30–16, Do, So 9–17, Fr 9–13 Uhr, Tel. 08/635 74 49 und 08/632 65 55, www.strauss-group.com/brand/yotvata

Die mächtigen Säulen wirken wie von Bildhauern geformt: Ähnlich wie Salomons Säulen sind sie vermutlich erosionsbedingt entstanden – durch Wasser, das vertikale Risse in die Felsen grub. Der Name symbolisiert die Nähe zum Fluss Amrani; es war aber auch der Name von Moses' Vater, die Amram-Säulen werden somit mit der Wüstenwanderung der Israeliten nach ihrem Auszug aus Ägypten in Verbindung gebracht. In der Nähe färbt sich die Wüste alljährlich aus einem anderen Grund rosarot: Tausende Flamingos machen auf ihrem Weg gen Süden in Nord-Eilat Station.

Rottöne sind in dieser Region vorherrschend. Auch der Red Canyon verdankt seinen Namen dem rötlichen Sandstein und dem darin enthaltenen Eisenoxid. Die Felsenwände südwestlich von Timna sind frei zugänglich, entgegen ursprünglicher Pläne, fürs Klettern in den roten Felsspalten Eintritt zu verlangen. Gut so, denn ohnehin blieb der Kletteransturm aus. Wer hierherkommt, weiß nicht nur die marmorgleichen Felswände zu schätzen, sondern vor allem die Natur, die sie geformt hat.

Ökotourismus und Wüste

Der Kibbuz Neot Smadar geht auf die Initiative junger engagierter Leute zurück. Ihnen ging es bei Gründung des Dorfes 1989 vor allem darum, einen Ort zu schaffen, an dem sie miteinander bewusst leben, lernen und kreativ sein können, immer im Einklang mit der Natur. Heute leben in Neot Smadar rund 90 Erwachsene, 70 Kinder und 50 Freiwillige. Sie betreiben organische Landwirtschaft, Weinanbau, ein Café, ein Kunstzentrum und ein Bed & Breakfast. Die Häuser sind architektonisch der Wüste angepasst. Das rare Wasser wird durch ein Recyclingsystem wiederverwendet.

Infos und Adressen

SEHENSWÜRDIGKEITEN

Amram Pillars. Sandsteinsäulen zwischen Timna-Park und Red Canyon. Route 90 von Eilat nach Be'er Ora, die kleine Straße zu den Säulen ist ausgeschildert, vom Parkplatz aus noch ca. 5 Min. zu Fuß.

Red Canyon. Rotes Gestein, in das der Shani-Fluss begehbare Wege geformt hat. 15 km nordwestlich von Eilat, Anfahrt von Eilat aus über Straße Nr. 12.

Timna-Nationalpark. 25 km nördlich von Eilat. So–Do 8–16, Fr 8–15 Uhr, Eintritt: 33–44 NIS, Tel. 08/631 67 56, www.parktimna.co.il/en

ESSEN UND TRINKEN

Pundak. Bio-Lokal am Timna-Park. Alles selbstgemacht mit frischen Farmerzeugnissen. Kibbuz Neot Semadar, Kreuzung der Straßen 12 und 40, ca. 40 km nördlich von Eilat. So–Do 7–19, Fr 7–15 Uhr, Tel. 08/635 81 80. www.neot-semadar.com/restaurant

ÜBERNACHTEN

Neot Semadar. Öko-Farm, Weingut mit B&B und Restaurant Pundak. Kibbuz Neot Semadar, www.neot-semadar.com

Samar Bike Hotel. Fahrradhotel zwischen Timna-Park und Flughafen Odva. Familiäre Atmosphäre, Feuerplatz und Werkstatt. Die Inhaber bieten Touren zu den Amram-Säulen, zum Timna-Park und Red Canyon an. Kibbuz Samar, Hevel Eilot, Tel. 052/551 89 04, www.samarbike.com

VERANSTALTUNGEN

Eilat Vogelzugfestival. Jedes Jahr im März. Veranstalter ist das Ornithologische Zentrum der Israelischen Naturschutzbehörde SPNI. www.birds.org.il/en

Marathon. Warmes Winterwetter im November bietet ideales Klima für den Eilater Wüstenmarathon. Distanzen von 21–42 km. http://desertrun.co.il/en

Möglicherweise führte die Wüstenwanderung der Israeliten genau durch Timna

REISEINFOS

Mit Mietwagen, Bahn oder Bus
kommt man in Israel überall gut hin

Anreise mit dem Flugzeug

Direktflüge nach Israel gibt es von allen großen deutschen Städten aus. Mehrmals täglich fliegen Linienflüge der Lufthansa (www.lufthansa.com), El Al (www.elal.com), Germanwings (www.germanwings.de) oder Easyjet (www.easyjet.com) den Flughafen Ben Gurion in Tel Aviv an. Seit Herbst 2017 fliegt Ryanair nach Eilat.

Die Weiterreise nach Jerusalem, Tel Aviv oder Haifa ist per Bus, Bahn oder Taxi möglich (z. B. Busticket nach Jerusalem oder Tel Aviv ca. 5 Euro, Taxifahrt ca. 50 Euro, nach Tel Aviv 20 Euro). Ein kostenloser Shuttlebus der Linie 5 bringt Fahrgäste zur 5 km entfernten Bushaltestelle des 947er-Busses Richtung Jerusalem. Eine einfache und preiswerte

Alternative sind Sammeltaxi-Kleinbusse (hebr. *Sherut*): Man zahlt 8–10 Euro, dafür setzt der Fahrer alle Fahrgäste der Reihe nach an ihren Zieladressen ab.

Nach Tel Aviv und an die Küstenorte am Mittelmeer sowie nach Beer Sheva im Negev ist die Bahnfahrt eine kostengünstige und schnelle Alternative. (Die Strecke nach Jerusalem ist mit Umsteigen in Tel Aviv verbunden und daher nicht zu empfehlen.) Die Züge fahren im Untergeschoss des Flughafens.

Anreise per Landweg

Anreise mit dem eigenen Auto oder zu Fuß ist über Grenzübergänge von Ägypten und Jordanien aus möglich. Mit beiden Nachbarländern hat Israel Friedensabkommen (Ägypten 1979 und

Israel ist ein kleines Land: Von Eilat nach Haifa braucht man nicht mehr als sieben Stunden

Die meisten Läden und Märkte schließen vor Sabbatbeginn schon am frühen Nachmittag

Jordanien 1994) geschlossen. Entlang der israelisch-jordanischen Grenze gibt es die Übergänge Sheik Hussein bei Bet Sche'an, die Allenby Bridge östlich von Jericho und den Yitzhak-Rabin-Grenzübergang von Aqaba nach Eilat. An der ägyptischen Grenze kann man von Taba aus nach Israel einreisen.

Wer mit eigenem Pkw einreist, braucht ein *Carnet de Passage* (Zolldokument, das den Besitzer des Fahrzeugs identifiziert, erhältlich beim ADAC).

Autofahren und Mietwagen

Am Flughafen Ben Gurion und in allen Urlaubsorten gibt es die gängigen Mietwagenvertretungen. Das Straßennetz ist übersichtlich, dicht und gut ausgebaut.

Es bestehen Anschnallpflicht und Tempolimits von 50 km/h in Ortschaften, 80 km/h auf Landstraßen, 90 km/h auf Autobahnen. Promillegrenze 0,0. Anhalten ist an den blau-weißen Bordsteinmarkierungen erlaubt, an den rot-weißen verboten. Vorsicht an den gelb-roten Markierungen! Hier wird sofort abgeschleppt. Es genügt der nationale Führerschein. Vorgeschriebenes Mindestalter ist 21 Jahre. Ein Liter Super bleifrei kostet ca. 1,10 Euro. Vorher zu buchen lohnt sich: www.billiger-mietwagen.de

Auskunft

Fremdenverkehrsamt: Staatliches Israelisches Verkehrsbüro, Friedrichstr. 95, 10117 Berlin, Tel. 030/203 99 70, www.goisrael.de (Das Büro ist auch für Österreich und die Schweiz zuständig.)

Sonnenaufgang am Ramon-Krater bei Mitzpe Ramon

Israelische Botschaft Berlin: Auguste-Viktoria-Str. 74, 14193 Berlin, Tel. 030/890 455 00, http://embassies.gov.il/berlin

Bed & Breakfast

Auf dem Land, das heißt in den Regionen Mittelmeer, Galiläa und der Negev-Wüste, gibt es ca. 9000 private Gästezimmer. Der Standard reicht von einfach bis luxuriös, die Auswahl von Öko-Lodge mit Whirlpool und Kibbuz-Bungalow bis zur Boutique-Ferienwohnung und Villa. Eine hervorragende Alternative zu Hotels, zumal man auf diese Weise nicht nur Land, sondern auch Leuten begegnen kann. Übersicht, Lage und Preise unter www.zimmeril.com

Diplomatische Vertretungen

Deutsche Botschaft: 3 Daniel Frish St., Tel Aviv, Tel. 03/693 13 12/13, www.tel-aviv.diplo.de
Honorarkonsulat der Bundesrepublik Deutschland: Haifa – 105 Hatisbi St., Tel. 04/838 14 08, Eilat – Desert House, Flat 14, 11 Los Angeles St., Tel. 07/633 42 77.

Einreise

Für die Einreise nach Israel reicht ein Reisepass, der mindestens noch ein halbes Jahr gültig ist. Ein Visum brauchen nur deutsche Staatsangehörige, die vor 1928 geboren sind. Nach Israel kann man mit jedem Pass der Welt einreisen. Umgekehrt gilt das allerdings nicht. Die meisten arabischen Länder erkennen Israel nicht an und lassen Reisende mit einem israelischen Stempel im Pass nicht ins Land. Um den Ein- und Ausreisestempel im Pass zu umgehen, sich ihn einfach auf ein spezielles Blatt geben lassen und bei der Ein- und Ausreise explizit darauf hinweisen.

Eintritte

Die Eintrittspreise für Museen und Nationalparks mit archäologischen Ausgrabungsstätten variieren. In einigen Museen ist der Eintritt frei (Yad Vashem Jerusalem), in anderen gilt diese Regelung nur für Kinder (Tel Aviv Museum of Art). In den meisten Museen zahlt man Eintrittspreise zwischen 5 und 10 Euro. Mit dem Tel Aviv City Pass erhält man Kombi-Rabatte für diverse Museen. Der Tel Aviv City Pass ist erhältlich in der Touristeninformation, 45 Herbert Samuel St., Tel Aviv, Tel. 03/516 61 88, So–Do 9.30–17, Fr 9.30–13 Uhr.

Geld und Währung

Landeswährung ist der Schekel, amtlicher Name »New Israeli Shekel« (NIS). Ein Schekel ist unterteilt in 100 Agorot. Der Wechselkurs zum Euro ist an den Dollarkurs gekoppelt. Geld wechseln kann man bei Banken, in Hotels, Postämtern oder Geldwechselstuben. Kreditkarten werden überall problemlos akzeptiert. An Bankautomaten kann man Schekel mit EC-Karten (Maestro) ziehen.

Gesundheit

Die medizinische Versorgung ist herausragend, der Standard hoch. Fast alle Ärzte sprechen Englisch. Rechnungen zahlt man sofort bar oder per Kreditkarte. Daher ist der Abschluss einer Auslandskrankenversicherung empfehlenswert.

Internet

WLAN ist fast überall verfügbar, sowohl an öffentlichen Einrichtungen und Plätzen als auch in Museen, Restaurants, Cafés, B&Bs und Hotels, vielfach kostenlos, in manchen Hotels jedoch nur gegen (teure) Gebühr.

Am Sabbat wünscht man einander »Schabbat Schalom«, also einen schönen Sabbat

FEIERTAGE

Alle religiösen und säkularen Feiertage richten sich nach dem jüdischen Kalender. Dessen Monate orientieren sich an den Mondphasen. Daher variieren die Termine. Feiertage beginnen dem jüdischen Kalender entsprechend immer am Abend vorher mit Sonnenuntergang. Das gilt insbesondere für den Sabbat, den wöchentlichen Ruhetag. Er dauert von Freitag Sonnenuntergang bis Samstag Sonnenuntergang. Am Sabbatausgang (hebr. Motze Schabbat) öffnen viele Läden und Supermärkte, Cafés und Restaurants füllen sich. Bei der Reiseplanung durchs Land sollte man unbedingt darauf achten, dass ab Freitagnachmittag keine öffentlichen Verkehrsmittel mehr fahren und man am Motze Schabbat keine allzu großen Entfernungen zurücklegt – Staugefahr!

FEBRUAR/MÄRZ

Purim (Fest zur Errettung in der persischen Diaspora durch Königin Esther, eine Art jüdischer Karneval mit Verkleiden und besonderen Speisen)

APRIL/MAI

Pessach (Fest zum Auszug aus Ägypten und Errettung aus der Sklaverei, eines der zentralen jüdischen Feste)

April (27. Nisan): Jom Haschoa (Gedenktag an die Opfer des Holocaust). Um 10 Uhr heulen die Sirenen, der Verkehr ruht, die Menschen stehen schweigend still.

April/ Mai (5. Ijjar, einen Tag nach Jom Hazikaron): Jom Haatzmaut – israelischer Unabhängigkeitstag, der traditionell mit vielen Festen, Grillen in Parks und bei Ausflügen mit Freunden und Familien gefeiert wird.

SEPTEMBER/OKTOBER

Rosch Haschana (jüdisches Neujahrsfest)

Jom Kippur (Versöhnungstag) – höchster jüdischer Feiertag

Sukkot (Laubhüttenfest)

NOVEMBER/DEZEMBER

Chanukka (Lichterfest)

Israel ist das Land der Bibel. Religiöse Feste sind hier ein besonderes Erlebnis

Die meisten Läden und Märkte schließen vor Sabbatbeginn schon am frühen Nachmittag

FESTIVALS UND VERANSTALTUNGEN

FEBRUAR
Red Sea Winter Jazz (Jazzfestival)

MÄRZ
Sounds of the Old City (Musikfestival in der Jerusalemer Altstadt), **Jerusalem Marathon**, **Fresh Paint Tel Aviv** (Kunstmesse)

MAI
Docaviv (Dokumentarfilmfestival in Tel Aviv), **Israel Festival** (Größtes Kulturfestival des Landes in Jerusalem), **Open House** (Architekturfestival in Tel Aviv und Jerusalem, www.batim-il.org), **Milch- und Honigfestival** (an Schawuot im Jesreeltal), **Weinfestival Beshvil Hayayin** (Weinlesefeier der Winzer des Golan, aus Galiläa und den Nordtälern feiern die Weinlese mit Verkostungen), **Taste Tel Aviv** (Foodfestival)

JUNI
Opernfestival Masada (Klassik Open Air am Toten Meer), **Weiße Nacht** (Bauhaus-Festival in Tel Aviv), **Festival of Lights Jerusalem**

JULI
Jerusalem Filmfestival, Beit Guvrin Nights of Love (Israelische Musiker im Amphitheater)

AUGUST
Klezmer Festival Safed, **Open-Air-Kino** (Jeden Mo-Abend ab 21 Uhr in Sarona/Tel Aviv)

SEPTEMBER
Jerusalem Chamber Music Festival, Tamar Festival (Dattelernte am Toten Meer), **Jerusalem Wine Festival** (Weinverkostungen im Israel Museum), **Loving Art, Making Art** (an drei Tagen freier Eintritt in Museen und Galerien)

OKTOBER/NOVEMBER
Haifa Filmfestival, **Arava Filmfestival** (Open-Air-Kino in der Wüste), **Olivenfestival** (Akko), **Vogelzugfestival Hulatal**, **Abu Gosh Chorfestival**

DEZEMBER
Desert Challenge (Outdoorfestival im Negev), **Hamshushalayim** (Kunst und Kultur in Jerusalem), **Taste of Galilee** (rund um den See Genezareth und im Jordantal)

In Tel Aviv halten die Züge an mehreren Stationen

Klima und Reisezeit

Israel ist aufgrund seines milden Klimas und seiner mehr als 300 Sonnentage im Jahr ein ganzjährig attraktives Urlaubsziel. Das mediterrane und Wüstenklima ermöglichen heiße, trockene Sommer und milde, feuchte Winter. Beste Reisezeit sind Frühjahr (März–Juni) und Herbst (Sept.–Nov.). In Jerusalem kann es mitunter im Winter sogar schneien, im Sommer weht abends (dank der Berglage) ein kühler Wind. In Eilat am Roten Meer hingegen kann man im Winter bei angenehmen 23 °C sogar baden.

Besonders an christlichen Feiertagen (Ostern und Weihnachten) und zu jüdischen Festen (Pessach, Rosch Haschana) sind viele Urlauber in Israel unterwegs und Unterkünfte teurer – bei der Unterkunftssuche unbedingt beachten und rechtzeitig buchen.

Notrufnummern

Polizei: 100, Unfallrettung (*Magen David Adom*): 101, Feuerwehr: 102
Pannen- und Abschleppdienst leistet der israelische Automobilclub MEMSI: Zentrale, 20 Harakevit St., Tel Aviv, Tel. 03/564 11 11, www.memsi.co.il

Öffentlicher Nahverkehr

Das Bus- und Bahnnetz ist sehr gut ausgebaut. Mit öffentlichen Verkehrsmitteln kommt man bequem und schnell in jede noch so entlegene Ortschaft. Fahrpläne und Routen der Busgesellschaft Egged unter www.egged.co.il und der Bahn unter www.rail.co.il

Öffnungszeiten

Banken: So–Do 8.30–12.30 oder 14 Uhr; und an einigen Nachmittagen pro Woche 16–18.30, Fr 8.30–12.30 Uhr.
Bars und Kneipen: variabel, oft (vor allem in Tel Aviv) bis zum frühen Morgen. Ausgehtage sind Do und Fr.
Einkaufszentren: So–Do 9.30 oder 10–22 Uhr, Fr und am Vorabend jüdischer Feiertage bis 14 Uhr.
Läden: So–Do 9–18 Uhr oder länger, Fr und am Vorabend jüdischer Feiertage bis 14/15 Uhr.
Museen: variabel, meist So–Do 10–17, Fr 10–14 Uhr. Oft gibt es einen Wochentag, an dem das jeweilige Museum bis 21 Uhr geöffnet ist.
Nachtclubs: Die meisten Tanzclubs öffnen erst nach Mitternacht und schließen zu Sonnenaufgang – in Tel Aviv und Eilat

täglich, in Haifa und Jerusalem nur am Wochenende (Do und Fr).

Palästinensische Autonomiegebiete

Ausländische Touristen können jederzeit in die palästinensisch verwalteten Gebiete reisen, Israelis nicht. Für Ausflüge nach Jericho, Bethlehem oder andere Gebiete, die unter palästinensischer Autonomieverwaltung stehen, benötigt man seine Ausweispapiere für die Kontrolle an den Checkpoints. Besser mit einem arabischen Taxi oder Bus (z. B. am Damaskustor in Jerusalem) als mit dem israelischen Mietwagen dorthin fahren, denn die Versicherung gilt nur für israelisches Kernland. Man kann den Mietwagen vor dem Checkpoint parken und dann zu Fuß gehen oder mit einem arabischen Taxi oder Bus weiterfahren.

Post

Postämter haben ein Logo mit weißem Hirsch auf rotem Grund und sind So–Do 8–12.30 und 15.30–18 Uhr sowie Fr 8–12 Uhr geöffnet. Postkarten nach Europa kosten 3 NIS, Briefe 4,50 NIS.

Sicherheit

Rückflug: Vor dem Einchecken gibt es strenge Sicherheitskontrollen. Daher ist es ratsam, ca. 3 Std. vor Abflug zu erscheinen. Fluginformation Tel. 03/88 11 11. Die Sicherheitsbeamten stellen viele Fragen, etwa nach dem Zweck der Reise, ob man seinen Koffer selbst gepackt und möglicherweise von jemandem ein Geschenk erhalten habe, dessen Inhalt man nicht kennt. Ziel der Befragung ist nachvollziehbar – jede noch so geringe Möglichkeit eines Terroranschlags soll ausgeschlossen werden. Je nach politischer Situation sollte man die Region nahe dem Gazastreifen meiden. Zur aktuellen Sicherheitslage informiert aktuell das Auswärtige Amt (www.auswaertigesamt.de).

Sprache

Die Amtssprachen in Israel sind Hebräisch und Arabisch. Die Straßen- und Hinweisschilder sind im Allgemeinen dreisprachig (hebräisch, arabisch, englisch). Man kommt mit Englisch sehr gut zurecht. Die meisten Israelis sprechen ausgezeichnet Englisch, viele auch Französisch. Kinos zeigen Filme in Originalsprache mit hebräischen, arabischen und englischen Untertiteln.

Strom

220 Volt Wechselstrom. Die Steckdosen sind uneinheitlich, daher besser einen Adapter mitnehmen.

Taxis

Taxifahren ist in Israel günstiger als in Deutschland. Städtische Taxis haben Taxameter. Ihr Gebrauch ist Pflicht, dennoch sollte man den Fahrer darauf hinweisen, die Uhr einzuschalten. Als zusätzliche Transportmittel innerhalb und zwischen den Städten verkehren

Bars, Cafés und Nachtclubs: Die Ausgehzeit beginnt oft erst ab 22 Uhr

Sherut-Taxis, Sammeltaxis mit ca. 10–12 Sitzplätzen. Sie fahren erst los, wenn alle Plätze belegt sind. Standorte sind meist die zentralen Busbahnhöfe (hebr. *tachana merkasit*), in Jerusalem nahe Zionplatz.

Trinkgeld

Üblich ist ein Trinkgeld zwischen 10 und 15 Prozent.

Verkehr

Das Verkehrsnetz in Israel ist hervorragend und sehr dichtmaschig gestrickt. Vor allem mit Bussen, aber auch per Zug, kommt man schnell und sicher in jeden auch noch so entlegenen Winkel des Landes. In jedem kleinen Ort gibt es eine zentrale Busstation, in jeder größeren Stadt sowieso. Oft reisen junge Soldaten mit, die am Wochenende ihre Familien besuchen. Der Anblick Zwanzigjähriger mit Waffe ist anfangs ungewohnt – in Israel aber völlig normal. Bei Reisen quer durch das Land ist es besser, das Sabbatende abzuwarten.

Zoll

Nach Israel darf man mitbringen: Geschenke bis zu einem Wert von 250 Euro, 200 Zigaretten, 1 l Spirituosen, zehn Filme. Fleisch, Früchte und Waffen sind verboten. Aus Israel darf man in die EU zollfrei einführen z. B. 200 Zigaretten, 1 l Spirituosen, 50 g Parfüm und Geschenkartikel bis zu einem Gesamtwert von 430 Euro. Informationen unter www.zoll.de

Bizarre Steinformationen
in Pastell: Die Wüste Negev
bedeckt 60 Prozent der
Landesfläche

ISRAEL
für Kinder und Familien

Nach Schätzen graben wie ein Archäologe, jahrtausendealte Römer-festungen und Kreuzritterburgen erklimmen, auf Kamelen durch die Wüste reiten, in Museen experimentieren, am Mittelmeer surfen oder im Toten Meer schweben – das familienfreundliche Land bietet für Kinder jeden Alters Abwechslung und Abenteuer. Für Übernachtungen empfehlen sich Kibbuzhotels – mit Ferienwohnung, Schwimmbad und Streichelzoo.

Natur

Totes Meer
Einmal im Wasser schweben ohne un-terzugehen – cooler geht's nicht. Am Badestrand Ein Gedi ist der Strand stei-nig, für empfindliche Kinderfüße besser Badeschuhe einstecken. Weicher ist der Strand in Ein Bokek.

Kayak Kfar Blum
Kajaktouren mit unterschiedlichem Schwierigkeitsgrad durch die Wasser-straßen der Banyas, der östlichsten Jordanquelle in Obergaliläa. Man passiert Wasserfälle, Feigenbäume und römische Ausgrabungsruinen. Besonderer Kick: Zum Gelände gehört auch ein Aben-teuer-Kletterpark, wo man sich per Seil ins Wasser schwingen kann. Kibbuz Kfar Blum, Obergaliläa, www.kayaks.co.il

Sachne
Israels schönster Naturpool. Dank dreier warmer Quellen kann man hier bei 28 °C im Winter baden. Anfahrt über Straße 669. Tel. 04/658 62 19, www.gan3.co.il

Nachal David
Wahrscheinlich trifft man auf der Wanderung durch die Oase am Toten Meer eher auf Steinböcke, Gazellen und Füchse. Doch mit ein bisschen Glück begegnet man auch einer seltenen Murmeltierart, den Klippdachsen. Toller Wanderweg mit Grotte und Wasserfall – Badesachen einpacken! Nachal David, Ein Gedi Naturpark, April–Sept. 8–17, Okt.–März 8–16 Uhr, Eintritt: 15–29 NIS, Tel. 08/658 42 85.

Tiere

Dolphin Reef Beach
Im Roten Meer mit Delfinen schwimmen und schnorchelnd dessen farbenfrohe Unterwasserwelt bestaunen. Weitläufige Lagune, entspannte Atmosphäre. So–Do 9–17, Fr, Sa, Feiertage 9–16.30 Uhr, Eintritt: 67 NIS, erm. 46 NIS, Schwim-men mit Delfinen pro Person 290 NIS, Tauchen 339 NIS, Dolphin Reef, Almog

Links: Abenteuer und Kultur liegen nah beieinander

Die Kreuzfahrerburg in Akko gehört als Teil der Altstadt zum UNESCO-Weltkulturerbe

Beach, Eilat, an der Straße 90, Tel. 08/6300101, www.dolphinreef.co.il

Biblical Zoo

Als Erstes begrüßen einen die freilaufenden Affen. Man kommt den Tieren mitunter safarimäßig nah, dabei ist die Anlage eher wie ein riesiger Park. Alle Tiere sind hier vertreten, wie auf der Arche Noah. Etwas abgelegen, doch der Besuch lohnt sich unbedingt! Bus 33 ab Malcha, 26 ab Mount Herzl oder 62 ab Central Bus Station. So–Do 9–18, Fr 9–16.30, Sa 10–17 Uhr, Eintritt: 42–55 NIS, 1 Derech Aharon Shulov, Tel. 02/6750111, http://jerusalemzoo.org.il

Abenteuer

Shefayim Water Park

22 Rutschen, drei Pools und acht verschiedene Wasserbereiche bieten Abkühlung für die ganze Familie in Israels schönstem Wasserpark direkt am Mittelmeer. Es gibt verschiedene Sportanlagen, Paintball, Restaurants und Cafés. Mai–Okt. So–Do 9–18, Fr, Sa 9–17 Uhr, Eintritt: 119 NIS, ab 13 Uhr 90 NIS, Tel. 09/9595757. Kibbuz Shefayim, Route 2 zwischen Tel Aviv und Netanya.

Römerstadt

Pompej in Israel. Okt.–März So–Do 8–17, April–Sept. So–Do 8–16, Fr 8–16, Sa 8–17 Uhr, Eintritt: 20–40 NIS, Bet-She'an-Zentrum, Tel. 04/6587189.

Kreuzfahrerburg

Eine unterirdische Kreuzfahrerstadt teilt Akko in eine Unter- und Oberstadt mit mächtigen Sälen, Toren, Zisternen, Gewölben, mehrstöckigen Häusern und Straßen. 1 Weizman St., Akko, Tel. 04/9956707, www.akko.org.il/en

Museen

Bloomfield Science Museum
Coole Experimente für junge Forscher.
So–Do 10–18, Fr 10–14, Sa 10–15 Uhr,
Eintritt: 30 NIS, erm. 20 NIS, Givat Ram,
Jerusalem, www.mada.org.il

Mada Tech
Israel zählt weltweit zu den führenden Hightech-Nationen. Kein Wunder,
denn Neugier wird früh gefördert,
Berührungsängste abgebaut. Alltags-
phänomene interaktiv erklärt. Ausprobieren erwünscht. Balfour St., Haifa, Tel.
04/867 91 04, www.madatech.org.il

Clore Garden of Science
Außergewöhnlicher Park, Wissenschaft zum Anfassen auf 800 m^2 mit
80 verschiedenen Experimenten. Sa–Do
10–17 Uhr, 234 Herzl St., Rehovot, Tel.
08/934 23 81, http://visitors-center.weiz
mann.ac.il/sciencePark

Essen und Trinken

Max Brenner
Pralinen und Milchshakes. Filialen überall
im Land. http://maxbrenner.com/
locations/israel

Anita Glida
Große Auswahl an Eissorten und Top-
pings. Bestes Eis Tel Avivs. 42 Shabazi St.,
Neve Tzedek, Tel Aviv, Tel. 03/624 63 83.

Aldo
Italienisches Eis. The 60 Founders St.,
Zichron Ya'akov, tgl. 9–24 Uhr.

Märkte
Getrocknete Kiwis, Karamell-Halva,
Oliven, Gewürze, frischgepresster Gra-
natapfelsaft – hier können Kinder nach
Herzenslust ihren Geschmackssinn
erweitern. Besonders empfehlenswert:
Mahane Yehuda in Jerusalem, Shuk Ha-
carmel in Tel Aviv und der Markt in Akko.

Perfekt für junge Entdecker: Korallenriffs im Unterwasser-Observatorium bei Eilat

Kleiner Sprachführer

ALLGEMEIN

Für Vokale existieren keine eigenen Buch-
staben. Sie können mit Punkten und Stri-
chen unter den Konsonanten angegeben
werden.

ALPHABET

א (aleph) – stimmlos
ב (beth) – wie v, am Wortanfang und
   nach Konsonanten wie b
ג (gimel) – wie g
ד (daleth) – wie d
ה (he) – wie h
ו (waw) – wie w
ז (sajin) – stimmhaftes s
ח (chet) – etwa wie ch
ט (tet) – wie t
י (jod) – wie j
כ (kaph) – wie k
ל (lamed) – wie l
מ (mem) – wie m
נ (nun) – wie n
ס (samech) – stimmloses s
ע (ayin) – stimmlos
פ (pe) – wie f, nach Konsonanten und am
   Wortanfang als p
צ (tzade) – wie z (wie in Zebra)
ק (kof) – wie k oder q
ר (resch) – wie r
ש (schin) – wie stimmloses s oder sch
ת (taw) – wie t

ALLGEMEIN

ja כן (ken)
nein לא (lo)
in Ordnung, okay בסדר (beseder)
Bitte בבקשה (bewakascha)
Danke תודה (toda)
Keine Ursache. על לא דבר (al lo
   davar)

Entschuldigung סליחה (Slicha)
Vorsicht זהירות (sehirut)
Guten Tag/Hallo. שלום (schalom)
Guten Morgen. בוקר טוב (boker tow)
Gute Nacht. לילה טוב (laila tow)
Wie geht es Ihnen? מה שלומך?
   (mask.: ma schlomcha/ fem.: ma
   schlomech)
Wie heißen Sie? ?
   דל סיארוק ריא (eich kor-im lecha/
   lach?)
Ich heiße קוראים לי (kor-im li)
Schön, Sie kennenzulernen. מאד
   נעים (na-im meod)
Auf Wiedersehen. להתראות (lehitraot)

UNTERWEGS

Straße רחוב (rechov)
Boulevard סדרות (sderot)
Weg דרך (derech)
Platz קיקר (kikar)
Stadt עיר (ir)
Haus בית (bait)
Hotel בית מלון (beit malon)
Strand חול (chol)
Hafen נמל (namal)
Haltestelle תחנה (tachana)
Bus אותובוס (otobus)
Zug רכבת (rakewet)
Auto מכונית (mechonit)
Wo ist/befindet sich...? איפה נמצא
   (ejpho nimtza)
Ich verstehe nicht... אני לא מבין/נה
   (Ani lo mevin/mevina)
Wie kommt man zu/nach... מגיעים
   איך (Ejch megi'im le...)
Synagoge בית כנסת (beit knesset)
Mosche מסגד (misgad)
Kirche כניסייה (knisija)
Markt שוק (schuk)

ÜBERNACHTEN

Zimmer חדר (cheder)

Badezimmer אמבטיה (ambatia)

Haben Sie ein Zimmer frei? חדר פנוי? האם יש (ha-im jesch cheder panui?)

Ich will ... Nächte bleiben. לילות. ... אני מעונין להישאר (ani me-unjan lehischa-er ... leilot.)

Ist das Frühstück inklusive? במחיר? האם ארוחת הבוקר כלולה (ha-im aruchat haboker klula bamechir?)

ESSEN UND TRINKEN

Könnte ich bitte die Speisekarte haben? לקבל את התפריט בבקשה? אפשר (efschar le'kabel et hatafrit, bevakaschah?)

Was empfehlen Sie? את/ה ממליץ/ה? מה (mah attah mamlitz/at mamlitzah?)

Ich möchte ... אני רוצה (ani rotzäh/rotzah ...)

Wieviel kostet das? כמה זה עולה? (kama zäh oleh)

Frühstück ארוחת בוקר

Mittagessen ארוחת צהריים

Abendessen ארוחת ערב

Ich bin Vegetarier/in אני צמחוני/ת (ani zimchoni/zimchonit)

Guten Appetit בתאבון (be'te'avon)

Glas/Flasche Wein כוס/בקבוק יין (kos/bakbuk jain)

Prost/Zum Wohl לחיים (le'chaim)

Zahlen, bitte. אפשר לשלם, בבקשה! (efschar leschalem, bevakaschah)

Es war lecker. היה טעים. (haja ta'im)

fleischig בשרי (bsari)

milchig חלבי (chalavi)

Fisch דג (dag)

Reis אורז (ores)

Huhn עוף (of)

Käse גבינה (gwina)

Ei ביצה (beiza)

Salat סלט (ssalat)

Obst פרות (perot)

Gemüse ירקות (jerakot)

Brot לחם (lechem)

Butter חמאה (chem'a)

Nüsse אגוזים (egosim)

Vorspeise ראשונה מנה (mana rischona)

Suppe מרק (marak)

Kuchen עוגה (uga)

Dessert קינוח (kinuach)

Schakschuka שקשוקה (schakschuka)

Grillspieße (meist Huhn oder Lamm) שפודים (schipudim)

Salz מלח (melach)

Milchkaffee/Cappuccino קפה הפוך (kafè hafuch)

Eis גלידה (glida)

Saft (Orangen, Grapefruit, Granatapfel) מיץ (תפוזים, אשכוליות, רימון) (mitz tapusim, eshkoliot, rimon)

Mineralwasser מים מנרלים (maim mineralim)

Wein weiß/rot יין לבן/אדום (jain lavan/adom)

Bier בירה (bira)

ZAHLEN

1-12 תשע , עשר, אחת עשר, שתים עש שלוש, ארבע, חמיש, שש, שבע ,שמונה, אחת, שתים, (achat, schtajim, schalosch, arba, chamesch, schesch, scheva, schmoneh, tejscha, eser, achat esre, schtajim esre)

20 עשרים (esrim)

30 שלשים (schloschim)

40 ארבעים (arba'im)

50 חמישים (chamischim)

100 מאה (mea)

1000 אלף (elef)

Impressum

Verantwortlich: Claudia Hohdorf
Lektorat: Anne Köhler
Korrektorat: Rosemarie Elsner
Layout: h3a Mediengestaltung und Produktion GmbH
Umschlaggestaltung: Frank Duffek, Nina Andritzky
Repro: Repro Ludwig
Kartografie: Kartographie Huber, Heike Block
Herstellung: Stefanie König
Printed in Slovenia by Florjancic

Sind Sie mit diesem Titel zufrieden? Dann würden wir uns über Ihre Weiterempfehlung freuen.
Erzählen Sie es im Freundeskreis, berichten Sie Ihrem Buchhändler, oder bewerten Sie bei Onlinekauf. Und wenn Sie Kritik, Korrekturen oder Aktualisierungen haben, freuen wir uns über Ihre Nachricht an Bruckmann Verlag, Postfach 40 02 09, D-80702 München oder per E-Mail an lektorat@verlagshaus.de.

Unser komplettes Programm finden Sie unter

www.bruckmann.de

Alle Angaben dieses Werkes wurden von den Autoren sorgfältig recherchiert und auf den neuesten Stand gebracht sowie vom Verlag geprüft. Für die Richtigkeit der Angaben kann jedoch keine Haftung übernommen werden.

Bildnachweis:

Alle Bilder des Innenteils und des Umschlags stammen von Thomas Stankiewicz, außer: Israelisches Tourismusministerium: 114 m., 170, 220/221, 250 o.; Marco Limberg: 93 u., 156/157; LOOK Bildagentur: 248 o. (age fotostock); Picture alliance: 52 m. (Hanan Isachar), 6 u., 78 (Michael DeFreitas); Katharina Schmidt-Hirschfelder: 208 o., 227; Shutterstock: 2/3, 62 u., 254 o. (Oleg Zaslavsky), 28 u., 105 (Phish Photography), 29 m. (StockStudio), 29 u. (badahos), 31 o., 192 m., 194 o., 200 u., 205, 224 u., 283 (ChameleonsEye), 62 m. (alefbet), 113 (InnaFelker), 144 o. (RnDmS), 167 o., 175 (gkuna), 198 o. (makarenko), 198 u. (Robert Hoetink), 202 o. (Pixeljoy), 203 (AG-Photos), 222 o., 225 (arka38), 224 o. (Leonhard Zhokovsky), 256 o. (Sergei25) 282 (Leonid Andronov); Wikimedia Commons: 52 u. (Adam Jones), 118 o. (Avi1111), 186 (Mboesch), 188/189 (vvvita)

Umschlag:

Vorderseite: Oben: Kuppel Omar Moschee (agefotostock/look-foto)
Mitte links: Treiben lassen im Toten Meer (Elan Fleisher/Look-foto)
Mitte rechts: Eisverkäuferin in Tel Aviv
unten: Klagemauer Jerusalem (huber-images.de/Draper Tim)
Rückseite:
Oben: Strand und Skyline von Tel Aviv (Israelisches Tourismusministerium)
Mitte: Meze-Vorspeisen in Ein Bokek am Toten Meer
Unten: Wandern über dem Zin Tal beim Kibbutz Midreshet Sede Boker in der Wüste Negev
Klappe vorne: Bahaigärten in Haifa

Die Deutsche Nationalbibliothek verzeichnet diese Publikation in der Deutschen Nationalbibliografie; detaillierte bibliografische Daten sind im Internet über http://dnb.d-nb.de abrufbar.

2. überarbeitete Auflage
© 2018, 2013 Bruckmann Verlag GmbH, München
ISBN 978-3-7343-1129-1